KB147237

서양사의 이해

김장수 지음

Understanding the Western History

서양사의 이해

1판 1쇄 발행 2008년 7월 10일 1판 4쇄 발행 2013년 9월 26일
지은이 • 김장수
펴낸이 • 한봉숙
펴낸곳 · 푸른사상사
주간 · 맹문재 | 편집 · 김재호

등록 제2-2876호
주소 서울시 중구 충무로 29(초동) 아시아미디어타워 502호
대표전화 02) 2268-8706(7) | 팩시밀리 02) 2268-8708
메일 prun21c@hanmail.net
홈페이지 www.prun21c.com
ISBN 978-89-5640-633-6-93900

값 15,000원

이 도서의 국립중앙도서관 출판시도서목록(CIP)은
e-CIP 홈페이지(http://www.nl.go.kr/cip.php)에서 이용하실 수 있습니다.
(CIP제어번호 : CIP2008001855)

서양사의 이해

■ 머리말

필자가 대학에서 서양의 역사를 강의한지도 벌써 20년이 지났다. 이 기간 중 필자는 서양의 역사를 취급한 책들을 살펴보았고 거기서 간과되고 있는 중요한 사실도 확인할 수 있었다. 그것은 상당수의 책들이 너무 많은 내용을 취급하고 있을 뿐만 아니라 현 시점에서 필요하지 않는 사안들까지도 자세히 거론하고 있다는 점이다. 이에 따라 필자는 오래전부터 서양사의 개괄적 이해에 도움이 될 수 있는 책을 만들겠다는 생각을 하였지만 그러한 작업을 본격적으로 시작한 것은 지난해 말부터였다.

집필과정에서 필자는 기존의 서양사에서 취급하였던 것들의 상당부분을 배제시켰는데 그것은 서양사의 전반적 이해에 필요하지 않다는 판단에서 비롯되었다. 본서는 서양의 역사를 개괄적으로 이해하려는 학생들을 위하여 저술되었지만 일반인들도 부담 없이 서양의 역사를 파악할 수 있게 한다는 부수적인 목적 역시 도외시하지 않았다.

따라서 본서는 서양의 역사를 다루는 과정에서 반드시 언급되어야 할 부분 등을 고려하여 다음의 항목들로 나누었다. 우선 고대 부분은 그리스 문명과 로마 문명으로 분류하였다. 중세에서는 봉건제도, 중세의 교회, 그리고 이슬람세계를 취급하였다. 근대는 르네상스, 종교개혁, 절대왕정시대, 아메리카혁명, 프랑스 대혁명, 산업혁명, 메테르니히 체제, 1848년 혁명, 이탈리아 및 독일의 통합, 그리고 제국주의와 제 1차 세계대전으로 분류하였다. 현대는 러시아혁명, 제 2차 세계대전, 그리고 전후의 세계로 나누어 다루었다. 이 과정에서 필자는 근 · 현대사와 관련된 항목들에 보다 많은 지면을 할애하였는데 그것은 서양사에 대한 일반적 관심과 맥을 같이 하기 위해서였다. 또한 본서는 본문이해에 필요한 보충적 사안들을 각주에서 비교적 자세히 언급하였다.

짧은 기간의 탈고에서 비롯된 문장이나 내용상의 오류는 개정판에서 시정하도록 하겠다.

어려운 여건에도 불구하고 이 책의 출간을 기꺼이 허락하신 푸른 사상의 한봉숙 사장님과 출판사 관계자 여러분들께 이 자리를 빌려 감사의 말씀을 드린다.

2008년 4월

김장수

서양사의 이해

01 그리스 문명

페리클레스시대의 아테네학당

1) 에게 문명

오리엔트의 하천유역에서 고대문명이 발달할 무렵 크레타(Crete) 섬을 비롯한 에게(Aegea) 해 주변에서도 이 문명의 영향으로 청동기 문명이 형성되기 시작하였는데 그것을 지칭하여 에게 문명(Aegean Civilization)이라고 한다.[1] 에게 해 남쪽의 크레타 섬에서는 미노아(Minoa)문명[2]이 발전하여 기원전 20세기를 전후하여 그 전성기를 맞이하였다. 미로(Labyrinth)구조로 미노타우로스(Minotauros)의 전설을 입증하고 있는 크노소스(Knossos)의 궁전은 그 규모가 웅장하고 화려하기 때문에 당시의 왕권이 매우 강대하였음

1) 에게 문명은 기원전 30세기경부터 기원전 13세기경까지 존속하였다. 그리고 이 문명의 전단계를 크레타 문명, 후 단계를 미케네 문명으로 보는 경우도 있다.

2) 전설상의 왕 미노스(Minos)에서 비롯되었다.

을 예측하게 한다.[3] 거의 같은 시기에 많은 왕국들이 그리스 본토의 중부 지역과 펠로폰네소스 반도에 건설되었는데 그 중심지는 미케네 왕국이었다. 따라서 이 지역에서 발생된 문명은 이 왕국의 이름을 빌려 미케네(Mycene)문명이라 하였다. 그러다가 이들은 기원전 1000년경 그리스인의 마지막 이주자였던 도리아인(Dorians)들에 의해 정복되었고 그들의 문명 역시 파괴되었다.[4)]

미케네 문명이 붕괴된 이후 암흑시대(Dark Age)[5)]가 시작되었다. 약 300년간 지속된 이 시기는 호메로스(Homeros) 시대로도 불리고 있는데 그 이유는 호메로스의 '일리아드' (Iliard)와 '오디세이(Odyssey)' 에서 이 시기의 사회적 상황 및 특징이 언급되었기 때문이다.[6)]

---

3) 영국의 고고학자인 에번즈(Sir Arthur J.Evans; 1851~1941)는 1900년 크레타의 크노소스의 궁전지를 발굴하여 미노아 문명이 실제적으로 존재하였음을 입증하였다. 그는 자신의 발굴결과를 '크노소스의 미노스 궁전' 과 '미노스문명의 시대구분론' 에서 구체적으로 언급하였다. 아울러 그는 크레타 섬에서 발굴한 점토판에서 확인된 두 종류의 문자를 각각 선형문자 A, 선형문자 B로 명명하였다. 선형문자A와 B를 통하여 확인되는 것은 당시 크레타 왕이 최고의 제관으로 신정정치를 펼쳤다는 것이다. 아울러 그는 많은 관리 및 서기들을 거느렸을 뿐만 아니라 국가내의 최대자본가라는 것도 밝혀졌다.

4) 인도유럽어족에 속하는 그리스인들은 기원전 2000년경부터 자신들의 원주지였던 도나우강 유역을 떠나 발칸반도를 거쳐 남하하였다. 그리스인들은 자신들의 방언에 따라 에올리아인(Aeolians), 이오니아인(Ionians), 도리아인(Dorians)으로 분류되었는데 이들 중 이오니아인들은 그리스의 중부와 소아시아 연안에, 에올리아인들은 북부와 남부 지방에, 도리아인들은 펠로폰네소스 반도로 남하하여 선주민을 정복내지는 추방하고 그들의 문화를 흡수하면서 독자적인 문화를 창조하였다.

5) 왕을 중심으로 유치한 농목생활을 하였다는 것이 이 시대의 특징이라 하겠다. 아울러 인구의 감소현상 및 그것에 따른 문자상실과 경제적 퇴행현상 역시 이 시대의 특이한 상황이라 하겠다.

6) 일리아드는 '일리온(트로이의 별칭)' 의 시라는 뜻이며, 기원전 1250년부터 약 10년간 펼쳐진 트로이와 그리스 사이의 전쟁 중 마지막 50일을 취급하였다. 1만 5693행, 24권이나 되는 분량 안에 그리스 영웅들의 세계관과 인생관이 언급되었다. 일리아드는 문학사적 가치뿐만 아니라 인간성을 고양시키는 고전이라는 점에서 높이 평가되고 있다. 알렉산더 대왕도 스승인

2) 도시국가의 생성

기원전 800년경부터 그리스 본토에는 도시국가(Polis)들이 등장하기 시작하였고 그것에 따른 새로운 문명도 형성되었다.[7] 이 당시 이러한 형태의 도시국가는 그리스 본토에만 100여개가 있었고, 식민지까지 합친다면 그 수는 1,000개를 상회하였다.[8]

그리스의 전형적인 도시국가는 해안에서 가까운 평지에 위치해 있었다. 대부분의 도시국가는 성벽내부의 시가부(중심부)와 외부인 전원부(교외)로 양분되었고 시민들은 여기에 분산 · 거주하였다. 이렇게 모든 시민들이 시가에서 살지는 않았지만 그래도 그들 생활의 중심지는 성내의 시가였다. 그 중에서도 수호신을 모신 신전이 있던 아크로폴리스(*acropolis*) 주변은 폴리스의 가장 중심지였고 그 옆에는 집회장 및 시장역할을 하던 광장(*agora*)이 위치하였다.[9]

도시국가들 사이에는 그리스인으로서의 동족의식이 있었다. 그리스인들은 델피(Delphi)의 아폴로 신전을 중심으로 안보동맹을 맺고 있었

아리스토텔레스에게서 일리아드를 배워 전쟁터에서 활용하였다는 전설이 전해지고 있다. 오디세이는 일리아드의 후편으로 트로이 전쟁 이후 지혜로운 오디세우스가 귀향하기까지 겪은 온갖 모험담이 담겨져 있다. 두 작품은 성경 다음으로 인류에 널리 영향을 끼친 작품으로 평가되고 있다.

7) 산맥으로 분단된 골짜기나 해안의 오목한 들판에 건설된 폴리스는 그리스인들의 정치 · 경제 · 사회생활의 기본적 요소이며 배타적 단위였다.

8) 그리스인들은 기원전 750년경부터 식민 활동을 펼쳤는데 그것은 인구증가에 따른 식량부족현상, 상공업발전에 따른 시장개척의 필요성, 귀족정체제에서 비롯되는 정치적 · 사회적 불안(*seisachtheia*), 그리고 모험심 등에서 비롯되었다. 당시의 자료를 통하여 확인되는 최초의 식민도시는 파로스(Paros)가 건설한 타소스(Thasos)였다.

9) 위급 시에 아크로폴리스는 피난처로도 활용되었다. 그리고 폴리스의 전원부에는 주로 농민, 노예, 반자유민들이 살고 있었다.

다. 그리고 이들은 기원전 776년부터 4년마다 올림피아의 제우스 신전에서 체육대회를 개최하였을 뿐만 아니라 그 기간 동안에는 상호간의 전쟁도 하지 않았다. 그리고 이들은 스스로를 헬레네스(Hellenes)라 자칭하였고, 자신들이 사는 지역을 헬라스(Hellas)라 지칭함으로써 이민족들과 구분하려고 하였다.[10] 그럼에도 불구하고 이들은 통일된 그리스를 건설하지 못한 채 도시국가의 형태에서 벗어나지 못하였다. 이러한 수많은 도시국가들 중에서 가장 대표적이며 상호 대칭적 성격을 보여 준 국가가 바로 스파르타와 아테네였다.

3) 스파르타

스파르타(Sparta)는 엄격히 세 계층으로 구분된 신분사회였다.[11] 그 하나는 인구의 5-10%를 차지하던 시민들로서 이들이 바로 스파르타인들이었다. 이들은 특권 계층으로서 일체의 경제활동을 하지 않으면서 정치활동에 참여하고 군인으로서 활동하였다. 건국과정에서 공로가 있던 아기아다이(Agiadai)와 에우리폰티다이(Euripontidai) 가문에서 각기 한 명의 왕이 선출되었지만 국정의 실권은 유력한 가문의 대표로 구성된 장로회(*gerousia*; 30명)가 장악하였다.[12] 그러나 실제적인 권력집행은 30세 이상의 성인남자들이 참여하

---

10) 그리스인들은 이들을 바르바로이(Barbaroi)로 불렀다. 그런데 바르바로이는 듣기 어려운 말을 하는 자들을 뜻한다.

11) 스파르타는 도리아인들이 라코니아(Laconia) 지방에 세운 도시국가였다. 이 지방은 그리스의 다른 지방들과는 달리 토지가 비교적 비옥한 평야지대였다.

12) 60세 이상의 귀족들로 구성된 장로회는 행정의 감독 및 민회에 제출될 법안의 기초 등을 마련하고 형사소송에 관한 최고재판소의 역할도 담당하였다.

는 민회(*apella*)에서[13] 선출되는 5명의 감독관(*ephors*; 임기가 1년이지만 재선출이 가능하였다)에게 있었다. 따라서 스파르타의 정치체제는 소수의 특권층이 권력을 장악하는 일종의 과두제적인 성격을 띠고 있었던 것이다.[14]

이들 시민은 국가구성원의 대다수를 차지하던 다른 두 계급을 통치하고 있었다. 그 가운데 '페리오이코이(*perioikoi*; 주변 사람들이란 의미를 가진다)' 는 스파르타인들에게 저항 없이 항복한 사람들로서 신민권은 없었지만 상업과 수공업에 종사하면서 비교적 자유로운 생활을 영위하였다.[15] 이에 반해 '헤일로타이(*heilotai*)' 는 끝까지 항복을 거부한 사람들로서 토지에 예속되어 자유롭지 못한 생활을 하였다. 이들은 도시에서 멀리 떨어진 지역에서 노예처럼 살았고 반란의 가능성 때문에 항상 시민들의 감시 대상이 되었다.[16]

지배계급으로서의 시민들은 수적으로 소수였기 때문에 항상 나머지 두 계급으로부터 제기될 반란을 대비하여야만 하였다. 따라서 스파르타에서는 군국주의적인 요소들이 부각되었고 그러한 것들은 다음에서 확인할 수 있다; 시민들은 남 · 여 구분 없이 일생동안 전사로서 엄격한 훈련과 규율 속에서 생활하여야만 했다. 그리고 시민들은 훌륭한 전사

13) 왕이 소집하는 민회는 장로회의 제안을 인준하거나 거부할 수 있었다. 그리고 이 기구는 왕을 제외한 모든 관리들을 선출할 수 있는 권한을 가졌을 뿐만 아니라 전쟁, 평화, 동맹, 그리고 조약체결의 최종 결정권도 가졌다.

14) 이들은 장로회와 민회에 대한 사법권을 비롯하여 교육, 재산분배, 시민생활검열, 입법거부권, 신생아 양육문제, 그리고 검찰권 등도 가지고 있었다.

15) 그러나 이들에게는 군사적 의무가 부여되었다.

16) 스파르타인들은 이들 계층의 증가를 막기 위해 갖은 악행을 자행하였다. 그리고 이들을 일렬로 세워 강하고 용감한 자들을 골라 죽인 것을 그 일례라 하겠다.

가 될 수 없는 허약한 아이들을 들에 내다 버렸다. 소년들은 7세가 되면 부모로부터 떨어져 군대 병영에서 힘든 훈련을 받아야 했고 소녀들 역시 그러한 원칙에서 제외되지는 않았다.[17] 30세가 되면 가정생활을 할 수 있었으나 식사는 공동으로 해야만 하였다.[18]

이러한 특수한 상황은 스파르타인들로 하여금 폐쇄적이고, 배타적인 사회를 구축하게 하였고 그러한 것은 군사적 측면을 제외한 다른 부분의 성장 및 발전을 저해하였다. 따라서 스파르타는 그리스의 다른 도시국가들이 찬란한 문화를 창조하고 해상국가로 발전하고 있을 때 경제적 그리고 문화적 후진상태에서 벗어나지 못하였다. 예를 들면, 다른 도시국가에서는 금화와 은화가 통용되었지만 스파르타인 들은 이전처럼 쇳덩어리를 화폐로 계속 사용하였던 것이다.[19]

4) 아테네

아테네사회는 스파르타와 달리 개방적이고, 개인주의적인 성향이 팽배하였다. 그럼에도 불구하고 아테네는 그리스의 다른 도시국가들과 마찬가지로 소수의 토지 귀족들에 의해 통치되던 귀족사회였다.[20]

---

17) 소년들은 연령에 따라 대열이 편성되었고 성장과 함께 훈련 역시 더욱 강화되었다. 이들은 운동과 수렵을 비롯한 신체단련 및 단식연습도 하였다.

18) 15명이 한 팀으로 된 공동식사(*syssitia*)를 위해 사람들은 매월 보리, 포도주, 치즈, 무화과, 그리고 약간의 부식대를 냈다. 만일 이러한 것들을 부담하지 못할 경우 시민권은 박탈되었다.

19) 소아시아의 리디아(Lydia)에서 화폐제도가 유입되었다.

20) 기원전 638년 집정관(archon), 왕(archon basileus), 군사지휘관(polemarchos), 6명의 사법관(thesmóthetai)이 행정, 사법, 그리고 군사권을 장악하였다.

그러나 이러한 귀족정체제는 평민들의 지속적인 요구로 점차적으로 바뀌게 되었다. 기원전 594년 집정관으로 임명된 솔론(Solon)은 당시 크게 부각되었던 농민문제를 해결하고 평민 계층에게 보다 많은 권한을 주려고 하였다.[21] 따라서 그는 농민들의 부채를 청산하고 채무자들을 노예화시키는 관습도 폐지시키려고 하였다. 이외에도 솔론은 자신의 개혁안에서 토지소유의 제한, 일반 곡물의 해외수출금지, 게으른 자에 대한 벌금부과, 중산층의 참여가 허용된 4백인회 창설, 아르콘(*archon*) 결정에 대한 공소심리가 가능한 최고재판소 설치, 그리고 하층민의 민회참여허용 등을 언급하였다. 그러나 솔론의 개혁은 사유재산의 침해를 용인하지 않겠다는 귀족 계층의 반발 때문에 실패로 끝나게 되었다.[22]

이에 따라 농민들의 불만 역시 증대되었고 그것을 권력 장악에 이용하려는 정치가가 등장하였는데 그가 바로 페이시스트라토스(Peisistratos)였다. 그는 기원전 546/5년에 자신의 정적들을 제거하고 그들의 토지를 가난한 농민들에게 분배하여 농민문제를 해결하고자 하였다.[23]

---

21) 조정자의 역할을 담당하였던 솔론은 재산에 따라 시민 계층을 제 1 계급(Pentacosiomedimnoi), 기사 계급(Hippeis), 농민 계급(Zeugitai), 노동 계급(Thetes)으로 나누었다.

22) 솔론은 자신의 계혁안이 실패로 끝나게 됨에 따라 이집트로 여행을 떠났다. 거기서 그는 자신의 개혁이 가지는 당위성을 다음과 같이 언급하였다.
"나는 아테네 시민들에게 충분한 권리를 부여하려고 하였다. 아울러 나는 그들의 권리를 전혀 침해하지 않았고 힘을 가진 자와 자신의 부귀를 통해 힘을 과시하는 자들에게 불평등함이 없도록 조처하였다.(…)나는 양 계층 모두의 든든한 보호자로서 해야 할 의무를 수행하였으며 어느 한 쪽이 부당하게 승리하도록 내버려두지도 않았다."

23) 페이시스트라토스를 참주(*tyrann*)라 칭할 수 있는데 그것은 이 인물이 당시 참주정을 도입한 위정자들과 동일한 정책을 펼쳤기 때문이다. 페이시스트라토스가 기원전 527년에 죽은 후 그의 아들들인 히파르코스(Hipparchos)와 히피아스(Hippias)가 참주가 되었지만 이들은 기원전 514년과 기원전 510년에 제거되었다.

기원전 508년 클레이스테네스(Cleisthenes)는 페이시스트라토스가 도입한 참주정체제를 붕괴시켰다. 아울러 그는 이러한 체제의 재도입을 막기 위해 일련의 정치개혁도 단행하였다. 즉 그는 아테네의 행정구역을 새로이 나누고, 각 구역의 시민들에게 참정권을 부여하였는데 그것은 지금까지 귀족들에게 유리하게 작용되었던 혈연적, 지역적, 그리고 경제적인 유대관계를 단절시킨 것으로 볼 수 있을 것이다.[24] 이제 새로이 참정권을 획득한 시민들은 중앙정치에 참여할 수 있게 되었고 그것에 따라 권력의 중심도 시민들의 모임인 민회(*ecclesia*)로 옮겨지게 되었다.

아테네 민주제에서 입법권은 시민전체가 참여하는 민회에 있었다.[25] 1년에 10회 이상 모이는 민회는 법률제정의 가부권을 가졌을 뿐만 아니라 참주가 될 가능성이 있는 인물들을 10년간 추방할 수 있는 권한도 부여받았다.[26]

데모스의 시민들로 구성된 500인회(*bule*)는 행정의 최고감독권을 가졌고 민회 인준을 위한 법령제안권도 가지고 있었다.[27] 500인회는 10개 위원회로 나뉘어 순서대로 일정기간 통치하였다. 그리고 어느 누

---

24) 여기서 클레이스테네스는 4개의 혈연부족(*phyle*)을 10개의 지연부족으로 변형시켰다. 즉 그는 아테네를 해안, 평야, 그리고 산악지역으로 분류한 다음, 각 지역권을 10개의 하부단위로 세분화시켰던 것이다. 그리고 이를 지칭하여 트리티스(*trittys*)라 한다.

25) 페리클레스(Pericles)는 민회출석자에게 일당까지 지급하여 빈민들로 하여금 정치활동에 적극적으로 참여하게 하였다.

26) 이 제도를 도편추방법(*ostracismos*)이라고 하는데 거기서는 참주의 가능성이 있는 인물들의 이름을 조개껍질에 쓰게 하여 그 수가 6,000 이상을 상회할 경우 추방한다는 것이 거론되었다. 비록 이 제도가 아테네의 민주화에 기여하였지만 점차적으로 정적을 추방하는 도구로 사용되기 시작하였다.

27) 각 지연부족은 수많은 후보자 명단 중에서 500인회에서 활동할 50명을 투표로 선출하였다.

구도 500인회에 2년 이상 당첨될 수 없었기 때문에 보통 시민이라 하더라도 누구나 한 번쯤은 통치자, 즉 의장으로 뽑힐 가능성이 컸다.

따라서 아테네에서는 국가 원수나 직업적인 관료가 생성되지 못하였다. 그러나 군사지휘관(*polemarchos*)들의 경우는 예외였다. 육군과 해군의 지휘자들은 전문적인 지식과 자격이 필요하였기 때문에 그들은 제한 없이 선출되었다. 그러나 중요한 것은 그러한 경우에도 매년 선출되었다는 사실이다. 사법권 역시 시민 계층에게 있었다. 행정구역인 데모스는 해마다 재판의 과정에서 판사와 배심원 역할을 담당할 시민들을 6,000명씩 선출하였다. 그리고 이들은 재판이 있는 날 아침 추첨을 통해 법정 최소 정원인 201명 이상을 선출하였다.

아테네 민주제는 페리클레스(Pericles)시대에 절정에 이르렀는데 그러한 체제가 운영될 수 있었던 것은 아테네가 국가로서의 규모가 작았을 뿐만 아니라 인구 역시 상대적으로 적었기 때문이다.[28] 이 당시 아테네 인구는 약 315,000명이었고 그 가운데서 170,000명이 시민이었다. 나머지는 시민권 없이 노동에 종사하는 30,000명의 거류외국인(metioikoi)과 115,000명의 노예들이었다.[29] 따라서 아테네의 민주제는 소수파의 민주주의로서 근본적으로는 과두제의 성격에서 벗어나지

---

28) 페리클레스는 기원전 461년 에피알테스(Ephialtes)가 암살된 후 아테네의 실세로 등장하였다. 이 인물은 당시 시행되었던 정치체제를 다음과 같이 언급하였다.
"우리의 정치체제는 우리 주변 국가들의 것을 모방한 것이 아닙니다. 우리의 정치체제는 다른 어떤 것을 흉내 낸 것이 아니라 오히려 타의 모범이 될 수 있다는 것입니다. 우리의 정치체제는 민주정체제라 하는데 그것은 권력이 소수의 손에 있는 것이 아니라 전체시민의 수중에 있기 때문입니다."

29) 아테네의 여성들은 참정권을 부여받지 못하였는데 그것은 이들이 남성들과는 달리 사회로부터 천대를 받았기 때문이다.

못하였다. 그럼에도 불구하고 아테네 사회는 당시 다른 사회와 비교할 때 자유롭고 개방적인 특성을 가졌다고 할 수 있는데 그러한 것이 바로 아테네의 장점이라 하겠다.

5) 페르시아 전쟁

아테네처럼 개방적 사회는 군사적 측면에서도 우수하였는데 그러한 것은 페르시아와의 전쟁(B.C. 492-479)에서 입증되었다. 당시의 동방, 즉 메소포타미아 지방과 소아시아 지방을 통일한 페르시아의 다리우스 1세(Darius I)[30]는 기원전 499년에 발생한 이오니아 폭동에[31] 본국의 그리스인들, 아테네와 에레트리아(Eretria)인들이 개입하였다는 이유로 기원전 492년 그의 장군에게 그리스 공격을 명령하였다. 이에 따라 페르시아 원정군은 그리스 공략에 나섰지만 이들은 아토스(Athos) 앞 바다에서 대폭풍우를 만나 그리스 원정을 포기해야만 하였다.[32] 2년 후, 즉 기원전 490년 다리우스 1세는 그리스에

30) 기원전 522년에 즉위한 다리우스 1세는 페르시아를 세계적 대국으로 발전시켰다. 아울러 이 인물은 제국의 행정체제를 보완시켜 동방적 전제정체제를 확고히 확립하였는데 그것을 개괄적으로 살펴보면 다음과 같다; 페르시아는 3개의 속주로 분할되었고 대왕이 임명한 태수들이 각 속주를 통치하였다. 그리고 각 속주에는 대왕의 명령만을 추종하는 장군과 재무관이 주재하였다. 아울러 대왕은 속주의 태수들이 자신에게 충성을 제대로 하는지를 감시하는 관리인을 파견하여 자신의 귀와 눈으로 삼았다. 그리고 왕과 지방관리 간의 연락, 중앙과 지방과의 연결을 신속히 하기 위해 왕의 대로도 건설되었다.

31) 이 당시 소아시아에 살았던 이오니아 계통의 그리스인들은 페르시아의 지배로부터 벗어나고자 하였다.

32) 이 과정에서 페르시아의 함선 300여척이 파괴되었고 1만명에 달하는 군사가 목숨을 잃었다.

대한 공략을 재시도하였다. 우선 그는 에레트리아를 파괴한 후 아테네를 직접 공격하기 위해 아테네 북동쪽 41.6킬로미터에 위치한 마라톤(Marathon)평원에 상륙하였다. 이에 따라 밀티아데스(Miltiades)의 아테네군은 다른 도시국가들, 특히 스파르타의 도움 없이 페르시아군과 전투를 펼쳐야 하는 어려운 상황에 놓이게 되었다. 그럼에도 불구하고 대담한 작전을 구사한 밀티아데스의 아테네군은 페르시아군을 격파하였고 그것은 그리스 문명을 침략으로부터 지켜내는데 일익을 담당하였다.[33]

10년 후 페르시아의 크세르크세스(Xerxes) 대왕이 다시 30만의 대군을 이끌고 그리스 공략에 나섰다.[34] 이번에는 대다수의 도시국가들이 아테네에 합세하였다. 아테네인들은 살라미스(Salamis) 해전에서[35], 그리고 스파르타군을 주축으로 한 그리스 연합군은 플라타이아이(Plataiai) 전투에서 각각 크게 승리하였다. 이에 따라 그리스인들은 동방의 전제

33) 이 당시 밀티아데스는 병력이 우세한 적과 평야에서 전투를 펼칠 경우 반드시 적의 기병에게 당한다는 사실을 잘 알고 있었다. 따라서 그는 마라톤에서 아테네로 통하는 골짜기에 진을 치고 며칠 동안 대치하면서 기회만 살펴보며 가끔씩 소수의 병력을 내보내 페르시아군을 자극시켰다. 이에 페르시아군은 아테네의 병력이 대단하지 않다는 판단을 하고 그대로 진격하는 실수를 저질렀다. 적의 공격이 시작되자 골짜기에 있던 밀티아데스의 아테네군은 주공격대를 양 날개에 배치한 채 육박해 들어가는 대담한 작전을 펼쳤다. 페르시아군이 정면에서 공격하는 소수의 아테네군을 상대하는 사이에 아테네의 주력군은 재빠르게 페르시아군을 포위하였다. 갑자기 혼란에 빠진 페르시아군은 그들이 자랑하였던 궁병의 위력도 발휘해 볼 기회도 없이 무너지고 말았다. 헤로도토스(Herodotos)는 자신의 저서인 '페르시아전쟁사'에서 마라톤전투를 언급하였다. 그것에 따를 경우 페르시아군의 희생자가 6,400명이었지만 그리스군은 단지 192명에 불과하였다. 스파르타인들은 만월의식 때문에 마라톤 평원에서 펼쳐진 전투에 참여할 수 없었다.

34) 크세르크세스는 다리우스 1세의 아들이었다.

35) 아테네의 해군제독이었던 테미스토클레스(Themistocles)의 해군력 증강정책은 아테네가 살라미스 해전에서 승리하는데 결정적인 기여를 하였다.

주의로부터 자신들의 자유로운 사회를 지키게 되었다.

페르시아 전쟁이 끝난 후 해군력과 상업력이 우세한 아테네는 그리스에서 패권을 장악하게 되었다.[36] 아울러 아테네는 문화적 측면에서도 주도권을 쥐게 되었다. 따라서 기원전 5세기말 절정기에 도달한 그리스 문명은 아테네를 중심으로 전개되었다 하겠다.

6) 그리스문화

그리스 문명은 모든 면에서 종교와 관련이 있었다. 그러나 그리스 종교는 고대의 다른 문명사회의 그것과는 달랐다. 그들의 신들은 유대인들의 유일신과는 달리 인간과 같은 성격을 가졌고 인간과 친한 다신교의 신들이었다. 그리고 그리스 신들은 노여워하고 질투도 하는 인간적인 신들이었다. 이러한 것은 신과 인간 모두가 대지의 피조물이라는 신인동형관(Anthropomorphism)에서 비롯된 것 같다.

그리스의 신들은 무서운 자연현상을 설명하는 과정에서 나온 것 같다. 예를 들어, 태양의 움직임은 아폴론(Apollon)의 불붙는 전차로 설명되었고, 에게해의 폭풍은 해신 포세이돈(Poseidon)의 노여움으로 설

---

36) 페르시아의 재침을 막기 위해 기원전 477년 아테네의 정치가였던 아리스티데스(Aristides)의 주도로 델로스(Delos)동맹체제가 결성되었는데 여기에는 약 200여개의 폴리스가 참여하였다. 그러나 델로스동맹은 점차적으로 본래의 목적에서 이탈하였는데 그것은 아테네가 이 동맹체제에서 맹주역할을 담당하겠다는 의지를 보였기 때문이다. 이에 따라 델로스동맹의 금고는 기원전 435년 아테네로 옮겨졌고 그것은 아테네의 해군력 증강 및 공공건물축조에 전용되었다.

명되었다.[37] 그리고 벼락과 번개는 제우스(Zeus)의 분노로 이해하려고 하였다.[38] 또한 그리스인들은 인간의 감정 및 욕망을 신들과 결부시키기도 하였다. 따라서 이들은 전쟁에서 승리하기 위하여 전쟁신 아레스(Ares)에게 기도하였고, 사랑에서 결실을 맺기 위하여 아프로디테(Aphrodite)에게 호소하였다.[39]

그러나 시간이 흐르면서 그리스인들의 생각은 신화의 단계를 벗어나고 있었다. 이제 이들은 홍수, 지진, 일식, 월식, 벼락, 그리고 번개와 같은 현상을 초자연적인 설명 대신에 자연적인 설명으로 대치시키려고 하였다. 즉 이들은 그러한 현상들이 신의 의지가 아닌 자연의 작용으로 보고 그 본질을 추구하는 합리주의적인 태도를 가지게 되었던 것이다. 그러한 태도는 마침내 데모크리투스(Democritus)로 하여금 모든 물질이 더 이상 쪼갤 수 없는 작은 원자(Atom)들로 구성되었다는 주장까지 펼치게 하였다. 그리고 이러한 태도는 과학을 탄생하게 하는 요인도 되었는데 그것은 기도의 방법이 아닌 객관적인 관찰을 통해 병을 치료하고자 하였던 히포크라테스(Hippocrates)의 방법에서 확인되었다.[40]

그러나 자연과 우주에 대한 인간과 인간성에 대한 연구로 관심을 유

---

37) 아폴론신은 의학의 신, 태양신, 그리고 예언의 신이었다.

38) 제우스는 12신 중에서 주신이었다.

39) 아프로디테는 사랑과 육체미의 여신이었다. 이 여신은 제우스와 디오네의 딸이란 설도 있고 파도에서 솟아 나왔다는 설도 있다.

40) 히포크라테스는 당시 신성한 병으로 간주되었던 간질을 다음과 같이 언급하였다.
"이 병은 전혀 신성하다고 볼 수 없는데 그것은 이 병 역시 다른 병들처럼 자연적 원인을 가지고 있기 때문이다. 사람들이 이 병을 신성하다고 여기는 것은 이 병에 대해 전혀 아는 바가 없기 때문이다."

도한 인물은 소크라테스(Socrates)였다. 그리고 그의 학문적 방향전환이 가지는 급진성 때문에 '소크라테스의 혁명'이란 단어가 등장되기도 하였다.[41]

소크라테스는 인간을 동물 이상의 존재로서 참된 자기, 즉 영혼을 가지는 고귀한 존재라 하였다. 그리고 그는 진정한 자신을 육성, 완성하는 것이 인간의 가장 기본적이고, 본질적 임무라는 관점도 피력하였다. 또한 그는 그러한 목표를 달성하기 위해서는 절제, 정의, 용기, 고결, 그리고 진리 등과 같은 윤리적 가치가 필요하다는 견해도 제시하였다.[42] 이러한 소크라테스의 가르침은 신들에 대한 외경을 거부하는 것이었기 때문에 당시 지식인들의 미움을 유발시켰고 그것으로 인하여 소크라테스는 결국 처형되었다.[43]

그의 뒤를 이어 플라톤(Platon)은 인간이 경험하는 감각적 세계 위

---

41) 소크라테스는 논리전개과정에서 다음의 방법을 종종 사용하였다; 그는 우선 질문을 제시하고 알맹이가 있어 보이는 답을 도출한 후 오류로 인정된 부분들을 없애 원래의 대답이 진리로 순화될 때까지 논리적 · 합리적 사유를 지속하였다.

42) 소크라테스는 공개석상에서 발언을 하거나 토론을 펼치지 않았다. 그의 제자였던 플라톤과 크세노폰이 그의 주장 및 관점들을 정리하여 후세에 알렸다.

43) 기원전 399년 소피스트(sophists; 지지 또는 현자를 의미하다가 점차적으로 언변에 능한 사람들로 인식된 이들은 절대적 진리의 가능성을 의심하였다)들로 구성된 배심원들은 불경죄('국가가 인정하는 신들을 믿지 않고 새로운 신들을 끌어들였다는 것') 및 젊은이들을 타락시켰다는 이유로 소크라테스를 기소하였다. 당시 아테네 각 부족에서 선발된 배심원 판사 501명은 소크라테스에 대한 제 1차 재판에서 유죄판결을 내렸다. 제 2차 재판에서는 형량을 결정하여야 했는데, 여기서는 피고가 제시한 형량들 중에서 배심원들이 하나를 선택하게끔 되어 있었다. 이때 소크라테스의 변론은 일반적인 것과는 차이가 있었다. 즉 그는 배심원들에게 선처를 호소하기보다는, 자신이 아테네 시민의 영혼을 교육시켰기 때문에 표창을 받고, 귀빈관에서 식사도 제공받아야 한다고 언급하였던 것이다. 배심원들은 소크라테스의 이러한 형량제의에 대하여 부정적이었다. 이에 따라 소크라테스는 1/2달란트 정도의 벌금형량을 제안하였지만 그것은 오히려 동정표를 크게 감소시키는 계기가 되었다. 이후 법정은 소크라테스에 대한 사형을 집행시켰다.

에 존재하는 참된 이상(idea)의 세계를 찾아야 한다는 주장을 펼쳤다. 따라서 그는 구체적인 사물의 세계를 무시하고 정신적인 세계를 지나치게 강조하는 자세를 보였다.[44] 그러나 그의 제자였던 아리스토텔레스(Aristoteles)는 있는 그대로의 현실을 이해하는 데 인간들이 관심을 가져야 한다는 견해를 제시하여 스승의 주장에 동조하지 않았다. 즉 그는 형이상학(Metaphysika)에서 구체적이며 실제적인 지식을 추구하였던 것이다.[45]

이러한 주장들은 모두 인간과 자연의 본질을 탐구하려는 합리주의적인 태도를 강화시켰다. 그리고 그러한 태도는 역사가 투키디데스(Thucydides)[46]가 펴낸 펠로폰네소스 전쟁사(B.C. 431-404)에서도 확인되고 있다.[47] 즉 그는 역사서술에서 일어나 사건을 단순히 기록하

---

44) 아테네의 귀족출신이었던 플라톤은 '소크라테스의 변명(Aplogia)', '프로타고라스(Protagoras)', '파에드로스(Phaedros)', '국가론(Politeia)' 등을 저술하였다. 특히 플라톤은 '국가론'에서 민주정치의 타락 및 혼란을 비판하면서 소수의 지혜로운 철학자들이 통치하는 정치체제의 도입을 요구하였다. 그는 국가의 구성원을 하층 계층(농민, 장인, 상인), 중간 계층(군인, 관료), 그리고 상층 계층(지식을 갖춘 귀족)으로 구분하면서, 각 계층이 자신들의 직분을 충실히 수행할 경우 이상적인 사회가 구현될 수 있다는 확신을 가지고 있었다. 즉 하층 계층은 생산자로서의 기능을 수행하고, 중간 계층은 국가를 방위하거나 통치자를 보조하며, 이성의 소유자인 지혜로운 철학자들로 구성된 상층 계층은 국정을 원활히 수행해야 한다는 것이다.

45) 아리스토텔레스는 사물의 본질이 사물 안에 있다는 주장을 펼쳤다. 즉 사물은 자신이 완성해야 할 목표 및 운명을 내재하였다는 것이다. 예를 들면 씨앗이 나무가 되는 것은 나무가 씨앗의 완성태(*energeia*)이기 때문이라는 것이다.

46) 투키디데스는 아테네출신으로 기원전 462년 장군이 되었다. 트라키아 지방에서 활동한 그는 암피폴리스 방위에 실패하여 추방당하였다. 이후 그는 20여 년간 망명생활을 하여야만 하였다.

47) 이에 앞서 역사의 아버지로 불리는 헤로도토스는 페르시아전쟁을 다룬 역사(Historiae)를 출간하였다. 밀레토스(Miletos)에서 남쪽으로 100킬로미터 떨어진 할리카르나소스〔Halikarnassos:오늘날의 보드룸(Bodrum)〕에서 태어난 그는 신에 대하여 존경심을 가졌을 뿐만 아니라 신이 인간의 오만에 대하여 보복하리라는 관점도 가지고 있었다. 이러한

기보다는 원인을 밝히는데 비중을 두었던 것이다. 아울러 그는 역사사실을 초자연적 사실과 구별하려고 하였다 따라서 그는 자신의 작품에서 아테네와 스파르타 사이에 펼쳐진 전쟁의 원인을 분석하고, 그것의 의미도 찾아내고자 하였다. 그는 이 전쟁에서 스파르타가 승리한 원인을 제시하였는데 그것은 페리클레스 이후 타락한 아테네의 민주정체제에 대한 과두정체제의 우수성과 단결심이었다. 이를 통하여 그는 당시 아테네의 민주정체제를 부패와 타락의 늪으로 빠뜨렸던 정치지도자들의 무능과 비도덕성을 비난하였을 뿐만 아니라 기존 정치체제의 몰락이 가지는 후유증을 후세 사람들에게 알리려고도 하였던 것이다. 즉 그는 역사의 교훈적 측면을 부각시켰던 것이다. 실제적으로 투키디데스는 자신의 저서에서 이 점을 명확히 하였다('나의 서술이 과거에 발생한 사건들, 그리고 미래의 어느 시기에 매우 유사한 방식으로 반복될 사건들을 근본적으로 이해하려는 사람들에게 쓸모가 있을 경우 나의 목적은 충분히 달성된 것으로 볼 수 있을 것이다.').[48]

미술은 아름다운 신전 건축물과 신상 조각을 중심으로 발달하였다. 그리스의 대표적인 건축으로는 파르테논 신전, 조각으로는 아테네 여신상을 들 수 있다.

그의 관점을 따를 경우 크세르크세스의 오만으로 페르시아가 패배하였다고 할 수 있을 것이다.

48) 그럼에도 불구하고 투키디데스는 기원전 411년 '펠로폰네소스 전쟁사'의 기술을 중단하였다.

7) 폴리스세계의 몰락

아테네의 융성은 스파르타를 비롯한 다른 도시국가들의 질시대상이 되었다. 따라서 기원전 431년 펠로폰네소스 전쟁(Peloponnesian war)으로 알려진 그리스인들의 내전이 발생하였다.[49] 그 결과 페르시아의 지원을 받은 스파르타가 주도권을 장악하게 되었지만 얼마 안 되어 테베(Thebae)가 그리스의 맹주로 등장하였다.[50] 그것은 기원전 371년 에파미논다스(Epaminondas)가 레우크트라(Leuctra) 전투에서 스파르타의 주력군을 격파하였기 때문이다. 그러나 그리스세계에 대한 테베의 주도권 역시 오래가지 못하였다.

기원전 338년 필립 2세(Philip II)의 마케도니아군은 기원전 338년 케로네아(Chaeronea) 전투에서 아테네와 테베가 이끄는 그리스 연합군을 패배시켰는데 그것은 그리스인들이 마케도니아의 지배하에 놓이게 되는 결정적인 계기가 되었다. 그리스의 주도권을 장악한 필립 2세가 기원전 336년 암살됨에 따라 그의 아들 알렉산더(Alexander)가 20세의 젊은 나이로 즉위하였다. 알렉산더는 부왕의 유지를 받들어 페르시아 원정을 단행하고자 하였다. 그는 기원전 133년 페르시아의 다리

49) 전쟁이 약 30년간 지속되었기 때문에 '고대의 30년전쟁' 이란 명칭을 부여받았다.

50) 에파미논다스가 레우크트라 전투에서 새로운 진법을 도입하였다. 지금까지 그리스의 진법은 가장 강력한 부대를 오른편에 두어 적의 왼쪽을 공격하여 승리를 노리는 것이었다. 그러나 그 때문에 종종 양측 모두가 왼쪽이 무너져 승패가 나지 않는 경우가 있었다. 이에 에파미논다스는 아군의 우익을 앞으로 더 이동시켜 사선진을 만들고 적의 우익이 아군의 좌익을 붕괴시키기 전에 아군의 우익으로 적의 좌익을 타파시키는 전법을 개발하였다. 이러한 전법은 에파미논다스가 강력한 스파르타 육군을 격파시키는데 결정적 기여를 하였다.

우스 3세(Darius III)군을 이수스(Issus) 전투에서 격파한 후 시리아, 팔레스타인, 그리고 이집트도 공격하였다. 이후 그는 아르벨라(Arbela) 전투에서 다리우스의 대군을 격파하였고 그것은 페르시아 멸망의 결정적인 요인이 되었다. 알렉산더는 계속 동진하여 중앙아시아와 인도 서북부를 휩쓴 후 기원전 323년 바빌론으로 개선하였다. 알렉산더 대왕은 세계역사상 최초로 유럽과 아시아 대륙에 걸친 대제국을 건설하였다. 그는 오리엔트 여러 곳에 그리스인들을 정착시켰고 자신의 이름을 딴 알렉산드리아라는 도시를 각지에 건설하여 그리스문화를 보급시켰다. 아울러 그는 그리스인들과 오리엔트 주민들 사이의 결혼을 장려하여 동 · 서 문화의 융합도 모색하였다. 그러나 알렉산더는 기원전 323년 32세의 젊은 나이로 요절하였고 그의 제국 역시 부하 장군들에 의해 시리아, 이집트, 그리고 마케도니아로 나눠지게 되었다.

02 로마 문명

콘스탄티누스대제(306-337)

1) 공화정체제의 성립

지중해세계에서 그리스문화를 계승한 사람들은 라틴 계통의 로마인들이었다. 이들은 선주민이었던 에트루리아인들(Etrurians)[1]의 지배를 받다가 기원전 509년 독자적인 도시국가를 형성하게 되었다.[2]

이후 로마는 강력한 군대조직[3]과 공화정체제를 구축하게 되었고 그것은 로마의 특징으로 부각되었다. 이 당시 로마 공화국은 시민권을 가

---

1) 소아시아의 서부지역에서 유입된 이들은 기원전 12세기경부터 티베르(Tiber)강의 서부 및 북부지역에서 거주하기 시작하였다.

2) 긴 역사를 가진 대다수의 국가들이 건국설화를 가졌듯이 로마 역시 설화를 가졌다. 그것에 따르면 늑대의 젖을 먹고 자랐다는 아이네아스(Aeneas)의 후손인 쌍생아 로물루스(Romulus)와 레무스(Remus)가 기원전 753년에 로마를 건국하였다는 것이다.

3) 로마는 16세부터 65세까지의 시민에게 병역의 의무를 부과하였다.

진 소수의 귀족 계층과 농민, 노동자, 상인, 그리고 채무자로 구성되는 다수의 평민 계층으로 구성되었다.

이 당시 평민 계층은 귀족 계층과는 달리 참정권을 가지지 않았기 때문에 관직(*jus honorum*)에 취임할 수 없었다.[4] 그러나 이들은 부를 축적할 수 있었고 그 과정에서 부자가 된 사람들도 많았다. 점차적으로 경제적 여유를 가진 평민들은 참정권을 획득하려는 시도를 펼쳤는데 그러한 상황은 한 세기 전의 아테네를 다시 보는 듯하였다.

이러한 정치체제하에서 귀족 계층은 중요한 통치기구들을 장악하였는데 그 하나는 행정책임자인 2명의 통령(*consul*)자리였다. 귀족들이 선출한 임기 1년의 통령은 일반 행정 및 군사지휘권을 가졌다.[5] 그리고 다른 기구는 통령을 자문, 감독하는 원로원(*senatus*)이었다. 이 기구는 귀족들 사이에서 선출되는 300명 정도의 의원들로 구성되었는데 임기를 끝낸 통령들도 원로원의 일원으로 활동하였다.

이들 기구 이외에도 군사적 문제를 다루는 병원회와 징병자료로 활용할 시민의 명부를 4년마다 작성하고 로마시의 공공재산을 관리하거나 원로원 의원들의 품행을 심사하던 감찰관(*censor*)[6] 역시 귀족들의 영향하에 있었다.

이러한 과두정에 대한 평민들의 불만은 시간이 지남에 따라 점차적으로 증대되었고 그것에 따른 두 계급 사이의 대립은 초기 공화정 시대의 중요한 해결현안으로 부각되었다. 평민들은 기원전 494년 로마에

---

4) 이들은 병역 및 납세의 의무를 가지고 있었다.

5) 이들은 상호간 거부권을 행사할 수 있었다. 그리고 국가비상시에는 이들 중 한 사람이 임기 6개월의 총통(*dictator*)이 되어 전권을 행사하였다.

6) 통령 및 고관출신자들이 임기 5년의 감찰관으로 선출되었다.

서 동북방으로 5킬로미터 떨어진 성산(*mons sacer*)에 모여 귀족들이 자신들의 요구를 수렴하지 않을 경우 자신들의 독자 국가를 건설하겠다는 입장을 밝혔다.[7] 이에 귀족 계층은 사태의 심각성을 파악하게 되었고 그것은 그들로 하여금 어느 정도의 양보도 하게 하였다. 이제 평민들은 그들의 권익을 옹호하는 호민관(*tribunus plebis*)과 평민회(*concilium plebis tribatum*)를 가지게 되었다.[8] 호민관은 평민들의 모임인 평민회에서 선출되었고 그 수도 2명에서 10명으로 늘어나게 되었다.[9] 아울러 평민들은 귀족들이 관습법을 악용하지 못하게끔 법조문의 성문화도 요구하였는데 그것은 기원전 449년의 12표법(*leges duodecim taburarum*)에서 가시화되었다.[10]

그 이후로 평민들의 권리는 계속 신장되었고 기원전 4세기에 이르러서는 통령(*tribuni militum consulari potestate*)과 원로원의 일원도 될 수 있었다.[11] 그리고 이들은 귀족들과의 혼인도 가능하게 되었다.[12] 또한 부유한 평민들 가운데서 귀족이 되는 경우도 허다하였다. 마침내

---

7) 영토 확장 과정에서 평민들로 구성된 중무장보병밀집부대(*phalanx*)는 큰 역할을 담당하였다. 중무장보병밀집대형은 머리, 가슴, 무릎 등을 갑옷으로 가리고 왼손에는 둥근 방패를 든 보병들이 밀착하여 일렬로 늘어선 전투대형이다. 이런 형태의 전열은 여러 줄로 늘어서 제 1열의 병사가 전진하다가 쓰러지면 제 2열의 병사가 그 자리를 채우면서 집단으로 적과 싸우는 것이다. 바로 이 전술을 써서 그리스는 페르시아의 대군을 격파하였던 것이다.

8) 호민관의 신분은 절대 보장(*sacrosanctitas*)되었다. 만일 그에게 폭력을 행사할 경우 누구나 재판의 절차 없이 처형되었다.

9) 기원전 449년 호민관의 수가 10명으로 증가되었다.

10) 로마의 관습법을 12동판에 새긴 것으로 현재는 그 내용의 일부분, 예를 든다면 부(父)의 절대권(*patria potestas*), 채무노예의 인정, 소송과정, 귀족과 평민간의 결혼금지, 그리고 동일한 보복이 허용된 복수법만이 전해질뿐이다.

11) 이것은 기원전 367년에 제정된 리키니우스(Licinius)법의 시행으로 가능하였다.

12) 호민관이었던 카누레이우스(Canuleius)는 기원전 445년 평민과 귀족사이의 결혼을 허용하지 않을 경우 평민들은 더 이상 군대징집에 응하지 않겠다는 입장을 밝혔고 그것은 귀족들로

구 귀족과 신 귀족은 융합되었고 거기서 노빌레스라는 새로운 상류계층이 형성되었다. 그 결과 로마는 국내적으로 안정되었고 그것을 토대로 기원전 3세기에 이탈리아 반도도 통합하게 되었다.

2) 포에니 전쟁

이후부터 로마는 지중해에 대해 관심을 표명하게 되었고 그것은 이미 이 지역에서 주도권을 행사하던 카르타고(Carthago)와의 충돌을 야기시키는 요인이 되었다.[13] 이 당시 카르타고는 북아프리카 연안, 스페인의 일부, 지중해의 여러 섬들을 지배하고 있었다. 로마인들은 3차에 걸쳐 진행된 포에니 전쟁(The Punic War; B.C. 264-146)에서 국가의 운명을 걸기도 하였다. 특히 제 2차 포에니 전쟁(B.C. 218-201)에서 로마인들은 카르타고의 명장이었던 한니발(Hannibal)의 뛰어난 용병술로 본토의 상당수를 상실하는 위기적 상황에 놓이기도 하였다.[14] 그러나 로마인들은 한니발을 이탈리아 반도에서 몰아내는데 성공하였다.[15]

하여금 통혼에 동의하게 하는 결정적인 요인이 되었다. 그리고 이러한 것은 사회적 평등화가 구현된 것으로 볼 수 있을 것이다.

13) 기원전 875년에 페니키아의 식민도시로 건설된 카르타고〔오늘날의 튀니스(Tunisia)〕는 모도시가 몰락한 이후에도 세력을 증대시켜 북아프리카와 이베리아 반도의 일부를 지배하는 거대한 해상국가로 등장하였다. 즉 카르타고는 스페인 남부, 사르데냐, 코르시카, 몰타, 그리고 시칠리아 서부지역에 대해 영향력을 행사하고 있었다.

14) 1차 포에니 전쟁이 끝난 직후 한니발은 아버지 하밀카 바르카와 카르타고의 주신 타니트의 제단에 가서 로마를 무찌르겠다는 맹세를 하였다. 기원전 218년 에스파냐의 총독이었던 한니발은 보병 7만, 기병 1만 2천, 코끼리 37마리, 그리고 군선 30척을 동원하여 로마원정을 단행하였다.

그 후 반세기가 지난 기원전 146년 로마는 원로원에서 큰 영향력을 행사하던 카토(M.P. Cato)의 주장[16]에 따라 카르타고의 위험성을 완전히 제거하기로 결정하였고 카르타고와 마지막 전쟁을 펼쳤다.[17] 제 2차 포에니 전쟁이 끝난 후 카르타고는 경제적 활성화에 주력하여 이전의 번영을 되찾았지만 그러한 것은 로마가 제 3차 포에니 전쟁(B.C. 149-146)에서 승리하는데 아무런 방해요인도 되지 못하였다.[18] 전쟁에서 패한 카르타고는 로마의 속주로 편입되었다.[19] 이후 로마는 유럽, 아프리

---

15) 로마의 장군 스키피오(Scipio)가 기원전 204년 카르타고를 공격하였고 그것은 한니발로 하여금 자마(Zama)에서 로마군과 일전을 펼치게 하는 요인이 되었다. 이 전투에서 한니발의 카르타고 군은 대패하였고 한니발은 소아시아에서 자신의 망명처를 찾아야만 했다.

16) 소박, 정직, 용기, 인내력, 절제된 성윤리, 그리고 국가와 가정에 대한 충성을 로마의 이상으로 간주하였던 카토는 사치와 세련된 예술, 모든 형태의 방종을 질타하였다. 이 당시 나시카(Nasica)는 카토가 제시한 카르타고의 위협론에 동의하지 않았다.

17) 이 당시 로마에는 전쟁선포의 당위성을 부각시키기 위한 예식(*ius fetiales*)이 있었다. 그것에 따를 경우 ①원로원이 지명한 인물이 분쟁을 해소하기 위하여 분쟁지로 파견된다.②이 인물은 분쟁이 해소되지 않을 경우 로마가 전쟁을 통하여 문제를 해결할 것이라는 것을 당해연도의 집정관 이름으로 해당국에 통보하면서 협상을 전개한다.③협상이 아무런 성과를 거두지 못할 경우 원로원은 켄투리아회(*comitia centuriata*)에게 전쟁선포를 권고한다.④켄투리아회가 전쟁선포를 결의한다.⑤전쟁선포권을 가진 성직자가 창을 적의 영토에 던진다. 그것에 앞서 집정관은 전쟁을 공식적으로 선포한다. 그런데 이러한 예식은 기원전 238년부터 ③,④,①,②,⑤로 바뀌게 되었는데 그것은 로마가 분쟁국가와의 타협을 포기하고 단지 전쟁준비기간만을 얻기 위한 것에서 비롯되었다 하겠다.

18) 전쟁이 발발하기 직전 로마는 카르타고에게 인질을 보낼 것과 보유한 모든 군사 장비를 로마에게 즉시 양도할 것을 요구하였다. 이 당시 로마와의 전쟁을 피하려고 하였던 카르타고는 로마의 이러한 요구에 동의할 수밖에 없었다. 그러나 카르타고를 멸망시켜야 한다는 생각을 가졌던 로마는 다시금 카르타고인들이 수용할 수 없는 요구, 즉 모든 카르타고인들은 해안에서 10마일 이상 떨어진 내륙으로 이동하여야 한다 라는 것을 제시하였다. 이러한 로마의 최후통첩은 교역을 경제의 주요기반으로 삼고 있었던 카르타고에게 스스로 멸망하라는 것과 다름이 없었다. 이제 카르타고인들은 전쟁을 피할 수 없음을 인지하게 되었고 그들 나름대로 전쟁준비를 하였지만 그것은 로마를 상대하기에는 중과부족이었다.

19) 제 3차 포에니 전쟁이 끝난 후 들판에는 소금이 뿌려졌고 카르타고인들은 생매장되거나 노예로 팔려 나갔다.

카, 그리고 아시아로 자신들의 영향력을 펼치는데 주력하였다.[20]

3) 그라쿠스 형제의 개혁

영토 확장과 더불어 로마는 새로운 문제에 직면하게 되는데 그것은 이전의 제도들을 거대화된 제국에 더 이상 적용시킬 수 없었기 때문이다.

해외 식민지에서 값싼 곡물과 노예들이 대량으로 유입되었기 때문에 다수의 농토는 포도나 과일을 전문적으로 생산하는 대농장(*latifundium*)체제로 변모되었고 거기서 농업 자본가세력도 출현하게 되었다. 그리고 정복에 참여했던 장군들이나 속주의 총독들도 금과 노예를 가지고 돌아왔다.

또한 군대에 물자를 공급하거나, 도로건설 등으로 상인과 사업가들 역시 부를 축적하게 되었다. 이들 신흥 부자들은 기사(*cavalier*)라 불렸는데 그 이유는 이들이 기병대 복무장비를 마련하는데 필요한 자금을 가졌기 때문이다.[21] 그러나 이들은 정치적 권한이 없었기 때문에 귀족 계층과의 대립을 통해 정치참여를 모색하였다.

여기에 대농장의 확산으로 로마 시로 이주한 몰락 소농들이 빈민계층을 형성하였기 때문에 사회적 긴장감 역시 점차적으로 고조되고 있었다.[22]

---

20) 로마인들은 기원전 133년 지중해세계를 로마에 완전히 편입시켰다.

21) 이 당시 로마인들은 군대복무에 필요한 장비들을 스스로 마련하여야만 했다.

22) 소농들의 몰락은 로마의 군제와 연계시킬 수 있다. 로마가 지중해세계를 통합하는 과정에서 소농들은 시민병으로 전쟁에 참여하였다. 따라서 이들은 오랫동안 농토를 경작할 수 없

여기서 이러한 사회적 위기를 극복하려는 시도가 있게 되는데 그것은 그라쿠스(Gracchus) 형제로부터 비롯되었다. 귀족 출신이었던 이들은 각기 기원전 133년과 123년에 호민관으로 선출되었다. 이들 형제는 공화국의 혼란 및 갈등을 완화시키기 위해서는 기존의 제도를 평등주의적 방향으로 전환시켜야 한다는 것을 잘 알고 있었다. 따라서 이들은 소농민의 몰락과 대농장의 출현을 막기 위해 토지소유를 제한시키려고 하였다.[23] 즉 이들은 대지주가 무단으로 점유한 국유지의 일부를 농민들에게 분배하려고 하였던 것이다. 그리고 이들은 농지를 상실한 농민들을 이탈리아와 아프리카에 건설되는 식민지로 이주시키려고 하였다. 아울러 이들은 로마시의 빈민들에게 식량을 싼 가격으로 제공하여야 한다는 주장을 펼쳤는데 그것은 오늘날 일부 국가에서 시행되고 있는 이중곡가 제도의 기원이 된다 하겠다.[24] 뿐만 아니라 이들 형제는 원로원의 권한을 축소시키는 대신에 신흥부자인 기사계층에게 보다 많은 권한을 주려고 하였다.[25]

이러한 개혁안에 대하여 원로원은 크게 분노하였고 그 결과 티베리우스(Tiberius)와 그의 추종자 300여명이 몽둥이와 돌로 피살을 당하였다.[26] 12년 뒤 가이우스(Gaius)도 그의 형과 같은 상황에 놓이게 되

었기 때문에 그들의 농토는 황무지가 되거나 또는 귀족이나 상인들에게 헐값으로 팔리는 경우가 많았다. 전쟁의 지속으로 표면화되지 않았던 이러한 소농의 무산화는 전쟁이 끝난 직후 사회적인 문제로 부각되기 시작하였다.

23) 특히 티베리우스 그라쿠스는 '어느 누구도 공유지를 1,000유게라(약 80만평) 이상을 소유할 수 없다(*nequisex publico argo plus quam mille lugera possideret*)' 라는 견해를 제시하였다.

24) 이를 지칭하여 곡물법(*lex frumentaria*)이라 한다.

25) 실제로 이들 형제는 기사 계층과 협력하여 원로원의 권한을 축소시키려고 하였다.

26) 반대파가 그라쿠스 형제 및 추종자들을 죽일 때 몽둥이와 돌만 사용하였는데 그것은 시내에서 쇠붙이를 휴대하는 것 자체가 법으로 금지되었기 때문이다.

었고 이번의 피살자는 3,000명이나 되었다.[27]

4) 혁명시대

그라쿠스 형제의 개혁이 실패로 끝난 후 로마 공화국의 정치적 혼란은 더욱 심화되었다. 그런데 그러한 혼란은 다음의 세 집단 사이에서 펼쳐졌다. 첫째 세력은 기존의 특권을 계속 유지하려는 원로원의 귀족들(*optimates*:최선자)이었고, 둘째 세력은 해외정복으로 막대한 부를 축적한 새로운 상류 계급으로 부상한 신흥부자들이었다. 그리고 마지막인 셋째 세력은 대중의 권한확대를 지지하던 평민파(*populares*)였다. 분쟁은 주로 원로원의 귀족을 한편으로 하고 평민파를 다른 한편으로 하는 두 진영 사이에서 펼쳐졌다. 그리고 권력은 평민파의 마리우스(Marius)[28], 원로원파의 술라(Sulla)와 폼페이우스(Pompeius), 다시 평민파의 카이사르(Caesar)로 이어지는 장군들에 의해 장악되었다.[29] 이렇게 끊임없이 지속된 권력이동은 평민파의 장군이었던 옥타비아누스(Octavianus)가 기원전 31년에 종식시켰

27) 가이우스는 모든 라틴인과 일부 이탈리아인들에게 시민권을 부여하려고 하였다.

28) 기원전 107년 마리우스가 단행한 병제개혁은 큰 의미를 가졌다고 볼 수 있는데 그것은 스스로 무장할 능력이 없는 무산자들의 징집을 가능하게 하였기 때문이다. 이후 군대는 애써 지켜야 할 것이 없는 빈민들로 충당되었고 그 결과 자연히 군대의 충성심은 보상해 주지 않는 국가보다는 경쟁적으로 보다 큰 몫의 전리품과 퇴역상여금을 약속하는 유능한 군 지휘관들을 향하게 되었다. 이러한 시민군의 사병화는 다시 국내 정치에서 군대와 군지휘관들의 중요성을 부각시키는 요인이 되었다.

29) 제 1회 삼두체제를 종식시킨 카이사르는 기원전 45년 로마의 전권을 장악하였다. 그러나 그는 다음해에 브루투스(Brutus) 및 그의 추종자들에 의해 무참히 살해되었다.

는데 그것은 그가 제 2회 삼두체제(*triumvirat*)의 마지막 정적인 안토니우스(Antonius)를 제거하였기 때문에 가능하였다.[30)]

5) 아우구스투스와 오현제 시대

기원전 27년 옥타비아누스는 원로원으로부터 아우구스투스(Augustus; 존엄자)라는 칭호를 받았는데 이때부터 로마의 제정시대가 시작되었다는 것이 학계의 일반적인 견해이다. 이후 아우구스투스는 혁명의 혼란함을 제거하고 질서와 안정을 유지시키는데 혼신의 노력을 기울였다. 그는 부유한 이집트를 황제의 직속령으로 삼아 안정된 재정적 기반을 구축하려고 하였을 뿐만 아니라 그것을 토대로 군대도 재편성하려고 하였다. 아울러 그는 도시의 빈민 계층을 구제하기 위해 새로운 세법을 도입하였고 로마법의 시행을 제국전역으로 확산시켰다.

이후 200여 년 동안 지중해세계는 '로마의 평화(*Pax Romana*)'로

---

30) 카이사르가 암살된 후 로마에서는 그의 양자였던 옥타비아누스가 후계자로 지목되었으나 당시의 상황은 그것을 용인하지 않았다. 따라서 옥타비아누스는 카이사르의 부장이었던 안토니우스와 기병대장이었던 레피두스(Lepidus)와 로마를 분할통치하게 되었는데 그것을 지칭하여 제 2회 삼두체제(*treiviri rei publicae constituendae causa*)라 한다. 그러나 얼마 안 되어 레피두스가 이 체제에서 이탈하였고 그것은 안토니우스와 옥타비아누스의 이두체제로 압축시키는 계기가 되었다. 이 당시 안토니우스는 클레오파트라(Cleopatra VII)와 결탁하여 로마 동부에 독자적인 국가를 세우려고 하였다. 이에 원로원의 지지를 받던 옥타비아누스는 안토니우스의 그러한 시도를 저지시키려 하였고 그러한 과정에서 전쟁이 발생하였다. 전쟁은 옥타비아누스에게 유리하게 진행되었다. 옥타비아누스는 기원전 31년 악티움(Actium; 그리스 동쪽해안 아카르나니아 지방의 북쪽 반도)해전에서 안토니우스와 클레오파트라의 연합군을 섬멸하였다.

불리는 긴 평화시대를 누리게 되었다. 많은 민족과 나라들이 로마라는 하나의 국가 속에 통합되었기 때문에 더 이상 큰 전쟁은 발생되지 않았다. 온갖 형태의 정부, 종교, 그리고 문화가 한 국가 안에 공존하게 되었고 그것들을 연결시키는 수단으로 공통된 황제숭배, 공통언어, 공통화폐, 공통법률, 그리고 시민권 등이 부각되었다.[31]

6) 로마제정시대의 후반기

절정기의 로마 제국도 180년 마르쿠스 아우렐리우스(M. Aurelius) 황제가 죽으면서 쇠퇴하기 시작하였다.[32] 그는 재임기간 중에 로마제국을 위하여 공헌한 인물들 중에서 양자를 선택하여 그에게 제위를 물려주던 양자상속제도의 관례를 깨뜨리고 친아들인 코모두스(Commodus)를 후계자로 삼았는데 그것은 군인들의 정치참여를 야기시키는 원인이 되었다.[33] 왜냐하면 통치능력이 없던 코모두스가 권력을 유지하기 위해 군부의 지지를 얻고자 하였기 때문이다.

3세기에 접어들면서부터 군인들이 황제와 국가의 운명을 좌우하는

---

31) 아우구스투스가 죽은 후 황제의 직위는 사실상 세습되었고, 그중에는 무능한 황제가 등장하기도 하였다. 64년 로마에 발생한 대화재를 빌미로 기독교인들을 대량 학살하였을 뿐만 아니라 폭정도 일삼았던 폭군 네로(Nero)가 그 대표적인 일례라 하겠다.

32) 빈도보나〔Vindobona: 오늘날의 빈(Wien)〕에서 사망한 아우렐리우스의 사인은 흑사병이었다.

33) 오현제 시대〔네르바(Nerva), 트라야누스(Trajanus), 하드리아누스(Hadrianus), 안토니우스 피우스(Antonius Pius), 마르쿠스 아우렐리우스(96-180)〕때 양자상속제도가 도입되었다.

군벌 시대가 도래하였는데 그것을 지칭하여 군인황제 시대(235-284)라 한다.[34] 이 시기에는 국내적 혼란을 틈타 북쪽에서는 게르만족들이 압박해 왔고 동쪽에서는 페르시아가 부활하여 위협을 주고 있었다. 따라서 로마 제국은 경제적인 침체 내지는 퇴행상태에서 벗어나지 못하였다.[35]

군인황제 시대를 종식시키고 로마 제국의 재흥을 도모하였던 디오클레티아누스(Diocletianus) 황제는 로마제국에 동방적 중앙집권체제를 도입하였다.[36] 그는 지방의 자치권을 축소시켜 그 권한을 속주의 총독에게 위임시켰고 총독들을 다시 황제가 강력히 통제하는 행정체계를 마련하였다. 그리고 통치의 효율성을 높이기 위하여 293년 아드리아해를 경계로 제국을 동로마와 서로마로 분할하였다. 그리고 라틴어를 사용하는 서로마는 수도를 밀라노(Milano)로 옮기고, 그리스어를 사용하는 동로마는 비잔틴을 수도로 삼았다. 황제(*Augusti*)는 두 명으로 하고, 각 황제 밑에는 그를 보좌하는 부제(*Caesar*)를 두었다. 그리고 전투력을 강화시키기 위해 시민병 대신 게르만인들로 구성된 용병을 주력부대로 삼았다. 디오클레티아누스는 황제의 권위를 높이기 위해 페르시아 궁전의 화려한 의식을 빌려왔고 그 자신은 신처럼 보이게끔 행동하였다.[37]

그럼에도 불구하고 제국의 쇠퇴과정은 근본적으로 저지되지 못하였

---

34) 26명의 황제 중에서 1명만이 피살을 모면하였다.

35) 화폐보다는 현물이 중요시되는 자연경제체제로의 회귀현상이 나타났다.

36) 이 시기부터 로마제정의 후반기가 시작되었다.

37) 그는 부복(proskynesis)과 같은 동방적인 궁정의례를 도입하였고 황제의 호칭에 '신적(divinus)' 또는 '성스러운(sacer) 것' 과 같은 수식어를 첨부하기도 하였다.

다. 물가상승은 심화되었고 고갈된 국가재정을 만회하기 위한 고율의 세금도 부과되었다. 정부는 세입을 증대시키기 위해 강제로 각 지방에 세금 액수를 할당하고, 목표액에 도달하지 못할 때에는 그 지방의 행정 자문위원들로 하여금 부족액을 충당하도록 하였다. 그리고 행정 자문 위원들이 사퇴하지 못하도록 그 직책을 강제로 세습시켰다. 신분적 세습은 농민들에게도 나타나고 있었다. 3세기의 군사적 혼란시대에 많은 농민들이 목숨을 잃게 됨에 따라 정부는 소작농(*colonus*)들을 경작지에 고정시켰고 그 신분 역시 세습시켰다.[38)]

디오클레티아누스 황제에 이어 등장한 콘스탄티누스(Constantinus I) 황제는 로마제국을 중흥시키려는 노력을 펼쳤고 거기서 어느 정도의 가시적인 효과도 거두었다. 콘스탄티누스 황제는 제국의 수도를 비잔티움(Byzantium)으로 옮겨 콘스탄티노플(Constantinople)이라 개칭하였는데 그것은 게르만족의 빈번한 침입에 효율적으로 대응하기 위해서였다. 아울러 그는 313년 밀라노(Milano)칙령을 발표하여 기독교를 법적으로 공인하였다.

콘스탄티누스 황제의 노력으로 통일되었던 로마제국은 황제의 사후 다시 분열되었을 뿐만 아니라 쇠망의 징후도 여러 부분에서 나타나기 시작하였다. 그러다가 로마제국은 테오도시우스(Theodosius) 황제의 사후, 즉 395년에 동 · 서 로마로 나누어지게 되었다. 테오도시우스 황제의 장남 아르카디우스(Arcadius)는 동로마제국을 통치하게 되었고, 그의 동생 호노리우스(Honorius)는 서로마제국의 황제로 등극하였다. 서로마제국은 476년 게르만족 출신의 용병대장인 오도아케르

---

38) 여기서 소작농은 토지를 상실한 농민을 지칭한다.

(Odoacer)에 의해 멸망되었지만, 동로마제국은 1453년까지 유지되었다.[39]

7) 기독교의 성립과 확산

이 당시 유대인들은 로마의 압제하에서 많은 고통과 탄압을 받았다. 그러나 당시 사회의 지도층이었던 대제사장과 율법학자들은 로마에 대항하기 보다는 자신들의 이익 및 권위유지에 급급하였다. 그럼에도 불구하고 유대인들은 하느님이 메시아를 보내 지상에서 신의 나라를 세우고 자신들을 구원해 줄 것이라는 믿음을 버리지 않았는데 그것은 그들의 선민사상에서 비롯된 것이라 하겠다. 이러한 때 나타난 인물이 바로 예수(Jesu)였다. 예수는 자신이 죄악으로부터 인류를 구원하여야 하는 메시아(Messiah)라 믿었으며 사람들에게도 그렇게 설파하였다. 예수는 12제자와 함께 갈리아 지방을 중심으로 가난하고 버림받은 민중들을 가르치며 하나님의 복음도 전파하였다. 예수는 당시 사람들의 타락과 탐욕, 허위와 위선을 비난하면서 겸허와 순수, 자기희생적인 사랑을 강조하였는데 그러한 것들은 권위적이며 쾌락을 추구하던 로마인들의 기질과는 매우 상반된 것이었다. 예수의 전도와 구원활동은 마침내 일부 대제사장과 보수적인 율법학자들의 반발을 야기시켰고 그것은 예수가 십자가에 처형되는 상황까지 초

39) 오토아케르는 당시 황제인 로물루스 아우구스티누스(Romulus Augustinus)에게 이탈리아의 $\frac{1}{3}$를 할애할 것을 요구하였지만 거절당하였다. 이에 그는 황제를 폐위시키고 이탈리아의 지배자가 되었다.

래시켰다. 이후 예수의 제자들은 좌절을 극복하고 무리를 조직하여 예수의 이름으로 전도와 간증을 하게 되었고 기독교 탄생에 결정적인 역할을 담당하였다.

기독교는 로마의 전통적 다신교체제를 부정하고 하느님만을 믿는 유일 신앙이었다. 따라서 기독교는 국가적 권위보다 종교적 권위를 우선시하는 자세를 보였다. 기독교인들은 유일신을 믿었기 때문에 이교 제단에 제물을 바치거나 국가에 의해 신격화된 황제숭배도 거부하였다. 점차적으로 기독교인들은 평화의 복음을 설파하였고, 로마군대에서 복무하는 것 자체도 부정적으로 보았다. 더욱이 모든 민족과 계급을 초월하고 평등을 지향한 기독교는 당시 로마의 사회질서체제를 위협하는 것으로 인식되었기 때문에 기독교는 아홉 번에 걸쳐 대박해를 받게 되었다. 이러한 박해에도 불구하고 기독교의 기세는 약화되지 않았다. 3세기경에는 하층민뿐만 아니라 로마의 지배층 내부에서도 수많은 신자들이 생기게 되었고, 4세기경에는 하나의 거대한 사회조직으로 성장하였다. 로마의 위정자들 역시 이렇게 성장한 기독교를 도외시할 수는 없었다. 이에 따라 311년 갈레리우스(Galerius)가 기독교관용정책을 펼쳤고 콘스탄티누스대제는 313년 밀라노 칙령을 공포하여 기독교를 공식적으로 인정하였다. 이후부터 로마의 황제들은 기독교에 대하여 호의적인 태도를 취하였으며 마침내 테오도시우스 황제는 기독교를 국교로 수용하였다. 그는 391년부터 기독교를 로마국교를 선언한다는 일련의 칙령을 발표하였고 그 과정에서 모든 이교숭배나 의식을 금지시켰다.

8) 로마문화

거대한 제국의 건설과 유지가 가장 중요하였기 때문에 로마문명은 실용적인 성격을 띠게 되었다. 특히 로마인들은 토목공사에서 탁월한 능력을 보였는데 그것은 병력을 신속히 이동시키거나 행정망을 원활히 하는데 필요하다는 현실적 필요성에서 비롯된 것 같다. 로마의 건축 역시 실용성을 강조하였다. 관공서 건물, 야외극장, 공중목욕탕, 그리고 경기장 등이 그 대표적 작품이라 할 수 있는데 이것들은 육중하면서도 균형이 잡혔고 또 견고하였다. 초기에 헬레니즘(Hellenism)적 요소가 부각되었던 로마의 건축물들은 점차적으로 그들 특유의 특성이 건축의 여러 부분에서 나타나기 시작하였다.[40]

또한 로마인들은 법률을 정리하고, 체계화시키는데도 뛰어났는데 그러한 것은 제국 내 수많은 민족들의 법을 충돌과 반발 없이 하나의 법체계 속으로 융화시킨 것에서 확인된다.

이 당시 로마인들은 특정한 국가들의 법을 초월해 존재하는 더 높은 법이 있다는 생각을 가지고 있었다. 따라서 이들은 모든 나라의 모든 사람에게 적용할 수 있는 세계의 법, 즉 자연법(*jus naturale*)이 있다는 생각에 도달하게 되었던 것이다.[41] 또한 이들은 선과 정의를 실현시키기 위해서는 법의 조문보다는 법의 정신이 강조되어야 한다는 형평법의 원리도 터득하였다. 이러한 원칙을 가진 로마법은 유스티니아누

40) 헬레니즘 시대의 건축물은 웅장하고, 정려하였다.
41) 하드리아누스(Hadrianus) 황제시기에 자연법이 등장하였다.

스(Justinianus) 황제 때 만들어진 로마법대전(유스티니아누스 법전: *Corpus Juris Civiles*)에서 보다 구체화되었고 그것은 가톨릭교회의 교회법과 유럽국가의 법제도 형성에도 큰 영향을 끼쳤다.[42)]

로마제국의 팽창과 더불어 로마 자체를 취급한 역사서술이 활기를 띠게 되었는데 리비우스(Livius), 타키투스(Tacitus), 그리고 폴리비오스(Polybios) 등이 핵심적 인물로 등장하였다. 그리스 출신이었던 폴리비오스는 '로마사' 를 통해 로마의 세계사적 발전 필요성을 정당화시켰고 역사의 실용성도 강조하였다. 그리스의 헤로도토스에 비길 수 있는 리비우스는 서사시적 표현으로 142권의 '로마사(*Ab urbe condita*)' 를 저술하여 로마제국의 정복 및 업적을 찬양하였으나 객관성과 과학적 기술방식이 그의 저서에서 결여된 것을 확인할 수 있다. 타키투스는 역사적 관심을 로마전체에서 제한된 시기와 사회적 측면으로 옮기는데 기여하였다. 그의 '게르마니아(Germania)' 는 소박한 게르만인들의 제도 · 풍속 · 생활을 묘사하여 부패한 로마 상류층에게 각성을 촉구한 교훈적 작품이라 하겠다. 비평적 성향을 가졌던 타키투스는 황제를 단순한 전제군주로 간주하여 로마사에서의 황제의 역할이나 공헌을 거의 무시하였다. 그 외에 자신의 업적을 과시한 카이사르의 '갈리아전기' 나 그리스와 로마의 위대한 인물들을 취급한 플루타르크(Plutarck)의 '영웅전' 등이 역사적 저작으로 간주되고 있다.

---

42) 로마제국을 재건하려던 유스티니아누스 대제(527-565)는 당시 유능한 법학자였던 트리보니아누스(Tribonianus)에게 기존의 모든 법률과 판례 등의 자료를 수집 · 분류하여 로마법대전을 편찬하게 하였다. 이렇게 출간된 법전은 로마제국의 제법을 법령(codex), 법전(digest), 그리고 법학설(inctitutes)로 나누어 상세히 기술하였다.

03 봉건제도 및 중세의 교회

기사 서임식(11세기)

1) 봉건제도의 기원과 내용

중세제도의 핵심은 지배계급 사이의 내부적 관계를 정의한 봉건제도(feudal system)에서 찾을 수 있다. 그리고 봉건제도의 기원은 게르만족의 침입으로 치안이 문란해지기 시작한 로마 제국의 말기에서 찾을 수 있다. 이 당시 중앙정부의 통치력은 지방까지 미치지 못하였기 때문에 지방의 치안 및 행정은 주로 그 지방의 유력자들에 의해 좌우되었다.[1] 여기서 이들은 로마 제국의 관직이었던 공작이나 백작칭호를 가지고 통치권을 행사하였는데 그러한 직책들은 자손들에게 세습되었다.

프랑크 왕국의 은대지 제도(*beneficia*)에서 봉건제도의 또 다른 기원

1) 이것을 지칭하여 사적보호(*patrocinium*)라 한다.

을 찾을 수 있는데 그것은 지방의 유력자가 토지를 받는 대가로 그 토지를 준 상급자에게 병력을 제공하고 통치의 직무를 대행해 주는 것이었다.[2] 지방의 유력자들은 영지 내에서 상급자의 간섭 없이 재판을 하고 세금도 부과하였는데 그것을 지칭하여 공리불입제도(immunities)라 한다. 이러한 추세는 샤를마뉴 대제(Charlemagne; 768-814)가 죽고 그의 왕국이 분열되면서 더욱 부각되었는데 그것은 신왕과 대공들이 전쟁에 필요한 자금 및 인력을 확보하기 위해 지방의 유력자들에게 영토의 일부를 양도하려고 하였기 때문이다.[3] 따라서 일시적으로 점유가 허용되었던 은대지는 점차적으로 세습봉토로 바뀌게 되었고 한시적으로 부여하였던 정부의 직무대행권 역시 세습되었다. 그 결과 11세기를 전후하여 봉건제도가 성립하게 된 것이다.

이 과정에서 봉토(*fief*)를 준 사람은 주군(Lord)이 되고, 그것은 받은 사람은 그의 가신(Vassal)이 되는데 이들 모두는 전사출신이었다. 그리고 이들은 로마제국의 권력자 후손이거나 또는 게르만족과 노르만족의 부족장 출신이었다.

주군과 봉신의 관계는 철저한 계약제였다. 가신이 주군에게 신서信誓와 충성서약을 하게 되면 주군은 그에게 봉토를 주었다.[4] 봉토의 규모

---

2) 찰스 마르텔(Charles Martel)이 무어(Moors)인들을 격퇴한 공으로 귀족들에게 토지를 분배하였는데 그것이 은대지제도의 시초라 하겠다.

3) 프랑크 왕국은 843년 8월 11일에 체결된 베르됭(Verdun)조약으로 중프랑크(Lothar I), 서프랑크(Charles II), 그리고 동프랑크(Ludwig)로 나눠지게 되었다.

4) 신서와 충성의 의식은 봉신이 될 자가 주군 앞에 무릎을 꿇고, 그의 두 손을 주군의 손 사이에 놓고, 그의 신하가 될 것을 서약하고, 이어 성경이나 성스러운 유물에 대해 충성과 봉토에 관련된 모든 의무를 수행할 것을 맹세한다. 이 의식은 의례적인 키스로 끝나는 경우도 있으나, 봉토의 상징으로 한 줌의 흙을 봉신에게 수여하는 경우가 많았다.

는 작게는 한 개의 장원(manor)일 수도 있지만 경우에 따라서는 한 지방 전체가 될 정도로 컸다.[5)]

주군과 봉신사이의 봉건적 계약은 서로에게 의무를 부과하였다. 주군은 항상 봉신을 보호하고 봉신 역시 자신에게 부과된 의무를 충실히 이행해야만 하였다. 즉 봉신은 일정기간 동안 주군에게 군역을 제공해야 했고 세금 역시 내야만 했다.[6)] 또한 그는 법정에 출석하여 영주를 변호하는 의무와 영주가 포로로 잡혔을 때 인질대를 내는 의무도 부여받았다. 아울러 봉신은 주군의 장자가 기사로 서임할 때의 예식비용과 결혼할 때의 혼수금도 내야만 했다. 그러나 봉신은 이러한 부조보다 위로금과 상속대를 더욱 부담스러워 했다. 특히 상속대는 주군이 사망하거나 또는 봉신이 죽고 그의 아들이 봉토를 상속받을 경우 내는 것인데 그 액수는 봉신의 일년 수입과 버금갈 정도였다.

일반적으로 봉건적 계약은 구두로 이루어졌지만 점차적으로 특허장의 형태로 문서화되기 시작하였다. 63개조로 구성된 1215년의 대헌장(*Magna Carta libertatum*)이 이러한 특허장의 대표적 예라 할 수 있는데 그것은 이 헌장이 주군으로서의 영국 왕과 그의 가신인 귀족들 사이에 맺은 봉건적 구두계약을 문서로써 재확인하였기 때문이다.

봉토는 계속 밑으로 재분봉(subinfeudation)되었기 때문에 전체적으로 보아 봉건제도는 피라미드와 같은 질서 정연한 위계질서의 형태를 갖추었다. 봉건제도라는 피라미드의 최상층에는 왕이 있었다.[7)] 그 다음 단계에는 왕으로부터 봉토를 받은 대가신(nobles), 그리고 그 밑

5) 장원은 보통 300-400에이커(acre)에 10가구 정도의 농민들이 살고 있었다.
6) 이는 병사들이 지배자의 명령을 따르는 종사제도(*comitatus*)에서 비롯되었다고 볼 수 있다.
7) 이 당시 왕은 동일계층의 일인자(=*primus inter pares*)로 만족해야만 하였다.

에는 그들로부터 봉토를 받은 가신(barons)들이 있었다. 이러한 재분봉 과정은 밑으로 계속되어 보잘것없는 가신에까지 이르렀다.

그러나 실제로 봉건적 계약이 이러한 모형에 모두 들어맞는 것은 아니었다. 예를 들면, 가신인 노르망디(Normandie) 공은 주군인 프랑스 왕보다 훨씬 강하였다. 그리고 야심적 가신들은 자신들의 영지를 넓히기 위해 닥치는 대로 주군들과 봉건적 계약을 맺었기 때문에, 12세기에 샹파뉴 백작처럼 20개 이상의 장원을 9명의 주군으로부터 받은 경우도 있었고, 바이에른(Bayern)의 어느 백작은 20명의 주군을 모시는 경우도 있었다. 이러한 경우 가신들은 어느 주군부터 모셔야 되는지를 나름대로 순서화 시켰는데 그것을 리기우스(*ligius*)라 하였다.

봉건사회의 상류계급은 기사도(chivalry)의 윤리와 전통에 의해 유지되고 있었다. 초기의 이상적 기사도는 명예와 용기, 공정한 행동, 기독교적인 겸손, 주군에 대한 충성심과 의리, 그리고 여성을 비롯한 약자의 보호 등과 같은 미덕을 강조하였다. 그러한 이상적 측면은 샤를마뉴 대제와 그의 기사들에 관한 서사시인 '롤랑의 노래(*Chanson de Roland*)' 에서 잘 나타나 있다.[8)]

그러나 시간이 흐르면서 그 정신은 퇴색되었다. 기사들은 생산적 일에는 전혀 관여하지 않은 채 결투만을 일삼는 게으른 무뢰한으로 바뀌어 갔다. 그리고 중세말기에 접어들면서 그들은 시대적 변화에 적응하지 못하는 낙오자로 전락되었는데 그러한 예는 세르반테스(Cervantes)의 '돈키호테' 에서 잘 나타났다.

---

8) 778년 샤를마뉴 대제가 스페인 원정에 나섰을 때 그의 부하였던 브리타니 변경백 롤랑이 피레네 산맥의 무어인들을 저지하였으나 그는 전투과정에서 목숨을 잃게 되었다. 롤랑과 그의 부하들의 기사도정신을 묘사한 것이 롤랑의 노래이다.

2) 장원제도

중세사회의 상부구조를 밑에서 떠받치고 있었던 하부구조는 장원제도(manor system)였다. 장원은 자급자족적인 농촌공동체로서 중세의 사회와 경제의 토대를 이루던 기본적 단위였다. 장원의 규모는 일정하지 않았다. 그리고 한 영주 소유의 장원이 한 곳에 모여 있는 것도 아니었다. 장원의 형태는 일반적으로 중심부에 영주가 거주하는 장원청(manor house)이 있고, 그 부근에는 교회와 농민들이 사는 촌락이 있으며, 제분소, 대장간, 제빵소, 창고 등의 시설물들이 있었다. 경작지는 농민들의 부역으로 경영되는 영주 직영지(demesne:일반적으로 경작지의 $\frac{1}{3}$ 또는 $\frac{1}{2}$를 차지하였다), 농민들의 가족생활을 위한 농민보유지, 그리고 농민들이 공동으로 사용할 수 있는 목초지, 황무지, 산림지 등의 공유지로 구성되었으며, 지력의 회복을 위해 둘 또는 셋으로 나누어 번갈아 농사짓는 이포제와 삼포제로 경작되었다.

장원은 로마말기의 대농장 라티푼디움에서 그 기원을 찾을 수 있다. 그 당시 라티푼디움에는 콜로누스로 불리는 농업 노동자들이 있었는데, 그 가운데는 자영농출신이 많았다. 그 이유는 로마제국의 쇠약과 게르만족의 침입으로 치안이 문란해지자 자영농들이 안전을 위해 자신들의 토지 및 자유 신분을 포기하고 영주의 보호아래 들어갔기 때문이다. 시간이 흐르면서 이들은 장원의 농노(serf)로 바뀌었고 그들의 농노신분은 점차적으로 세습화되었다. 장원 일에 예속되었던 농노들은 영주의 허락이 없이 장원을 떠날 수 없었고 장원 밖의 사람들과도 혼인할 수 없었다. 특히 농노의 딸이 장원 밖으로 시집간다는 것은 노동력의 감소를 의미하기 때문에 그는 영주의 허락을 받아야 할 뿐만 아니라 그것에 상응하는 벌금, 즉 혼인세도 내야만 했다.[9]

그러나 농노는 가축처럼 주인 마음대로 처분할 수 있었던 고대의 노예보다는 훨씬 나은 지위에 있었다.[10] 그는 의무를 잘 이행하는 한 자신이 경작하던 농지를 빼앗기지 않았고 능력과 행운이 따를 경우 출세할 수도 있었는데 그것을 살펴보면 다음과 같다; 농노들은 성직자가 되어 고위직까지 올라갈 수 있었는데 그러한 것은 중세 전반에 걸쳐 항상 가능하였다. 그리고 이들은 전사가 되어 귀족 신분인 기사 자리에도 오를 수 있었는데 그것은 초기 프랑크 왕국에서만 가능하였다.[11]

장원은 외부와의 교환 필요성이 거의 없는 자급자족적인 농촌공동체였다. 거기서 생산되는 것의 거의 전부는 공동체의 구성원들을 먹여 살리는데 사용되었다. 그리고 그것은 넓은 면적의 토지를 경작하기 위해 구성원 전체의 합의 및 공동 작업을 필요로 했다는 점에서 집단주의적적인 성격도 가지고 있었다.[12] 또한 그것은 구성원들의 원만한 합의를 도출시키기 위해 모든 일들을 예전 관습에 따라 처리하려고 했다는 점에서 인습주의적인 성격도 강하였다.

따라서 집단의지와 관습에 얽매여 개인의 창의력 발휘나 사회변혁 시도는 불가능하였다. 그럼에도 불구하고 사회는 전반적으로 안정감을 가질 수 있었다.

---

9) 농노는 자신의 아들이 성직자가 될 경우에도 혼인세를 냈다.

10) 그러나 영주는 농노가 너무 늙어 노동력을 상실할 경우 경제적인 보조를 했다.

11) 그 이후로 기사는 가문을 가진 자만이 들어갈 수 있는 카스트로 변모되었다.

12) 이 당시 경작지는 크게 휴경지, 봄보리나 콩 종류를 심는 춘경지, 그리고 겨울보리를 심는 추경지로 구분되었다.

3) 교회의 확산과 부패현상

유럽대륙에서 세력을 확장시킨 로마교회는 민족의식이 형성되지 않았던 중세사회에서 인간생활의 전반을 지배하는 절대적 권위를 가지고 있었다.[13] 그리고 이 당시 성직자들은 지식의 독점자들이었기 때문에 정신적 분야뿐만 아니라 세속적 분야에서도 지도적 역할을 담당하였다. 더구나 이들은 교회단위로 막대한 토지를 분봉 받는 세속영주의 지위까지 겸유하였기 때문에 명실상부한 중세사회의 지배세력으로 부각되었다.

특히 피핀 1세(Pepin I; 751–768)가 롬바르디아(Lombardy) 지방의 일부를 교황령으로 기증한 이후 로마교회는 왕국적인 위세를 갖추었고 그러한 양상은 각지의 교회에서도 확인되었다. 이제 로마교회의 재력과 권세는 군주나 영주들의 그것을 능가할 정도였다.

이 당시 교황은 체계화된 교회조직의 정점에서 정신적 제국의 황제와 같은 권리를 행사하였는데 그러한 권위는 황제에게 제관을 주는 샤를마

---

13) 이 당시 영혼의 구원은 신의 은총에 의해서만 가능하며 그것은 교회의 성사를 통해서만 이루어진다는 통념이 사회를 지배하고 있었다. 7성사는 성세(baptism), 견진(confirmation), 성체(holy eucharist), 고백(penance), 병자성사(extreme unction), 신품(holy orders), 그리고 혼인(matrimony)을 지칭한다. 성세는 갓난아이가 원죄로부터 정화되는 성사이다. 견진은 어린아이가 12세가 되었을 때 크리스트교를 본인이 직접 받아들여 강하고 완전한 크리스트 교도가 되도록 하는 의식이다. 성체는 성사 중 가장 중요한 것으로서 그 의식에서 성변화의 기적을 통해 빵과 포도주가 크리스트의 몸과 피로 되는 것이다. 성체성사를 위해 짜여진 미사와 같은 의식이 발전되고 화려한 대교회도 건립되었다. 고백은 성세 후 지은 죄를 용서받는 성사이며, 병자성사는 임종의 신도에게 죽음에 대한 준비를 시키며 남은 죄를 씻어주는 성사이다. 신품은 신부가 되는 의식으로서 성체성사를 행할 수 있는 힘을 주는 것이다.

뉴 대제 이래의 관습 때문에 속세의 황제보다 더욱 막강하였다.

샤를마뉴 대제와 오토(Otto) 대제의[14] 예에서도 확인되듯이 중세 초반 로마교회와 세속군주들은 세계의 종교적 · 정치적 통일이라는 이상을 가지고 상호 제휴 · 협력하였다. 그러나 이러한 공조는 교황의 세속권 개입이 증대됨에 따라 붕괴되었고 그러한 것은 양자 간의 날카로운 대립을 유발시켰다. 즉 성직자들은 교회령을 지배하는 제후로서 국왕에 종속되지만 성직자로서는 교황의 영향하에 있었던 만큼 그것에 대한 권장문제는 상호간 쉽게 양보할 수 없는 사안이었다.

이러한 대립적 상황에서 910년 프랑스에서 창설된 클뤼니(cluny) 수도원은 세속권의 성직매매가 교회를 부패시킨다는 입장을 밝히고 속세로부터 교회의 완전한 독립과 절대성을 역설하였다.[15] 고전문화의 보호자로서 그리고 교회사업의 본원으로서의 사명을 가진 수도원이 교회정화운동에 깊숙이 개입함에 따라 그레고리 7세(Gregory VII; Hildebrandt)와 같은 유능한 교황도 배출시킬 수 있었다. 고결하고 강직한 인품을 지닌 이 인물은 성직 매매, 성직자의 결혼, 그리고 세속인의 성직임명 등의 폐단과 부패를 과감히 정리하려고 하였다. 그러나 신성로마제국의 황제였던 하인리히 4세(Heinrich IV)는 교황의 그러한

14) 동프랑크의 오토 1세(Otto I; 936-976)가 이탈리아에서 발생한 내란을 진압하였다. 그리고 그것에 대한 공로로 그는 962년 교황으로부터 신성로마제국의 제관을 받았다.

15) 이 수도원의 개혁을 보다 구체적으로 언급하면 다음과 같다.
① 교황권을 세속군주나 제후의 영향력으로부터 벗어나게 한다.
② 성직자는 독신생활을 해야 한다.
③ 성직매매를 금지시킨다.
④ 세속군주 및 제후의 성직임명권을 인정하지 않는다.
⑤ 교회에 대한 교황의 절대권을 인정한다.

의도를 인정하지 않겠다는 태도를 보임으로써 양자 간의 대립은 표면화되었고 그 과정에서 1077년 1월 28일 카노사(Canossa)의 굴욕이란 사건도 발생되었다.[16]

이후 교황권은 더욱 강대해져 13세기 초 이노센트 3세(Innocent III) 때 이르러서는 영국과[17] 프랑스의 왕[18] 그리고 신성로마제국의 황제를 차례로 파문(Excommunication)[19]시켜 유럽에서 가장 강력한 패자로 등장하였다.

그러나 14세기 초부터 교황권은 도전을 받기 시작하였다. 이 당시 프랑스의 필립 4세(Philip IV)와 교황 보니파키우스 8세(Bonifacius VIII)는 성직자들에 대한 과세문제로 첨예한 대립을 보이고 있었다. 즉 필립 4세는 당시 영국과의 전쟁에서 필요한 전비를 충당하기 위해 교회재산에 세금을 부과하고 성직자들을 세속재판에 회부시키려고 하였다. 이에 보니파키우스 8세는 자신의 허가 없이 성직자들에게 세금을 부과할 수 없다는 입장을 밝혔을 뿐만 아니라 프랑스 내정에도 관여하

16) 황제권의 약화를 지향하였던 신성로마제국의 제후들이 로마교황을 지지함에 따라 하인리히 4세는 1077년 1월 교황을 찾아가 사면을 받고자 하였다.

17) 영국의 존(John)왕은 교황이 임명한 캔터베리(Canterbury) 대주교 랭턴(Langton)의 승인을 거부함으로써 교황에 의해 파문되었다. 이에 존왕은 자신의 폐위를 두려워하였고 그것은 그로 하여금 랭턴의 취임을 승인하게 하였다.

18) 교황은 필립 2세(Philip II)의 이혼문제에 간섭하여 자신의 의지를 관철시켰다. 즉 그는 필립 2세가 자신의 부인인 인게보르그(Ingeborg)와 이혼하려는 것을 금령(1200)을 통해 저지시켰던 것이다. 금령이란 한 국가의 모든 종교의식을 금지시키는 것이었다.

19) 신자의 자격을 박탈하는 파문(excommunication)은 성사의 보류로서 당시 사회에서는 가장 큰 타격으로 간주되었다. 만일 어떤 사람이 파문을 당할 경우 그는 성사를 받지 못할 뿐만 아니라 죽은 후에 교회 묘지에 묻히지도 못하였다. 아울러 그는 세속사회와 실정법의 보호를 받지 못하고 불법자로 규정되었다. 파문이 풀린 경우에도 엄격한 고해성사과정을 거쳐야만 하였다.

겠다는 교서를 발표하였다. 상황이 이렇게 전개됨에 따라 필립 4세는 성직자, 귀족, 그리고 시민대표들이 참여한 삼부회의를 소집하여 자신의 정책이 가지는 당위성을 인정받으려고 하였다. 아울러 그는 보니파키우스 8세를 교회재판에 회부시키겠다는 의사도 밝혔고 그것을 행동에 옮겼다. 이후 필립 4세는 프랑스 성직자를 교황으로 선출하였고 이들이 로마로 가는 것을 허용하지 않았다.[20] 따라서 프랑스 왕의 영향을 받던 교황들은 프로방스(Provence) 지방의 아비뇽(Avignon)에 머무르게 되었고 그러한 상황은 1378년까지 지속되었다.[21]

---

20) 보니파키우스 8세가 죽은 뒤 클레멘스 5세(Clement V)가 프랑스 국왕의 지지를 받아 교황으로 선출되었다.

21) 이를 지칭하여 '아비뇽 유수'라 한다. 이는 고대 유대인들이 신바빌로니아에 의해 집단적으로 바빌론에 수용된 '바빌론 유수'라는 사건에서 유래된 것이다.

04 이슬람세계

소피아대성당(6세기)

1) 무함마드와 이슬람교

대부분이 사막인 아라비아반도에는 셈어족에 속하는 베두인(Bedouin) 계통의 아랍인들이 살고 있었다. 이들의 대부분은 가축을 거느리고 오아시스를 찾아다니는 유목생활을 하였으며, 강수량이 많은 곳에서 농경생활을 하는 부족들도 있었다. 홍해 연안지대는 일찍부터 대상무역로로 이용되어 메카(Mecca)나 메디나(Medina)[1]와 같은 도시들이 등장하였고, 아랍인들 중에는 대상(caravan)에 종사하는 자들도 나타났다. 그러나 정치적 통일은 없었으며, 종교는 다신교체제였다. 특히 메카의 카바(Káaba) 신전에 있는 흑석은 전 아랍인의 숭배 대상이었으며 문화수준은 낮았다.[2]

1) 성천 후 무함마드는 야드리브(Yathrib)를 메디나(예언자의 도시)로 개칭하였다.
2) 이 당시 사람들은 흑석이 하늘에서 떨어졌다는 것을 믿고 있었다.

향후 아라비아반도뿐만 아니라 광대한 지역과 여러 민족의 종교 및 운명을 좌우하게 될 새로운 종교의 창시자인 무함마드(Muhammad 또는 Mohammed, 570-632)가 570년 메카에서 태어났다. 그는 어려서 양친을 잃고 작은 아버지 아부 탈리브(Abu Talib)의 후견하에서 성장하였다.[3] 그러다가 그는 10대 초반부터 백부를 따라 시리아 대상에 참여하였고 기독교 수도성직자들도 종종 만나게 되었다. 여기서 그는 유대교와 기독교를 접하게 되었다.[4]

무함마드는 29세 때 고용주였던 하디자(Khadija)와 결혼하였고 그것은 지금까지의 경제적 어려움에서 벗어날 수 있는 계기가 되었다. 이후 그는 메카 근처의 헤라 산 동굴에서 명상의 시간을 종종 가지게 되었다. 그러다가 그는 611년 알라(Allah)신의 예언자가 되라는 계시를 받고 새로운 종교를 전파하기 시작하였다. 그러나 그의 새로운 종교는 메카에서 용납되지 않았을 뿐만 아니라 박해 역시 심하였다. 따라서 무함마드는 622년 북쪽의 메디나로 도망가지 않으면 안 되었다.[5] 이를 지칭하여 '헤지라'(*Hijra*)라 하였으며, 이슬람교에서는 이 해를 기원 원년으로 삼고 있다.

무함마드는 메디나에서 새로운 종교를 펴는데 성공하였고, 곧 교세 확장에 착수하여 630년 메카를 다시 점령하게 되었다.[6] 메카로 돌아온 그는 우상숭배의 중심이었던 카바 신전의 흑석만을 남긴 채 다른 우상

---

3) 무함마드는 태어난 지 2개월 만에 아버지를 잃었고, 6살 되던 해에는 어머니마저 잃고 말았다.

4) 무함마드는 기독교인들과의 접촉과정에서 읽고, 쓸 수 있는 능력을 갖추게 되었다.

5) 그는 부인과 친척을 개종시켰고 시민들을 대상으로 새 신앙을 설교하였다.

6) 무함마드는 624년부터 메카에 대한 해방전쟁을 펼치기 시작하였다.

모두를 추방하여 이슬람교의 신전으로 만들었다. 이후 메카는 이슬람교의 성지가 되었으며, 무하마드가 죽을 무렵 아라비아반도의 절반 이상이 새로운 종교를 받아들이게 되었다.

2) 코란의 내용

무함마드가 창시한 새로운 종교는 일반적으로 이슬람교 또는 회교라 하며, 그 신자를 모슬렘(Moslem; 신에게 복종 하는 자 또는 믿는 자)이라고 한다. 이슬람교는 그 성립과정에서 알 수 있듯이 유대교 및 기독교의 영향을 받았다. 따라서 이슬람교는 구약성경의 모세 5서, 시편, 그리고 신약성경의 복음서가 신의 계시라는 것을 인정하였다. 그러나 그것들은 신의 계시의 일부에 지나지 않으며 코란(Koran)만이 신의 계시 모두를 완전히 기록한 문서라는 주장도 펼쳐졌다.[7] 또한 이슬람교는 구약성경의 여러 예언자들의 정통성을 인정하였지만 예수를 신의 아들로 인정하지 않고 무함마드만을 신이 보낸 마지막 최고의 예언자로 섬겼다.

이슬람교는 기독교의 삼위일체설이나 그리스도의 신성론과 같은 신학적인 문제를 가지지 않았다. 왜냐하면 알라신을 유일한 신으로 간주

7) 무함마드가 포교한 이후 계시한 내용, 도덕과 교리에 관한 설교, 그리고 정치 및 현실적 문제에 관한 의견 등이 코란〔또는 쿠란(Qur'an)〕의 주된 내용이었다. 코란은 모두 114장 6,200여 개의 절로 구성되었다. 1장은 7개의 짧은 구절로 이루어졌지만 2장은 286개의 절, 3장은 200여 개의 절, 4장은 176개의 절, 그리고 5장은 129개의 절로 구성되었다. 이처럼 코란은 끝 부분으로 갈수록 절의 수가 줄어들지만 81장부터 114장까지는 더욱 줄어든다. 그리고 111장부터 114장까지는 아주 짧은 3-6개의 절로 구성된 것이 특징이라 하겠다.

하였고 무함마드를 '알라의 예언자'로 믿고 그 가르침에 절대 복종하였기 때문이다. 이렇게 알라를 믿고 그 가르침에 따른 자에게는 복된 천국이 약속되었고, 그렇지 않은 자에게는 불행과 지옥이 기다릴 뿐이었다.[8] 신자들은 부족과 계급을 초월한 신앙 공동체의 일원이 되었으며, 코란의 첫 구절에서 널리 사용되는 "자비롭고 자애에 넘치는 알라의 이름으로…"라는 구절이 말해주듯이, 선한 행위와 더불어 특히 가난한 자에 대한 자선이 강조되었다. 특별히 승려계급이 형성되지 않았고, 예배의식 역시 단순한 편이었다. 신자들은 하루에 다섯 번 메카를 향해 기도해야 하며(*salah*)[9], 돼지고기를 먹거나 술을 마셔서는 안 되었다.[10] 경제적 여유가 있을 경우 일생에 한번 이슬람력 12월에 메카를 순례(*haji*)해야 하며[11], 부인은 4명까지 허용되었다. 신앙을 위한 전쟁, 즉 성전(*jihad*)에서의 죽음은 천국으로 가는 가장 확실한 길이었다.[12]

---

8) 천국은 시원한 그늘의 차가운 샘물과 신선한 과일과 아름다운 여인들이 있는 곳이며, 지옥은 뜨거운 바람과 끓는 물이 있는 곳으로 묘사되었다.

9) 이것은 이슬람 교도들의 가장 중요한 의무로 동트기 전, 정오 조금 지난 후, 일몰 전, 일몰 직후, 그리고 밤에 메카를 향하여 1회에 20분씩 기도를 한다.

10) 돼지는 불결한 동물로 간주되었다.

11) 순례는 12월 7일부터 10일 동안 행해지지만 자주 할수록 더 좋다고 하였다. 순례자는 메카 부근에 이르면 목욕을 하고 이흐람(ihram)이라는 이음매 없는 겉옷을 입어야 한다. 메카에 도착하면 카바 신전에 있는 직육면체의 카바를 일곱 바퀴를 돈 후 그 옆의 조그마한 검은 돌(Hajar al-Aswad)에 입 맞춘다. 이어 아스사파 산에 가서 '알라 외에 다른 신은 없으며 무함마드는 알라의 예언자이다'를 암송한다. 메카로 돌아와 다시 카바 신전을 에워싼다. 끝으로 무함마드가 최후로 설교하였던 아라파트산으로 행진한다. 그리고 돌아오는 길에 무즈달리파에서 밤을 지새우면서 소나 염소 등을 제물로 바친다. 이로써 10일간의 순례는 끝난다.

12) 지하드의 주목적은 무력에 의한 개종보다는 이슬람 세력의 확장 및 방위에 있었다.

3) 이슬람세력의 확산과 분열

이슬람교는 놀라울 정도의 빠른 속도로 팽창하였다. 7세기 중엽 이슬람교도들은 시리아, 페르시아, 그리고 이집트를 정복하였다. 이후 이들은 동진 및 서진을 계속하여 중앙아시아, 인더스 강 유역, 카르타고, 그리고 이베리아반도를 차지하였다. 이슬람교도들은 다시 피레네 산맥을 넘어 프랑크왕국까지 침입하였으나 732년 찰스 마르텔(C. Martell)에 의해 투르(Tour)근방에서 격퇴되었다. 이 전투에서의 패배로 이슬람 세력은 이베리아 반도에서 더 이상 서부 유럽으로 진출할 수 없게 되었다.

그럼에도 불구하고 무함마드가 죽은 지 2세기도 안 되어 아시아 · 아프리카 · 유럽의 3대륙에 걸친 거대한 대제국이 건설되었는데 그것은 아랍인들이 새로운 종교로 정치적 단결을 이룩하고 성전이라는 종교적 열의에 적극성을 보였기 때문에 가능하였다. 그러나 보다 더 중요하였던 것은 당시의 주변정세가 이슬람에게 매우 유리하게 작용하였다는 점이다. 즉, 비잔틴과 페르시아는 장기간의 분쟁으로 지쳐 있었고, 시리아의 유대인이나 이집트의 단성론적 그리스도교도(Monophite Christians)들은 종교적 박해 및 높은 세금에 시달렸기 때문에 지배자의 교체에 대해서는 별로 관심이 없었다. 그리고 이슬람은 흔히 '한 손에 코란, 다른 손에는 칼' 이라 하여 무력으로 신앙을 강요한 것처럼 인식되었으나 개종자들에게는 면세의 특전을 베풀었고 이교도들에게는 개종을 강요하지 않고 공납만을 요구하였다.

무함마드의 후계자 계승은 따로 정해진 바가 없었고, 부족적 관습에 따라 칼리프(Calif)는 3대까지 무함마드 가문 밖에서 선출되었다. 이에 대하여 불만을 가졌던 무하마드의 가족들은 무함마드의 사위였던 알리(Ali)를 중심으로 단결하였고 코란에 대한 주석이나 보충설명을 배격하는 시아파(Shiites:종파주의자)를 형성하였다. 이에 능력 있는 자의 칼리프 선출을 지지하고 코란의 보완을 인정한 다수파는 수니파(Sunnites:전승주의자)를 구축하였다.[13)]

그러나 칼리프의 선출은 초기뿐이었고 우마이야(Umayyard) 왕조가 661년 다마스쿠스(Damascus)에 도읍한 이후 세습화되었다. 우마이야왕조기(660-750)는 이슬람세력의 팽창기로서 거대한 대제국을 건설하였고 이슬람문화의 기반도 마련하였다.

영토가 크게 확장됨에 따라 이민족의 이슬람교도들 수도 아울러 증가되었고 이들은 우마이야 왕조의 쇠퇴기를 틈타 정치적 동등권을 요구하면서 반란을 일으켰다. 8세기 중엽 무함마드 형제의 후손인 아바스(Abbas)는 이러한 반란세력과 협력하여 새로이 아바스왕조를 열고 바그다드(Bagdad)로 수도를 옮겼다. 이러한 왕조교체에서 살아남은 우마이야 왕조의 후손들은 스페인으로 도망갔고 거기서 코르도바(Cordova)를 수도로 하는 새로운 칼리프국가를 건설하였다.

이후 이집트와 북아프리카에 칼리프국가들이 출현하였고, 페르시아를 비롯한 동방의 여러 지방에서도 분립현상이 나타났다.

아바스 왕조의 성립과 더불어 페르시아적인 성격이 부각되면서, 페르시아적인 궁정조직이 채택되고 관료제도가 정비되었다. 칼리프국가

---

13) 이슬람교도 7억명 중에서 수니파가가 차지하는 비율은 90% 이상이다. 이들은 주로 사우디아라비아, 이집트, 이라크, 터키, 그리고 인도네시아에 거주하고 있다.

의 정복지에는 군사령관을 겸한 태수(emir)를 두었는데, 이 중에는 독립군주 내지는 봉건영주가 되려는 자들이 등장하여 지방분권적인 경향이 조장되기도 하였다. 아울러 아랍인들만으로 구성되었던 군대도 변질되어 이민족의 용병들이 주류를 이루게 되었고 그들에 대한 보수로 토지가 제공됨에 따라 느슨한 봉건제도가 등장하기도 하였다.

4) 이슬람문화

역대의 칼리프들은 학문과 예술을 장려하고 학자들을 보호했기 때문에 문화가 발달하였다. 아랍인들은 동 · 서의 중개무역을 독점하여 무역을 활성화시켰으며, 바그다드, 카이로, 코르도바와 같은 대도시는 크게 번성하였다. 아랍 상인들은 바그다드를 기점으로 동으로는 중앙아시아와 인도를 거쳐 중국에 이르렀고 서로는 소아시아와 지중해를 통하여 유럽에 이르렀다. 중세유럽에서는 그들을 '사라센(Saracens)' 이라 지칭하였고 중국에서는 '대식인' 이라고 불렀다.

3대륙에 걸친 광대한 이슬람세계는 아바스왕조 이후 여러 칼리프국가로 나눠지게 되었다. 그러나 주민의 대다수는 이슬람교를 수용하였고 그것에 따라 아라비아어는 이슬람세계의 공용어가 되어 종교 및 문화적 측면에서 통일세계를 이룩하였다. 역대의 칼리프들이 문화활동을 장려하고 인종적 차별 없이 학자들을 등용하고 우대하였기 때문에 9세기 중반경에 이르러 이슬람문화는 절정기를 맞이하게 되었다.

이슬람이 지배한 지역은 헬레니즘문화와 페르시아문화의 전통이 뿌리내렸던 곳이고, 동으로는 인도와 쉽게 접촉할 수 있었고, 중앙아시아를 거쳐서 중국과도 연계되었다. 따라서 이슬람세계는 헬레니즘 문화와 페르시아문화를 토대로 주변문화를 섭취하고 이슬람교와 아랍적인 독창성을 첨가하여 고도로 발달한 찬란한 문화를 발전시켰던 것이다.

이슬람문화에서 특히 높이 평가되는 분야는 과학이었다. 의학에서 그들의 스승격인 그리스를 능가하였고, 안질, 마마 그리고 홍역에 관한 의학서는 18세기까지 최고의 권위서로서 인정되었고, 페르시아 출신의 철학자 겸 과학자였던 아비센나(Avicenna, 980-1037)는 당시 알려진 의학지식들을 체계화시켰다.[14] 물리에서는 특히 광학의 발달이 눈에 띄며, 화학은 주로 연금술의 형태로 발달하였다.[15] 천문학은 이론적으로 헬레니즘의 것을 능가하지는 못하였지만 바그다드 · 다마스쿠스 · 카이로 · 코르도바 등에 훌륭한 관측소와 관측 장비들이 설치되었다. 수학에서는 인도 숫자를 채택하여 아라비아 숫자를 만들고, 인도로부터 새로이 영(zero)의 개념을 도입하였다. 또한 분석기하를 시작하고 삼각법에서도 큰 진전이 있었다. 대수(algebra), 영의 기호(cipher), 알코올(alcohol), 연금술(alchemy), 천정(zenith), 천저(nadir) 등이 아라비아어에서 유래된 것에서 아라비아 과학의 우수성이 입증되었다.

철학에서는 플라톤, 아리스토텔레스 및 신플라톤 철학 등을 열심히 연구하여 코란의 해석과 이슬람교의 교리문제에 적용하는 등 이른바 '아라비아의 학문' 이 발생하였다.[16] 여기서는 단순히 철학이나 교리관

14) 아비센나의 원래 이름은 이븐 사나(Ibn Sana)였다.
15) 탄산소다, 명반, 질산은, 그리고 황산 등이 연금술 연구의 부산물이라 하겠다.
16) 이 당시 학자들은 지식의 근원인 이성을 믿음보다 우위에 두었다.

계의 학문뿐만 아니라 아라비아의 언어와 역사 등도 연구대상이 되었다. 13세기에는 이븐 하르둔(Ibn Hardun, 1332-1406)이라는 아라비아의 위대한 역사가가 나와 세계사적 관점에서 국가, 사회 및 문화 발전을 연구하고 거기서 역사적 법칙을 찾으려고 하였다. 그리고 이러한 아라비아 학문과 문화의 중심지였던 바그다드, 코르도바, 카이로 등에는 대학도 세워졌다.

이슬람은 비잔틴과 더불어 고전철학과 과학의 보존에도 크게 공헌하였다. 아리스토텔레스에 대한 스페인 출신 아베로이스(Averroës, 1126-1198)의 연구는 후에 라틴어로 번역되어 스콜라철학 형성에 큰 영향을 미쳤다.[17)]

문학에서는 유목민의 생활을 묘사한 시가 발달하여 오마르 카이얌(Omar Khayyàm; 1060-1123)의 '루바이야트(Rubaiyat)' 같은 작품이 나왔고, 특히 스페인에서 발달한 사랑의 시는 프랑스와 독일의 편력시인에 큰 영향을 주었다. 연극은 별로 발달하지 않았으며, 유명한 '아라비안나이트(Arabian Nights)' 는 10세기로부터 15세기에 걸쳐 수집된 이야기들을 모아 놓은 것이었다.[18)]

미술에서는 건축 및 장식면에서 독특한 발전이 이루어졌으며, 큰 원형 지붕과 높이가 다른 발코니를 몇 개씩 가진 마나라(manara)를 가진 이슬람의 사원건축인 모스크(mosque)와 매우 현란한 채색타일을 붙여 식물의 잎이나 꽃을 아름답게 엮어 놓은 이른바 아라베스크(arabesque)양

17) 그는 신학이란 철학자들이 이성을 통해 도달하고자 하는 진리에 대한 상징적 표상에 불과하다는 주장을 펼쳤다.

18) 이 작품은 찬란하고 호화로운 아바스 왕조의 하룬 알 라쉬드(Harun al Rashid ibn al-Mahdi: 786-809)시기의 정치, 사회, 경제, 그리고 종교 등을 자세히 묘사하였다.

식이 그 대표적인 것이라 하겠다.[19] 다마스쿠스, 카이로, 예루살렘, 코르도바의 모스크는 그 기하학적 문양이나 아라비아문자의 내부 장식과 더불어 이슬람예술의 정수라 하겠다.

이슬람의 지배가 워낙 광대하고 여러 지역에 걸쳐 있었고, 또한 다른 지역과의 교역이나 왕래도 빈번하였기 때문에 지리에 관한 지식이 발달하고 이븐 바투타(Ibn Battuta, 1304-1377)와 같은 대 여행가도 나왔다.[20]

이와 같이 이슬람문화는 그리스고전의 보존자로서, 또한 독자적인 문화의 창조자로서 유럽세계에 매우 큰 영향을 미쳤다.

---

19) 아라베스크는 페르시아에서 그 선구적 형태를 확인할 수 있기 때문에 지리적으로 그 영향을 받았다고 할 수 있다.

20) 모로코 출신인 이븐 바투타는 1325년부터 29년 동안 아프리카, 이집트, 이란, 인도, 그리고 중국을 여행하면서 보고, 들은 것들을 기록하였다.

05 르네상스(Renaissance)

피에타: 미켈란젤로

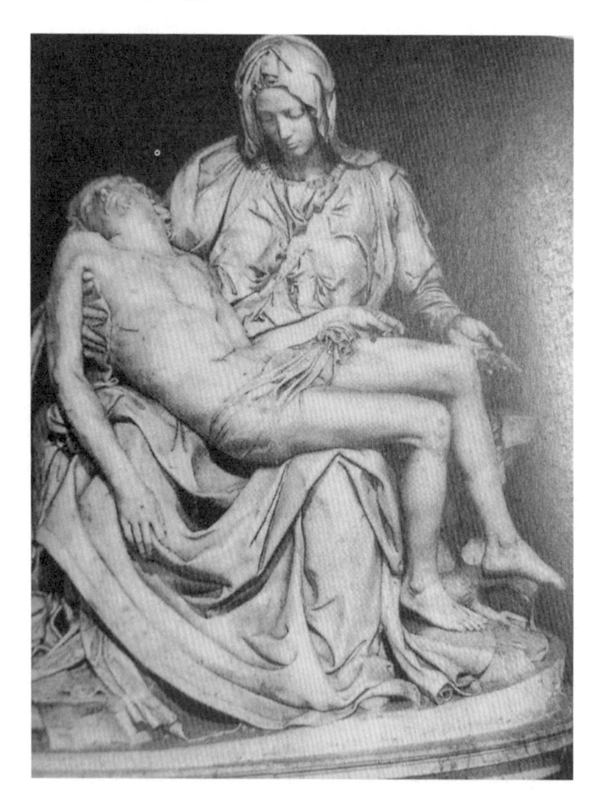

1) 르네상스 발생의 제 요인

근대적 사회는 중세봉건사회에서 허용되지 않았던 세속주의와 개인주의의 발달과 더불어 시작되었다. 그리고 이러한 것들은 르네상스와 종교개혁이라는 역사적 운동에서 부각되기 시작하였다.

14세기부터 15세기에 걸쳐 이탈리아의 북부 도시국가들, 특히 밀라노(Milano), 피사(Pisa), 피렌체(Firenze), 그리고 베네치아(Venezia)를 중심으로 전개된 르네상스(Renaissance)[1)]가 근대의 시발점으로 간주되고 있는 것은 다음의 이유들에서 비롯된다 하겠다. 첫째, 그것은

1) 르네상스는 프랑스어 '*Renaitre*' 에서 ' 유래된 것으로 '재생' 또는 '부흥' 의 뜻을 갖는다. 프랑스의 역사가 미슐레(Michelet)는 자신의 저서인 '프랑스사' 에서 르네상스를 미술뿐만 아니라 고전, 고대문화 전체의 부활이라는 주장을 펼쳤다.

신, 영혼, 금욕, 내세를 강조하던 이전의 종교적 세계관에 대응하여 인간, 물질, 쾌락, 현실을 강조하는 세속주의 정신을 부각시켰기 때문이다. 둘째, 그것은 신 앞에서 인간 모두가 미약하다는 기독교적인 주장을 거부하고 개인의 자유로운 발전과 위대한 인간에 대한 존경을 역설한 개인주의적 정신을 강조하였기 때문이다. 셋째, 그것은 당시 정치적 측면에서 점차적으로 강조되던 민족정신을 문화적 측면에서 드러냈기 때문이다.

이러한 인간관과 세계관을 가지게 됨에 따라 르네상스인들은 고대 그리스와 로마인들을 자신들의 준거대상으로 삼았다. 따라서 르네상스 운동이 고대의 문화적 유산이 많이 남아 있던 이탈리아를 중심으로 전개된 것은 지극히 당연한 일이라 하겠다. 또한 이탈리아북부 지방이 십자군원정의 주요 통로가 되면서 이 지방의 상인 및 수공업자들은 막대한 부를 축적하게 되었다. 그러나 이들은 중세의 종교적 관점에서 크게 이탈하지 않았기 때문에 속세에서 번 돈을 속세에서 사용해야 한다는 생각을 가졌고 그것은 이들로 하여금 문예부분에 대해서도 관심을 가지게 하였다. 아울러 동로마제국의 멸망(1453)으로 이 제국의 학자들이 대거 이탈리아로 유입된 것도 초기 르네상스가 이탈리아를 중심으로 전개된 요인 중의 하나라 하겠다.[2)]

2) 크리솔로라스(Chrysolora)와 플레톤(Plethon) 등이 그 대표적 인물들이다.

2) 르네상스의 내용 및 특징

14세기 초부터 이탈리아인들은 자신들의 세속적 인간관을 확립하는데 필요한 자료들을 얻기 위하여 고대 문헌들을 연구하였는데 이들을 지칭하여 인문주의자(humanist)라 하였다. 비록 이들이 중세의 종교적 세계관에서 완전히 벗어나지는 못하였지만 새로운 관점에서 고전을 보고자 하였던 것은 사실이다.

그러한 인문주의자들 가운데서 단테(Dante; 1265-1321)는 당시 국제어인 라틴어 대신 국어인 이탈리아어를 사용하여 지옥편, 연옥편, 그리고 천당편으로 구성된 '신곡(La Divina Commedia)'을 저술하였다. 지옥편, 연옥편, 그리고 천국편으로 구성된 신곡은 중년 이후에도 깨달음을 얻지 못하고 어두운 숲을 방황하였던 단테가 고대 로마의 시인 베르길리우스(Vergillius; B.C. 70-19)의 인도로 지옥 및 연옥 세계를 헤메다가 마지막에 베아트리체의 도움으로 천국에 간다는 내용을 담고 있다.

페트라르카(Petrarca; 1304-1374)도 이탈리아어를 사용하여 자신의 연인인 라우라(Laura)에게 바치는 소네트(sonnet; 단 하나의 주제나 생각을 표현하는 열네 줄의 시)라는 서정시를 썼다.[3] 아울러 그는 '나의 비밀', '아프리카누스(Africanus)', '고독한 생활에 대하여', '그리고 자기 자신과 많은 사람들의 무지에 대하여'라는 작품도 남겼

---

3) 페트라르카는 볼로냐 대학에서 법학을 공부하다가 정의를 팔아먹는 기술에 환멸을 느낀 후 개인의 올바른 삶, 국가의 합리적 통치, 미의 향유, 진리탐구에 대한 고대인들의 지혜를 얻는데 일생을 바쳤다.

다. 페트라르카는 고대를 별도의 문화적 시대로 간주한 최초의 근대인이었다. 그는 '진실을 아는 것보다 선을 지향하는 것이 더욱 바람직하다.' 라는 주장을 펼쳤고 그것에 따라 고전연구의 과정에서 발견한 고대의 기본정신을 도덕과 선의 이념으로 이해하고자 하였다.

보카치오(Boccaccio; 1313-1375) 역시 이탈리아어를 사용하여 최초의 근대소설로 간주되는 '데카메론(Decameron; 십일일화)' 이란 작품을 출간하였다. 이 작품은 흑사병을 피하기 위해 교외에 모인 피렌체의 젊은 남녀들이 무료함을 달래기 위해 10일간 번갈아 가며 이야기 한 것들을 정리한 것인데 여기서는 당시 사회와 도덕이 잘 풍자되었으며 인간의 감정과 사회적 속성이 폭로되기도 하였다. 아울러 당시의 사회적 부패성도 적나라하게 노출되었다.[4)]

그러한 경향은 영국의 인문주의자인 초서(G.Chaucer)의 '켄터베리 이야기(Canterbury Tales)' 에서도 나타났는데 그것은 그 자신이 보카치오의 서술방법에 동의했기 때문이다. 그리고 이들보다 늦게 프랑스에서 활동한 라블레(Rabelais)의 '가르강튀아(Gargantua)와 그의 아들 팡타그뤼엘(Pantagruel)' 에서는 "하고 싶은 대로하라"는 말로 개인의 해방과 자유가 찬양되었다.[5)] 이 당시 라블레는 교회와 스콜라철학에 대해 거부적인 반응을 보였고 기존의 주장과는 달리 인간의 본능은 건전하며 그것은 어떠한 행동으로도 변화시킬 수 없다는 관점을 가지고 있었다.

---

4) 데카메론은 모두 100개의 이야기로 구성되었는데 각 이야기는 칸초네(*canzone*), 즉 노래로 끝나는 특징을 가졌다.

5) 가르강튀아와 팡타그뤼엘은 중세 때부터 전래되어 온 거인의 이름이다.

몽테뉴(Montaigne)는 '수상록(Essays)'에서 자신을 성실히 관찰하고 묘사함으로써 인간본래의 자태를 부각시키고자 하였다. 아울러 그는 독단적 교리 및 절대적 진리에 대해서도 회의적인 태도를 보였다.[6)]

피렌체출신의 마키아벨리(Machiavelli)는 르네상스가 낳은 가장 위대한 정치철학자였다. 그의 정치적 사상은 당시 이탈리아의 현실적 상황을 반영하였다. 이 당시 이탈리아는 국제적 분쟁지였는데 그것은 프랑스와 신성로마제국의 지속적인 내정간섭에서 비롯되었다 하겠다. 마키아벨리는 이러한 외부적 간섭이 무엇에서 비롯되었는가와 그것을 해소시킬 수 있는 방법을 모색하게 되었고 거기서 '군주론(*Il Principe*)'을 출판하게 되었던 것이다. 마키아벨리는 자신의 저서에서 군주에게 필요한 것은 오직 권력뿐이며, 지도자의 가장 큰 의무는 국가의 권력과 질서를 유지하는 것으로 보았다. 또한 그는 국가존속에 필요할 경우 군주는 종교 및 도덕성을 무시하고 정치적 목적을 달성하기 위해 수단과 방법을 가리지 않는 권모술수적인 지도력도 갖춰야 한다는 주장을 펼치기도 하였다.[7)]

---

6) 몽테뉴의 작품에서 확인할 수 있는 것은 그가 격식에 얽매이지 않고 사람과 사건, 풍습, 신조, 인생의 공통적 이정표, 즉 출생, 성장, 성년, 결혼, 질병 및 죽음에 대하여 숙고하였다는 점이다.

7) 마키아벨리는 자신의 저서에서 군주가 강력한 권력을 유지할 수 있는 방법에 대해 언급하였는데 그것을 살펴보면 다음과 같다.
"모든 점에서 도덕적인 사람은 비도덕적 사람에 의해 고통을 받게 된다. 따라서 군주가 외적인 간섭을 받지 않고 국가를 계속적으로 지배하기 위해서는 반드시 비도덕적인 것을 배워야 하며 경우에 따라서는 비도덕적인 교활함도 활용하여야 한다. 군주는 덕을 가졌다는 평판을 얻기 위해 애를 쓸 필요가 있지만 그것을 행하기 위해 노력할 필요는 없다. 숨이 금방이라도 끊어져 버릴 듯한 이탈리아는 그저 자신의 상처를 치유해 줄 인물, 그리고 롬바르디아 지방의 거듭되는 약탈, 나폴리 국왕의 착취를 끝내 줄 인물, 또한 오랫동안 곪은 상처를 낫게 해 줄 인물, 그런 인물이 나타날 것을 기다리고 있는 것이다. 아아, 모든 이의 눈에도 확연하게 미술작품에서도 인간중심적인 성격이 잘 나타났다. 중세의 화가나 조각가들이 교회나 수도원 같은 종교적 건물을 장식하기 위한 그림에서 대상물을 상식적 · 추상적으로 묘사하여 종교적 정서를 유발시킨 데 반해 르네상스 예술가들은 자연과 인간을 보다 사실적 · 심미적으로 묘사하려는 노력을 펼쳤다. 비록 이들 역시 종교적 주제를 묘사하였지만 중세인들과는 달리 사실적으로 정확히 묘사하여 자연적 · 인간적 미를 부각시키려 하였다. 즉 르네상스의 화가나 조각가들은 인간의 본성을 숨김없이 묘사하였을 뿐만 아니라 그들이 예찬한 인간육체의 아름다움을 강조하는데도 주저하지 않았다.

르네상스 시기의 3대화가로 불리는 라파엘로(Raffaello; 1483-1520), 미켈란젤로(Michelangelo; 1475-1564), 레오나르도 다 빈치(Leonardo da Vinci; 1452-1519)는 많은 불멸의 작품을 남겼다. 라파엘로는 바티칸 궁전의 벽화와 많은 초상화, 그리고 다수의 아름다운 성모상을 남겼다. 그 중에서 '아테네학당', '아담과 이브', '성체논의', '파르나소스', '헬리오로도스의 선전추방' 등은 특히 유명하다. 미켈란젤로는 영웅적인 프레스코화 화가였을 뿐만 아니라 조각 및 설계에서도 탁월한 재능을 발휘하였다.[8] 그는 시스티나성당(Sistine Chapel) 천장과 입구벽에 그린 '천지창조' 와 '최후의 심판' 등의 그림과 '성모

이탈리아는 자신을 구원해 줄 인간을 보내주실 것을 신께 기도드리고 있는 것이다."
이러한 마키아벨리의 관점은 17세기 영국의 정치철학가 홉즈(T.Hobbes)의 저서인 '리바이어던(Leviathan)' 에 반영되었을 뿐만 아니라 프로이센의 프리드리히 2세의 정책에도 활용되었다.

8) 프레스코화법이란 벽화를 그리는 화법으로 석회를 바르고 그것이 마르기 전에 수채를 그리는 것이다.

자', '피에타(Pieta)', '다윗의 거상' 등의 조각 등을 남겼다.[9] 그리고 '모나리자', '최후의 만찬', 그리고 '암굴의 성모' 등이 레오나르도 다빈치[10]의 대표적 작품들로 꼽히고 있다. 특히 당시 크게 유행하였던 초상화에서는 상인이나 용병대장과 같은 세속적 인간들이 작품 속의 인물로 등장되기도 하였다.

고전을 사랑하고 그 정신을 현세에 적용시키려는 인문주의 운동은 북유럽으로 확대되면서 보다 더 심각한 체제비판의 방향으로 나가기 시작하였다. 그 대표적 경우가 16세기를 전후하여 활동한 네덜란드의 에라스무스(Erasmus v. Rotterdam; 1466-1536)였는데 그의 그리스어판 신약성서는 중세의 라틴어판 성서가 가지는 정확성에 의문을 제기하는데 충분하였다.[11] 아울러 그는 '치우신 예찬(Encomium Moriae)'에서 가톨릭의 광신, 교회의 폐단, 성직자의 부패를 비난하였고 그러한 것들은 종교개혁의 이론적 근거로 작용하였다.[12]

거의 같은 시기에 영국에서 활동하였던 모어(T.More; 1478-1538)도

---

9) 시스티나성당의 천장화는 성서의 내용을 394명의 인물배치를 통해 묘사한 것으로, 풍부한 상상력과 자유로운 시정이 화면 가득히 펼쳐져 있다.

10) 피렌체의 메디치(Medici)가, 밀라노의 스포르자(Sforza)가, 그리고 프랑스 국왕의 지원을 받았던 레오나르도 다 빈치는 거의 모든 분야에 대해 관심을 표명하였고 그러한 것들은 그가 남긴 다양한 자료들을 통해 확인할 수 있다.

11) 에라스무스의 아버지는 사제였고 그의 어머니는 아버지를 모시던 시종이었다. 어려서 부모를 잃은 에라스무스는 수도원에서 자랐다. 여기서 그는 종교나 기타 기존 교육의 선입관 없이 자유롭게 책을 읽을 수 있었는데 그것은 그로 하여금 중세적 사고에서 벗어나는데 크게 기여하였다. 이후 그는 파리 대학에 입학하여 신학을 연구하였으나 사제보다는 교사가 되고자 하였다.

12) 에라스무스는 이 책을 토머스 모어에게 헌정하면서 모어의 이름을 익살스럽게 변형시킨 '모리아'라는 부제를 첨가하였다. 이 책은 그의 생전에 36판을 찍어 그 시기에 성서 다음으로 많이 읽힌 책이 되었다.

'이상향(Utopia; 어디에도 없다는 땅)' 이란 작품에서 영국사회를 신랄히 비판하고 완전한 신앙의 자유를 보장한 이상적 국가를 제시하였다.[13] 정치활동에 실제적으로 참여하였던 그는 작품에서 기존법률의 가혹함과 전쟁의 무모성을 비판하고 절해의 고도에서 이상국을 꿈꾸며 공산제를 지향하였다.[14] 엘리자베스 여왕 시대의 셰익스피어(Shakespeare; 1564-1616)는 영국에서 가장 위대한 작가였을 뿐만 아니라 세계문학사에서 탁월한 위치를 차지하는 문인이었다. 그는 햄릿(Hamlet), 오셀로(Othelo), 맥베스(Macbeth), 그리고 로미오와 줄리엣(Romeo and Juliet) 등에서 자신의 문학적 천재성을 유감없이 발휘하였을 뿐만 아니라 인간본질에 대한 깊은 통찰력도 부각시켰다. 거의 같은 시기에 에스파냐의 세르반테스(Cervantes; 1547-1616)는 돈키호테(Don Quixote)라는 작품을 썼는데 여기서는 중세의 기사시대를 동경하는 시대착오적인 돈키호테의 어리석고, 우스꽝스러운 편력이 그려졌는데 그러한 것은 중세에 대한 비판에서 비롯되었다고 볼 수 있을 것이다.[15]

---

13) 1516년에 출간된 이 작품은 신대륙에 대한 사람들의 호기심을 토대로 쓰여졌다. 모어는 작품에서 다른 신앙을 가진 사람들이나 신앙이 없는 사람들을 비난하거나 처벌해서는 안 된다는 견해를 제시하였다. 또한 그는 자신들의 신앙만이 옳다고 우겨 갈등을 유발시키는 사람들 역시 처벌해야 한다는 주장을 펼쳤다.

14) 모어는 여기서 사유재산제도를 인정하지 않았다.

15) 세르반테스는 1571년 오스만 터키와의 레판토해전에 참가하여 큰 상처를 입었다. 돈키호테는 1605년에 제 1부가, 1615년에 제 2부가 출판되었는데 이 작품은 당시 에스파냐에서 유행한 기사 야기의 패러디에서 비롯되었다고 볼 수 있다. 이 작품에서 돈키호테=에스파냐, 풍차=네덜란드로 바꾸어 놓으면, 세르반테스가 자기 나라인 에스파냐를 어떻게 보았는지를 예측하게 한다.

"하늘이 마침 우리에게 좋은 일감을 주시었구나. 자, 저기를 봐라, 산초(돈키호테의 부하)야. 산 같은 거인이 30마리나, 아니 더 많이 나타났구나. 그들과 싸워 모두 부수어 주자. 그리고 우선 포획한 것으로 부귀를 누리자. 이는 빛나는 싸움이며, 저렇게 악한 종족을 이 땅에서 없애는 것은 신에 대한 훌륭한 봉사가 된다."

북유럽 르네상스의 미술은 수많은 인물들이 활약하였던 이탈리아에 비하면 질과 양에서 훨씬 빈약하였다. 그럼에도 불구하고 반 아이크 형제(Van Eyck; 1366-1462/1390-1441), 홀바인(Holbein; 1497-1554), 뒤러(Dürer; 1471-1528), 브뢰겔(Brueghel; 1520-1569), 벨라스케스(Velásquez; 1599-1660) 등과 같은 유명한 화가들을 배출하였다. 뒤러는 이탈리아에 가서 회화의 기법을 배웠으나 그의 화풍은 독일적 신비주의에 가득 찬 독자적인 것이었다.[16] 브뢰겔은 마을의 풍속을 생생하게 묘사하여 시대적 흐름에 역행하는 대담성도 보였다. 이 인물이 선택한 주제는 마을 광장, 스케이트 타는 장면, 혼인축하연 등과 같은 친숙한 민중생활이었다. 이러한 일상생활을 사실적으로 묘사하는 양식을 '장르화(genre painting)'라 하는데 저지대 지방 화가들이 이 분야에서 우수한 재능을 발휘하였다.

16) 목판화, 동판화, 그리고 사실적 초상화에 능숙하였던 뒤러는 신성로마제국의 황제나 에라스무스와 같은 저명인사의 후원을 받았다.

06 종교개혁

루터의 95개조반박문(1517. 10. 17)

1) 종교개혁의 원인

에스파냐, 영국, 그리고 프랑스는 16세기 초에 절대왕정체제를 구축하였기 때문에 이들 국가들에 대한 교황권의 침투는 용이하지 않았다. 이제 이들 국가들은 교황을 외국인으로 간주하였으며 그에게 헌납하는 모든 돈을 무역적자로 여겼다. 이에 반해 독일은 정치적으로 분열된 상태였기 때문에 종교제후 및 세속 제후들의 세력이 막강하였고 그러한 것은 이들의 주도로 신성로마제국의 황제가 선출된 데서 확인할 수 있다. 따라서 독일은 로마 성 베드로 성당의 수축비 마련을 위하여 시도되던 면죄부판매(Ablaßhandel)의 가장 적합한 장소였다.[1] 이후 면죄부는 독일에서 집중적으로 판매되었고 그것은

1) 면죄부는 13세기 스콜라 철학자들이 정립한 '공덕의 보고' 라는 교리에서 비롯되었다. 그것에 따를 경우 예수와 선대성인들이 쌓아놓은 막대한 공덕 중의 일부를 교황이 떼어내어 일반

많은 문제점들과 비판을 야기시켰다.[2)]

2) 루터의 종교개혁

1517년 10월 17일 비텐베르크(Wittenberg) 대학의 신학교수(Bibelauslegung; 성경해석)였던 마르틴 루터(M.Luther)[3)]는 면죄부 판매의 부당성을 지적하는 항의문을 비텐베르크 교회담장에 게시하였는데 그중에서 몇 가지 중요한 것들을 언급하면 다음과 같다.[4)]

제 1조: 우리들의 주인이자 스승이신 예수 그리스도가 '무엇이든 회개하라(마태복음 4장 17절)고 말씀하셨는데, 그것은 기독교 신자들의 생애 모두가 회개되기를 바라셨기 때문이다.

제 2조: 회개 의미를 교회의 절차, 즉 사제의 주도로 진행되는 고해

신도가 받을 죄의 일부를 면제시킬 수 있다는 것이다. 이러한 면죄부는 십자군 참여자나 자선가들에게 발급되다가 점차적으로 교황의 재정을 보충하는 방편으로 활용되었다.

2) 1517년 교황청의 명을 받은 탁발수도사 테첼(Tetzel)은 면죄부를 판매하기 위해 독일 전역을 여행하였다. 곡예사를 앞세워 사람들을 모은 그는 사람들에게 '돈이 상자 속에 떨어지는 소리와 함께 지옥에서 고통 받고 있는 영혼들이 구원받게 될 것이다' 라고 선전하였다.

3) 루터는 아이스레벤(Eisleben)에서 농민의 아들로 태어났지만 그의 부친은 만스펠트(Mansfeld)에서 광부가 되었다. 이후 독립 작업장을 가진 소생산자의 지위에 오른 부친은 루터를 대학에 보내어 법률가가 되기를 원하였다. 1505년 루터는 에르푸르트(Erfurt)대학을 졸업하고 부친의 뜻대로 법률을 공부하기 위해 석사과정에 입학했다. 그러나 어느 날 들판에서 심한 천둥과 번개를 만나 갑작스러운 죽음의 공포로 수도사가 될 것을 서약하고 부친의 실망에도 불구하고 서약대로 아우구스티누스파 수도원에 들어갔다. 여기서 그는 1512년 신학박사 학위를 취득하였다. 이후부터 그는 비텐베르크 대학에서 바울(Paul)서한을 강의하였다.

4) 그의 95개조의 반박문은 라틴어로 발표되었지만 곧 독일어로 인쇄되어 2주일 만에 전 독일에 전파되었다. 만일 이러한 신학적 논쟁이 1세기 전에 일어났더라면 그것은 교회 내의 문제에서 벗어나지 못하였을 것이다.

나 단식, 기부, 기도, 순례와 같은 속죄 행위로 이해해서는 안 된다.

제 5조: 교황은 자신의 권한 또는 교회법의 권한으로 자신이 부여한 벌에 대해서만 사면할 수 있고 그 이외의 것들은 사면할 수 없다.

제 20조: '모든 벌의 완전한 사면' 이라고 교황이 언급할 때에도 정말로 모든 벌이 사면되는 것이 아니라 그가 부과한 벌에만 해당된다.

제 21조: 면죄부를 판매하는 설교자가, 교황의 면죄부로 모든 형벌에서 벗어날 수 있다고 주장하는 것은 잘못이다.

제 27조: 그들은 돈궤 속에 금화가 딸랑 소리를 내며 떨어지자마자 죽은 자의 영혼이 연옥에서 뛰쳐나온다고 한다.

제 36조: 진심으로 회개하는 크리스트교도들은 면죄부 없이도 벌이나 죄로부터 해방될 수 있다.

제 86조: 오늘날 최고의 부자보다도 더 부유한 교황이 무슨 이유로 성 베드로 성당을 짓는데 자신의 돈을 사용하지 않고 가난한 신자의 돈에 의지하려고 하는가?

제 89조: 교황의 마음이 돈에 있지 않고 여러 사람들을 죄에서 건져내는데 있다면, 어째서 그 전에 면죄부를 산 사람들에게는 아무런 효험도 없는가?

루터는 항의문에서 교황이나 교회를 처음부터 부정하려고 하였던 것은 아니었다.[5] 루터는 처음에는 '신의 은총은 신앙에 의해서만 얻을 수

5) 이 당시 루터에게 영향을 준 성경구절은 '로마서' 1장 16절과 17절이었는데 그것을 언급하면 다음과 같다.
"나는 그 복음을 부끄럽게 여기지 않습니다. 복음은 먼저 유대인들에게, 그리고 이방인들에게까지 믿는 사람이면 누구에게나 구원을 가져다주는 하느님의 능력입니다. 복음은 하느님께서 인간을 당신과 올바른 관계에 놓아 주시는 길을 보여 주십니다. 인간은 오직 '믿음을 통해서 하느님과 올바른 관계를 가지게 될 경우에만 살 것이다' 라고 하지 않았습니까?"

있다.' 라는 신앙지상주의(*sola scriptura*)적인 입장만을 취하였는데 교황 측의 비이성적 대응으로 교황과 교회를 부정하기에 이르렀다. 사건의 중대성을 인식한 교황은 루터를 로마로 소환하였으나 작센(Sachsen) 선제후였던 프리드리히(Friedrich)의 개입으로 뜻을 이루지 못하였다. 얼마 후 루터는 교황과 타협하여 서로 침묵하기로 약속하였으나 1519년 라이프치히(Leipzig)에서의 공개토론회에서 잉골슈타트(Ingolstadt) 대학의 에크(J. Eck) 교수의 이론을 비판하다가 가톨릭교회와 정면으로 맞서게 되었다.[6] 다음 해 루터는 3편의 논문을 발표하여 가톨릭교회에 결정적인 타격을 가하였다. 발표된 3편의 논문에서 루터는 자신의 반박문을 이론적으로 옹호하려고 하였다. 1520년에 발표한 '독일 가톨릭의 제후에게 고함(An den christlichen Adel deutscher Nation, von des christlichen Standes Besserung)' 이란 논문에서 루터는 성직이 반드시 신성하지 않다는 주장을 펼쳤을 뿐만 아니라 독일 제후들은 독일을 로마로부터 해방시켜 교회의 재산 및 토지를 접수하여야 한다는 견해도 제시하였다. 이어 그는 '교회의 바빌론유수(Von der babylonischen Gefangenschaft der Kirche)' 에서 교황과 성사제도를 강력히 비난하였고 신앙으로 의롭게 된다는 의인설을 중심으로 한 새로운 신앙을 '그리스도의 자유(Von der Freiheit eines Christenmenschen)' 에서 전개시켰다.

6) 공개토론회에서 루터는 교황 및 성직자들도 오류를 범할 수 있는 인간에 불과하며, 한 개인의 양심을 지배하는 최고의 권위는 성경뿐이라는 주장을 펼쳤다.

3) 로마가톨릭의 대응

루터가 자신의 논문들에서 언급한 것들은 독일인들에게 많은 감동을 가져다주었지만 가톨릭교회로서는 도저히 수용하기 어려운 것들이었다. 따라서 로마교황 레오 10세(Leo X)[7]는 1520년 7월 루터가 자신의 주장을 60일 내에 취소하지 않을 경우 그를 파문하겠다고 위협하였다.[8] 그러나 루터는 이에 굴복하지 않고 교황의 칙서를 공개리에 소각함으로써 1521년 파문을 당하였다. 그러나 그의 개혁적 주장은 일부 유력한 제후들의 지지를 얻게 되었고 그의 입장을 지지하는 세력들이 북부 독일과 스칸디나비아 지방에서 형성되기 시작하였다. 당시 신성로마제국의 황제 카를 5세(Karl V)는 루터의 견해가 제국의 권위와 통일에 악영향을 가져다 줄 뿐만 아니라 이탈리아로 세력 확장을 꾀하던 자신의 정책에도 위배된다는 생각을 하였기 때문에 1521년 루터를 보름(Worm)제국의회로 소환하였다. 여기서 루터는 칼 5세의 압박에도 불구하고 자신의 관점을 견지하였을 뿐만 아니라 '나는 성경의 증거 또는 분명한 이성에 의해 잘못이라고 확신하기 전에는 그 어느 것도 취소할 수 없고 취소하지도 않겠습니다.' 라는 말로 대응하기도 하였다. 이에 카를 5세는 루터의 법률상 제 권리를 박탈하여 그

---

7) 1513년 교황으로 선출된 레오 10세는 메디치(Medici)가문 출신이었다. 이 당시 이 인물은 사치스럽기로 유명한 인물이었다. 아버지 로렌초(Lorenzo)의 도움으로 14세의 어린 나이로 추기경이 된 레오 10세는 1513년 교황으로 선출되었다.

8) 이에 앞서 교황은 1520년 6월 15일 '여러분 일어나시오(*Exsurge Domine*)' 라는 교서에서 루터 및 그를 추종하던 인물들에 대한 파문을 언급하였다. 아울러 교황은 루터의 저서들을 몰수하고, 소각할 것도 명령하였다.

에 대한 제국의 법률보호권도 정지시켰다.

이후 루터는 신변의 위협을 느꼈기 때문에 그를 지지하던 작센 선제후였던 프리드리히의 보호를 받게 되었다. 특히 루터는 1년간 바르트부르크(Wartburg)성에서 은거생활을 하면서 그리스어와 라틴어로 된 1519년판 에라스무스 신약성경을 독일어로 번역하였다. 그런데 이 독일어판 성서는 성서의 내용을 일반 대중에게 알리는 역할을 하였을 뿐만 아니라 독일어 문체를 통일하는데도 크게 기여하였다.

루터의 종교개혁은 기존 가톨릭교회의 교리 및 성격을 혁명적으로 변경시켰다. 그는 기존의 라틴어 대신에 독일어를 사용하여 목회활동을 하였으며, 교황, 대주교, 주교 등의 성직제도 폐지시켰다. 즉 성직자와 평신도를 구분시킨 장벽을 허물고 성직자가 지상에서 누렸던 특권과 지위를 용인하지 않으려 하였던 것이다. 아울러 그는 수도원제도를 폐지하고 목회자에게도 결혼을 허용해야 한다는 입장을 밝혔다. 루터는 구원에 이르는 방법으로 선행보다 믿음을 강조하였기 때문에 금식, 순례여행, 그리고 성물숭배 등을 무시하였다. 또한 루터는 교회가 국가위에 존재한다는 것을 부정하고, 교회를 국가의 통제 및 관리하에 두어야 한다는 관점도 피력하였다.

4) 신교세력의 확대

이후 루터의 지지세력이 늘어나게 되었고 그것은 신 · 구권의 대립을 격화시키는 계기가 되었다.[9] 루터파는 1531년

9) 여기서 구 교도들은 루터파를 프로테스탄트(항의하는 사람들)라 지칭하였다.

2월 6일 신 · 구권의 대립이 격화됨에 따라 자위책으로 슈말칼덴(Schmalkalden; 튜링겐)동맹을 체결하였고 이후 독일 전체는 종교적 혼란을 겪게 되었다. 그런데 슈말칼덴동맹은 루터파의 확산에 위협을 느낀 황제가 1529년 슈파이어(Speyer)에서 종교회의를 개최하고 거기서 루터파의 포교를 금지한데서 나온 일종의 자위적 동맹체제라 할 수 있다.[10)]

이로부터 독일에서는 신교 제후와 황제간의 싸움이 약 20년간 지속되었다. 그러다가 칼 5세의 양보로 1555년 9월 25일 아우구스부르크(Augusburg)종교회의가 개최되었다. 여기서는 제후와 자유도시에 대한 신앙의 자유(*ius reformandi*)가 허용되었고 그것에 따라 루터파도 선교의 자유를 얻게 되었다. 그러나 이러한 신앙의 자유는 일반인 모두에게 허용된 것이 아니라 제후와 도시에게만 허용되었다(*cujus regio ejus religio*; 각 영방에게 종교의 자유를).[11)]

16세기 중엽 루터파는 북부 독일을 중심으로 스웨덴, 덴마크, 노르웨이 등으로 확산되었고 보헤미아, 폴란드, 그리고 헝가리에서도 신봉자들이 등장하였다.

---

10) 이 당시 슈말칼덴동맹은 프랑스로부터 지원을 받고자 하였다.

11) 제후 및 자유도시가 선택한 종교에 대하여 불만을 가진 사람들은 그들이 원하는 지방으로 이주할 수 있는 권한을 부여받았다(*ius emigrandi*).
루터파를 제외한 나머지 신 교파들, 즉 칼뱅파와 제세례파(Anabaptist)는 종교적 자유를 얻지 못하였다.
루터파로 개종한 지역의 교회재산은 세속화되었다. 이에 따라 제후들은 부유하게 되었고 그것은 루터파로 개종하는 제후들의 수를 늘리는 계기가 되었다.

5) 스위스의 종교개혁

독일에 이어 스위스에서도 새로운 개혁의 풍조가 일어나고 있었다. 1532년 교황, 성직자, 수도원을 비난하고 취리히(Zürich) 교회내의 미사, 십자가, 제단, 성화를 없앤 츠빙글리(U.Zwingli; 1484-1531)[12]에 이어 프랑스인 칼뱅(J.Calvin; 1509-1564)이 제네바의 정치 및 종교적 실권을 장악하게 되었다.[13]

그는 인간의 구제가 당초부터 신의 예정에 의한다는 주장을 펼쳤고 정치와 종교의 분리를 주장하던 루터의 사상과는 달리 정치는 물론 생활자체에서도 엄격한 성서중심주의를 강조하였다.[14] 루터의 사상이 국내적이고 신비적인데 반해 칼뱅의 가르침은 보다 이론적이고 국제적이었기 때문에 전도사업을 추진하는데 있어 커다란 장점으로 부각되었다.

---

12) 츠빙글리는 사제교리 및 교회의 성사조직을 인정하지 않았는데 그것은 성 아우구스티누스(St. Augustinus)의 이론에 근거하였다. 츠빙글리는 '화체설'과 관련된 기적적인 요소를 거부하였다. 즉 성찬식 중 빵과 포도주가 그리스도의 몸과 피로 바뀐다는 교리를 부정하고, 성찬식이라는 상징적 의식은 그리스도의 지상 체재의 기억을 되살리는 것에 불과하다는 관점을 피력하였던 것이다.

13) 칼뱅은 파리 대학에서 신학과 법학을 전공하였다. 그는 휴머니즘 연구에 몰두하다가 1533년부터 루터의 개혁사상에 대하여 관심을 가지게 되었다. 이후 그는 가톨릭을 포기하고 새로운 종교를 일으키기로 하였다.

14) 칼뱅은 1536년에 간행한 '그리스도교 강요(*Institutio religionis Christianae*)'에서 예정설을 언급하였는데 그것은 성 아우구스티누스의 신학이론에서 비롯되었다. 칼뱅은 자신의 저서에서 예정설을 다음과 같이 언급하였다.

'모든 사람들은 동일한 상태에서 창조된 것이 아니며, 어떤 사람에게는 영원한 삶이, 또 어떤 사람에게는 영원한 벌이 예정되어 있는 것이다. 그러므로 성서가 명백히 밝히고 있는 바에 따라, 우리는 주님이 그 영원의 섭리로서 누구를 구제하거나 또는 멸망시키려 하시는 가를 그 영원불변의 섭리 속에 미리 정해 놓으셨다는 것을 말하는 것이다.'

또한 루터는 칼뱅과는 달리 세속적 직업에 대한 윤리관에서 독특한 면을 보였다. 루터는 세속적 직업을 천시하던 중세적 직업윤리에 반기를 들고 직업에 헌신하고 이웃에 봉사하는 것을 찬양하였으나 그에 있어 중요하였던 것은 어디까지나 신앙이었고 세속적 직업에 대해서는 '의식이면 족하리' 라는 중세적 입장에서 완전히 벗어나지 못하였다. 이에 반해 칼뱅은 보다 철저한 근대적인 직업윤리를 확립하였다. 즉 그는 신이 예정해 준 직업의 완전수행만이 신의 의지에 따르는 길이라 하였다. 아울러 그는 재산과 시간을 낭비하는 것이 바로 신을 배반하는 죄악이라 하였다. 예정설(Predestination)에 의한 직업에 헌신함으로써 축적된 재산의 철저한 소비억제를 근간으로 하는 칼뱅주의의 윤리는 근대 자본주의 정신의 중요한 지주가 되었다. 이러한 칼뱅의 주장은 상공시민 계층의 현실적 축재를 종교적으로 합리화시킨 것으로 근대산업이 성장되고 있던 여러 나라에 널리 확산되었다. 프랑스의 위그노(Huguenots), 영국의 청교도(Puritans), 네덜란드의 고이센(Geusen), 그리고 스코틀랜드의 장로파(Presbyterians) 등이 바로 이에 해당된다고 하겠다.

6) 영국의 종교개혁

영국의 종교개혁은 독일이나 스위스에서 진행된 종교개혁과는 동기, 정신, 그리고 결과에서 상이하였다. 왕권의 절대화가 비교적 빨랐던 영국에서는 일찍부터 로마 교회로부터의 이탈 경향이 있었고 그러한 것은 위클리프(Wycliffe)라는 선각자의 배출도

가능하게 하였다.

위클리프로 비롯된 종교개혁은 헨리 8세(Henry VIII)가 1534년 수장령(Act of Supremacy)을 발표함으로써 결실을 맺게 되었다.[15] 즉 헨리 8세는 왕비 캐서린(Catherine of Aragon)과의 이혼문제로 교황과 충돌한 후 크렘머(T.Crammer)를 캔터베리 대주교로 임명하고 그의 승인으로 이혼을 감행하였던 것이다. 로마 교회와의 결별을 선언한 후 헨리 8세는 정치 및 종교의 실권을 장악하였다. 이후 그는 해산 수도원의 토지로 국가재정을 강화시켰고 시민 계층에게도 토지의 일부를 제공하여 그들의 지지와 후원을 얻는데도 성공하였다. 그러나 헨리 8세의 종교개혁은 교의나 의식상의 개혁을 동반하지 않았다. 그 후 메리(Mary) 여왕 때 잠시 구교가 재흥되었으나 엘리자베스 1세(Elizabeth I)는 1559년 통일령을 발표하여 영국국교를 완성시켰다. 영국국교라는 독자적 교회의 확립은 영국 절대왕정체제의 완성을 시사하는 것이기도 하였다. 그러나 국교회의 강압으로 신교의 청순성을 지킬 수 없게 된 청교도들은 자유를 찾기 위해 신대륙으로 이주하였다.

---

15) 수장령의 원문 중 중요한 부분을 언급하면 다음과 같다.

'국왕폐하는 법적으로 영국교회의 수장이신데 그것은 본국의 성직자들이 여러 차례에 걸친 성직자회의에서 승인된 사안이다. 그러나 이를 더욱 확실히 하기 위해, 그리고 영국에서 크리스트교의 공덕을 증대시키고 지금까지 국내에서 행해진 죄악과 이단 및 그 밖의 범법행위와 폐단을 제거하기 위해서, 본 회의의 권한으로 다음의 법령을 정한다. 우리의 국왕폐하 및 폐하를 계승할 여러 왕들은 영국교회의 유일한 최고의 수장으로 간주되며, 인정되어야 한다. 뿐만 아니라 이들은 영국교회의 최고수장으로서의 권위에 포함된 모든 영예 · 존엄 · 재판권 · 면죄권 · 수익 · 그리고 재화를 소유하며 향유한다.'

7) 가톨릭교회의 개혁

이렇게 신교가 유럽에서 확산됨에 따라 기존의 가톨릭교회도 내부적인 개혁을 단행하려고 하였다. 1534년 에스파냐의 로욜라(I. de Loyola)는 가톨릭교회의 본래 이상을 실현하기 위해 파리(Paris)에서 전투적 예수회(Jesuits)를 조직하였다.[16] 이 예수회에 속한 수도사들은 선교활동을 통해 프로테스탄트에게 빼앗긴 지역을 회복하고 아시아와 아메리카에서 새로운 개종자를 얻으려고 하였다. 특히 이들은 수도생활에 전념하였던 이전의 수도사들과는 달리 설교와 강론 등을 통하여 자신들의 교리를 적극적으로 전파하려고 하였다.

1545년 이탈리아 트렌토에서 개최된 종교회의에서는 가톨릭교회의 전통적 교리가 옳다는 것이 재확인되었을 뿐만 아니라 성직자의 부패를 막기 위한 지침도 구체적으로 마련되었다.[17] 이러한 자체정화 운동으로 가톨릭교회는 프로테스탄트에게 잃었던 세력의 상당 부분을 회복하는데 성공하였다.

---

16) 1540년 교황으로부터 활동을 승인 받은 예수회는 종교적인 조직이었음에도 불구하고 군대와 같이 엄격하였다. 그들이 총 · 칼 대신에 강한 신념과 설복을 무기로 삼은 것이 군대와 다른 점이라 하겠다.

17) 1563년까지 지속된 이 회의에서는 성서와 전승이 기독교 진리의 근원이라는 주장이 제기되었다. 아울러 면죄부판매의 금지도 거론되었다.

07 절대왕정 시대

프리드리히 2세와 볼테르(1750)

1) 절대주의의 개념

절대주의는 동양적 전제주의와는 달리 봉건적 정치조직으로부터 근대 시민적 민주정치로 이행하는 과정에서 나타난 정치체제라 하겠다.[1] 화폐경제 발전에 따른 장원체제의 붕괴와 지리상의 발견으로 급속히 성장한 상공업 계층은 왕권을 강화시키는 요인

1) 보댕(J.Bodin)은 절대왕정체제의 이론이라 할 수 있는 '왕권신수설(Divine Right of Monarchy)'을 제시하였다. 여기서 그는 왕권을 제한하는 입법기구를 부정하였다. 아울러 그는 인간이 만든 법으로 왕권을 규제할 수 없으며 왕이 신의 법이나 자연법을 어겼을 경우에도 신민은 왕에 대하여 혁명을 일으킬 수 없다고 하였다. 보댕은 자신의 저서에서 국가 및 주권에 대해서도 언급하였다. 그는 국가가 가족집합체의 필요로 제기되었지만 일단 국가가 구성되면 질서유지가 무엇보다도 중요하기 때문에 그것에 대해 반대를 해서는 안 된다고 하였다. 이어 그는 신민에게 그들의 동의 없이도 법을 적용할 수 있는 권력이 바로 주권(*princeps legibus absolutus*)이라 하였다. 루이 14세의 개인교사였던 모(Meaux) 주교 보쉬에(Bossuet)도 보댕과 같은 관점의 이론을 제시하였다.

이 되었다. 왜냐하면 이 당시 각 국의 군주는 신흥 시민계층과 결합하여 봉건제후의 세력을 약화시키고 자신의 권력을 크게 증대시키려고 하였기 때문이다. 시민계층 역시 광범위한 상업 활동을 원활히 전개하기 위해서는 군주의 보호가 필요하다는 인식을 가졌기 때문에 양자사이의 결합은 자연스럽게 이루어졌다.[2)] 따라서 봉건세력이 약화되고 시민세력이 강화되는 과정에서 절대왕정체제가 성립되었다는 것이 일반적인 견해라 하겠다.

유럽에서 절대왕정체제가 체계적으로 발전했던 나라로는 에스파냐, 프랑스, 영국, 프로이센, 오스트리아 그리고 러시아 등을 들 수 있다.

2) 에스파냐의 절대왕정체제

신항로 및 신대륙발견에 앞장섰던 에스파냐는 유럽 대륙에서 가장 먼저 경제적 번영을 누리게 되었다. 특히 펠리페 2세(Felipe Ⅱ; 1556-1559) 시대의 에스파냐는 네덜란드 · 밀라노 · 나폴리 · 시칠리아 등을 지배하였을 뿐만 아니라 멕시코, 페루, 그리고 필리핀과 같은 식민지도 획득하였다. 펠리페 2세는 이러한 광대한 영토를 중앙집권적인 방법으로 통치하려고 하였고 가톨릭 중심의 종교적 통합도 모색하였다. 특히 펠리페 2세는 가톨릭강화정책을 지속적으로 펼쳤는데 그것은 신교도였던 네덜란드인들의 반발을 유발시키는 요인이 되었을 뿐만 아니라 그들로 하여금 1581년부터 독립전쟁도 펼치게

2) 여기서 정 · 경 유착의 유형이 등장하게 되었다.

하였다.

그런데 에스파냐의 절대왕정은 국내의 봉건세력과의 투쟁과정에서 성립된 것이 아니라 이슬람이라는 이교도와의 대립과정에서 형성되었기 때문에 종교적 성격이 강하였을 뿐만 아니라 봉건세력의 붕괴도 순조롭지 못한 문제점을 안고 있었다.

3) 프랑스의 절대왕정체제

프랑스에서는 앙리 4세(Henri IV)[3], 루이 13세(Louis XIII), 루이 14세(Louis XIV)와 같은 강력한 왕들이 16세기부터 17세기에 걸쳐 등장하였고 이들 모두는 왕권강화정책을 펼쳤다. 이

---

3) 앙리 4세는 1598년 낭트칙령(Edict of Nantes)을 발표하여 신교도들에게 신앙의 자유를 허용하여 종교적 분쟁을 종식시키고 농업과 견직물 공업을 비롯한 산업의 활성화를 꾀하고 왕권을 강화시켜 절대왕정의 토대를 구축하였다. 일반 조항 95개조, 특별조항 26개조, 그리고 2통의 국왕칙서로 구성된 낭트칙령의 중요한 내용을 열거하면 다음과 같다.
제 1조: 1585년 3월 초부터 본인이 즉위할 때까지, 나아가 그 이전의 소란을 통해 각지에서 발생되었던 일체의 사건들은 기억에서 지워질 것이다.
제 6조: 신민들 사이의 소란 및 분쟁의 동기를 제거하기 위해 본인은 개혁파 신도들이 본인의 지배하에 있는 왕국의 모든 도시에서 어떠한 심문과 박해도 받지 않고 재산상의 불이익 없이 거주할 것을 인정한다. 이들은 적어도 종교에 관해서 자신들의 신앙에 위배되는 행위를 강요받지 않으며, 본 칙령의 규정에 따르는 한, 자신들이 살고자 하는 거주지로부터 신앙 때문에 쫓겨나지도 않을 것이다.
제 18조: 신민들은 자신들의 신분이나 직위를 활용하여 개혁파 신도의 자식들을 그들 부모들의 뜻을 무시하고 강제로 혹은 유혹으로 빼앗아 로마 가톨릭 교회에서 세례 받게 해서는 안 된다.
제 22조: 학생들이 교육을 받기 위해 학교에 입학할 때, 종교 때문에 차별대우를 받아서는 안 된다. 병든 자 및 가난한 자들을 자선병원, 나병원, 그리고 빈민구제소에 수용할 때도 마찬가지이다.

당시 프랑스인들은 국가에 대한 소속감을 느끼지 못한 채 자신들을 지방민으로 간주하였을 뿐이다. 즉 이들은 자신들을 프랑스인이 아닌 노르만인, 브르타뉴인, 플랑드르인, 알자스인, 부르고뉴인, 프로방스인, 가스코뉴인, 바스크인으로 생각하였던 것이다. 이에 군주들과 그들의 추종자들은 이들을 한 국민으로 변형시키기 위해 국가를 공통된 충성 대상으로 부각시키게 되었던 것이다. 여기서 이들은 국민들에게 국가의 실체를 보다 구체적으로 알려주기 위해 국왕을 국가의 상징으로서 강조하게 되었던 것이다. 따라서 '국가, 그것이 바로 나다.(*L'état, C'est moi*)' 라는 루이 14세의 언급은 이러한 시대적 분위기를 잘 반영한 것으로 볼 수 있을 것이다. 그리고 이러한 생각은 국가를 모든 것 위에 존재하는, 다시 말해 각 지방, 각 신분, 그리고 각 종파의 특수한 이해관계 위에 존재하는 초월적인 것으로 간주하는 국가이성의 개념으로 발전하였다.

이러한 이론을 실천하기 위해 프랑스의 절대군주들은 국가의 위대성과 국왕의 위신을 증대시키는 정책을 펼쳤다. 루이 13세와 그의 재상 리슐리외(Richelieu; 1585-1642)는 1628년 국가 안의 또 다른 국가를 이루고 있던 위그노 교도들의[4] 자치구역을 폐쇄시켰다. 그리고 이들은 귀족들의 세력을 약화시키기 위해 그들의 성곽을 파괴하고 개인적인 결투도 금지시켰다. 또 국왕의 권한을 강화시키기 위해 지방의 행정권을 귀족들로부터 빼앗아 왕이 임명하는 지사(intendants)에게 넘겼다. 이러한 것은 왕의 명령에 따라 움직이는 관료제도의 출현도 가능하게 하였다. 아울러 루이 13세는 중세이후부터 대의기관의 역할을 담당하

4) 신교도였던 이들은 주로 프랑스 중남부에 거주하였다.

였던 신분회의 발언권도 봉쇄하였다. 루이 13세가 1643년에 사망함에 따라 5세에 불과한 그의 아들이 루이 14세로 등극하였다. 이에 따라 그의 어머니가 섭정을 펼쳤고 여기서 이탈리아 출신의 법률가이며 추기경이었던 마자랭(Mazarin)이 재상으로 임명되었다. 마자랭은 초기 5년간 30년전쟁(1618-1648)에 관여하였고 그 이후에는 귀족들의 불만으로 발생된 프롱드(Fronde; 1648-1653)난을 진압하는데 부심하였다.[5] 귀족들의 반란을 진압한 마자랭은 왕권을 강화시키는 일련의 정책을 펼쳤고 어느 정도의 가시적인 효과도 거두었다. 1661년 마자랭이 사망함에 따라 루이 14세는 친정체제를 구축하였다. 그는 자신을 귀족들과 다르게 보이도록 하기 위하여 장대하고 화려한 베르사유(Versailles) 궁전을 지었다. 이어 그는 중상주의(Mercantilism)로 알려진 부국강병책을 시행하였다. 국부의 원천인 금이나 은을 많이 얻기 위해서 수출을 장려하고 수입을 억제하여 '유리한 무역균형'을 이루는 것이 이 정책의 핵심내용이었다.[6] 그러나 그러한 것을 달성하기 위해서는 높은 관세장벽과 수출보조금을 지급하는 국가통제의 정책이 필요하였을 뿐만 아니라 원료공급지와 상품시장으로서의 식민지획득도 요구되었다.

이러한 정책들은 당시 새로운 상류 계급으로 성장하던 상인, 금융업자, 제조업자, 즉 중산 계급 또는 시민 계층에게 유리하게 작용되었다. 이 때문에 절대군주와 중산 계급은 근대적 국민국가를 건설하는 공통된 목표를 위해 협력할 수 있었던 것이다.

5) 프롱드란 파리의 어린이들이 가지고 놀던 흙덩이나 돌멩이를 던지는 장난감 새총이었다.
6) 이러한 정책은 당시 재무총감이었던 콜베르(J.B.Colbert; 1619-1683)로부터 나왔다.

4) 영국의 절대왕정체제

(1) 헨리 8세

영국의 절대왕정체제는 헨리 8세(Henry VIII) 이후부터 체계화되기 시작하였다. 부친 헨리 7세(Henry VII)로부터 정치적 안정, 경제적 여유, 그리고 격상된 국제적 지위를 물려받은 헨리 8세는 캐서린과의 이혼을 빌미로 종교개혁을 단행하여 교회를 국왕의 통제하에 두었다.[7] 이에 따라 첫해 수입을 교황에게 바치는 초입세가 1532년에 폐지되었을 뿐만 아니라 교황에게 상소하는 행위 역시 다음해인 1533년에 금지되었다. 또한 교황이 아닌 국왕의 지상권을 인정한 수장령(Act of Supremacy)이 1534년에 발표되었다. 아울러 헨리 8세는 수도원을 해산시켜 수도원의 토지를 국유화시켰고 그러한 과정에서 일부 토지를 시민계층에게 불하하여 강력한 지지세력을 확보하기도 하였다.[8] 헨리 8세의 이러한 조치들은 교회를 국가에 예속시키는 결정적인 계기가 되었다. 그러나 그러한 것은 정의롭고 완전한 천상의 신과 정의롭지 못하고 불완전한 지상의 인간 사이를 연결해주는 교황의 교량역할을 자신이 스스로 행한 것에 불과하였다. 헨리 8세의 뒤를 이은 에드워드 6세(Edward VI)는 헨리 8세와 시녀 세이무어(J. Seymour)사이에 태어난 아들이었다. 9살이라는 어린 나이

7) 이 당시 헨리 8세는 앤 볼린(Ann Boleyn)과 결혼하려고 하였다.
8) 1536년부터 수도원들이 해산되기 시작하였다.

에 등극하였기 때문에 그는 외삼촌 서머싯(E.S. Somerset)공을 후견인으로 삼아 부속예배당의 국유화조치 등을 취하였으나 병약하여 16세의 나이로 사망하고 말았다. 그의 사후 노덤랜드(Northumland)공 더들리(Dudley)가 왕위계승을 시도하였으나 헨리 8세와 아라곤의 캐서린 사이에서 태어난 메리 튜더(Mary Tudor)가 이들을 처형하고 영국 역사상 최초의 여왕자리를 차지하였다. 즉위 즉시 그녀는 신교 성직자들을 제거한데 이어 의회가 취한 모든 종교적 결의를 무효화시켰다. 아울러 그녀는 교황이 교회의 수장임을 천명하는 등의 반동정치를 펼쳤고 그러한 과정에서 신교도들을 무자비하게 처형한 결과 '피의 메리(Bloody Mary)' 라는 명칭을 부여받기도 하였다.[9] 이러한 반동으로 프로테스탄트로 전향하는 자들이 늘게 되었고 그녀에 대한 평판은 프랑스와의 충돌로 칼레(Calais)지방을 상실한 이후부터 급속히 나빠지기 시작하였다.

(2) 엘리자베스 1세

메리 튜더가 죽은 후 그녀의 여동생인 엘리자베스(Elisabeth)가 왕위를 계승하였다.[10] 극단적인 프로테스탄티즘과 가톨릭시즘을 배제하고 중도노선을 채택한 그녀는 통일령(Act of Uniformity, 1559-1563)을 반포하여 영국국교회(Anglican Church)를 정식으로 발족시켰다.[11] 그

---

9) 이 기간 중에 300명에 달하는 신교도들이 목숨을 잃었다.

10) 에드워드의 후계자가 없을 경우 메리가, 메리에게 후계자가 없을 경우 엘리자베스가 왕위 계승을 할 수 있다는 헨리 8세의 유언에 따라 엘리자베스는 영국 왕으로 등극하였다.

11) 통일령은 영국국교회에서의 예배, 기도, 기타의식을 정한 법령이었다.

리고 왕권을 강화시키기 위해 관료조직을 정비하고, 그레샴(Gresham)의 진언에 따라 화폐제도를 개혁하였을 뿐만 아니라 도제법과 구빈법도 제정하였다. 한편 중상주의 정책을 본격적으로 시행하여 에스파냐의 무적함대를 1558년에 격파한데 이어 동인도회사를 설립(1600)하는 한편 북아메리카 동해안에 버지니아(Virginia)식민지를 건설하기도 하였다. 그리고 문예를 부흥시켜 셰익스피어, 스펜서, 베이컨 등의 대문호를 배출하기도 하였다. 그러나 이처럼 절대왕정체제가 절정기에 도달하였음에도 불구하고 새로운 사회 · 경제문제가 대두된 시기가 바로 이 때였다. 목양을 위해 울타리를 치는 소위 '인클로저 운동(Enclousre Movement)'이 활발히 전개되어 종래의 농촌경제를 변화시켰는데 그러한 것은 자급자족적인 중세적 농업경제에서 영리를 추구하는 근대적 농업으로 전환된 것에서 확인할 수 있다. 대자본가적으로 농업을 경영하는 젠트리(Gentry)계층과 자영농민인 요먼리(Yoemanry) 등이 등장하여 농촌산업을 선대제도나 제조업 형태로 발달시켰다.[12] 이들은 도시의 자본가 및 모험상인으로 활동하였고 큰 재산을 모은 일부는 의회에 본격적으로 진출하기도 하였다.[13] 한편 이들과는 달리 생활터전을 잃게 된 농민들은 농촌을 떠나 도시로 이동하여 노동자나 빈민층을 형성하였다. 곧 이들 계층을 위한 직인조례(Statute of Artificers, 1563)와 구빈법(Poor Law, 1601) 등이 제정되었는데 그것은 사회불안을 해소하고

12) 상인이 농민들에게 원료와 방직기 등 필요한 시설을 공급하고 생산된 모직물에 대한 대가(임금)를 지불하고 거두어 가는 제도를 선대제도라 한다. 이에 반해 제조업형태, 즉 매뉴팩츄어는 한 장소에 노동자들을 모아놓고 모직물을 생산하는 형태로서 방직기 같은 것을 기계로 바꿀 경우 그대로 공장이 될 수 있는 생산형태를 지칭한다.

13) 하원의원의 75% 이상이 젠트리 계층 및 요먼리 출신이었다.

이들의 취업을 유도하려는 조치에서 비롯되었다.[14)]

(3) 청교도혁명과 명예혁명

결혼을 끝까지 포기한 엘리자베스 여왕의 사후, 헨리 7세의 장녀로서 스코틀랜드 제임스 4세(James IV)와 결혼한 마가레트(Magaret)의 증손자 제임스 6세(James VI)가 제임스 1세(James I)라는 이름으로 1603년 영국 왕에 즉위할 수 있었고 이때부터 스튜어트(Stuart) 왕조가 영국을 다스리기 시작하였다. 영국의 법과 의회제도를 이해하지 못했던 제임스 1세는 1609년에 '스코틀랜드 군주의 법(The Law of Trew Monarchies)'을 발표하여 왕권신수설을 노골적으로 합리화시켰다. '왕은 지상에서 신을 대신하는 자이다. 왕의 특권에 대해 논의하는 것이 불법인 이유가 바로 여기에 있는 것이다. 왕은 항상 법을 초월하며 아무런 구속도 받지 않는다. 따라서 왕은 의회의 자문을 받지 않고 어떠한 법이든 제정할 수 있다. 그렇기 때문에 왕은 국민에 대해서가 아니라 신에 대해서만 책임을 진다.'가 바로 그가 펼쳤던 주장의 핵심내용이었다. 이러한 그의 입장은 의회와의 충돌을 예견하였는데 그것은 당시 의회가 '군주는 국민 밑에 위치하지는 않지만 분명히 신과 법 밑에 위치한다. 따라서 법은 왕권으로부터 독립되어 있다'.라는 주장을 펼친 데서 확인할 수 있다. 그러나 제임스 1세와 보다 더 심각하게 대립한 것은 청교도들(Puritans)이었다. 영국국교회에 잔존하던 주교제를 비롯한 가톨릭 의식의 철폐를 요구한 측이 청교도들이었다면, 대

14) 정상적 신체를 가진 걸인들이 구걸하기 위해서는 허가증이 필요하다는 것 등이 거론되었다.

외적으로는 국교회의 교의를 절대왕정유지에 필요한 이데올로기로 삼고 내면상으로는 30년전쟁(1618-1648)에서 에스파냐를 지지하는 등의 친가톨릭 정책을 추진한 측이 제임스 1세였기 때문이다. 102명의 청교도들이 1620년 메이플라워(Mayflower)호로 신대륙에 망명할 수밖에 없었던 것은 제임스 1세가 '주교가 없으면 왕도 존재하지 않는다.'며 탄압하였기 때문이다.[15]

제임스 1세에 이어 1625년에 즉위한 찰스 1세(Charles I)는 캔터베리 대주교인 로드(W.Laud)를 앞세워 보다 엄격한 국교의식과 친가톨릭 정책을 추진해 나갔다. 이는 덴마크의 크리스티안 4세(Christian IV)가 가톨릭 세력인 발렌스타인(Wallenstein)군에게 패배하고, 프랑스의 리슐리외가 위그노파를 제압하고 있는 등 당시 유럽적 대세를 추종한 조치였다.[16] 이러한 상황에도 불구하고 찰스 1세는 1628년 의회를 소집할 수밖에 없었는데 그것은 그가 프랑스의 위그노 전쟁, 에스파냐와의 전쟁, 그리고 독일영방간의 전쟁 등에 개입하려는 의도를 가졌기 때문이다. 이에 의회는 코크(E.Coke)가 작성한 권리청원(Petition of Right)을 1628년 6월 7일에 발표하였다. 권리청원에서는 의회의 승인 없이 세금을 부과하지 말 것, 개인 집에 병사들을 숙박시키지 말 것, 평화 시에 계엄령을 선포하지 말 것, 특정한 범죄를 제외하고는 어느 누구도 투옥할 수 없고 법적인 절차에 따른 보호를 받을 수 있다는 것 등이 거론되었다. 찰스 1세는 이러한 의회의 요구를 수용하지 않았을 뿐만 아니라 전시에 해안 도시들이 기부하던 선박세(Ship money)를 확

15) 1624년 제임스 1세는 30년전쟁(1618-1648) 비용을 마련하기 위해 의회와 협상을 펼쳤고 거기서 관리임명 및 외교권에 대한 의회의 제한적 간섭을 허용하였다.
16) 이 당시 유럽에서는 30년전쟁이 진행되고 있었다.

대시켜 평시에도 내륙도시까지 강제로 과세하는 강경조치를 취하였다. 이에 햄프던(J.Hampden)을 중심으로 징세 거부운동이 펼쳐졌고 그것은 찰스 1세로 하여금 의회를 해산시키고 11년 동안 자의적으로 전제정치를 펼치게 하였다. 그러나 찰스 1세는 1640년 4월 13일 의회를 재소집 할 수밖에 없었는데 그 이유는 국교회를 강요받던 스코틀랜드에서 장로교도들이 1637년에 반란을 일으켰기 때문이다. 의회가 소집된 이후 의회의 지도자였던 핌(J.Pym)은 찰스 1세의 폭정을 비난하면서 왕의 전제정치가 개선되지 않는 한 전비충당에 응할 수 없다는 주장을 펼쳤다. 아무런 소득도 얻지 못한 찰스는 22일 만에 의회를 해산시켰다. 그러나 그는 의회를 해산시킨 지 6개월 만에 다시 의회를 소집했는데 그것은 영국이 스코틀랜드군의 침입으로 거액의 배상금을 즉시 지불하여야만 했기 때문이다.[17] 즉시 의회의 지도자들은 1641년 11월 3일 왕의 소집 없이도 의회가 3년마다 개회할 수 있는 3년개회법(Triennial Bill), 성실청(Star Chamber) 및 치안판사제의 폐지를 의회에서 통과시켰다.[18] 이어 이들은 국왕의 과오를 일일이 나열하고 관료를 의회의 책임 하에 두어야 한다는 대간주(Grand Remonstrance)를 공표하였다.

이에 찰스 1세는 1642년 1월 4일 핌, 햄프던, 크롬웰(O.Cromwell) 등을 비롯한 반왕파 인사들에 대한 체포령을 내림으로써 의회와의 대립을 공식화시켰다.[19] 이후 찰스 1세는 군대를 모으기 위해 런던을 떠

17) 국왕을 지지하는 캔터베리 대주교가 국교회의 의식을 모든 교파에 획일적으로 적용하려고 하자 스코틀랜드의 장로교도들은 크게 반발하였고 무력적으로 대응하고자 하였다.

18) 이 당시 성실청은 선박세 및 압제의 대행기관이었다.

19) 1642년 1월 4일 찰스 1세는 400여 명의 병사를 이끌고 하원에 침입하여 5명의 반대파 지도자들을 체포하려고 하였다.

났고 그 사이 의회는 런던정부를 접수하였다.

내란시의 장기의회는 왕권제한이라는 공통분모를 가졌지만 종교적인 시각차이로 왕당파와 의회파로 나눠지게 되었다. 전자가 국교회의 개혁을 인정하지 않는 국교도들이었다면, 후자는 국교회의 개혁 내지는 폐지를 요구하던 청교도들이었다. 그러나 이들의 충돌은 후자의 승리로 끝났는데 그것은 크롬웰이 철기군(Ironside)을 발전시킨 신모범군(New Model Army; 1645.2)으로 왕의 항복을 받아내어 그를 라이트(Wright)섬에 감금시키는데 성공하였기 때문이다. 그러나 왕당파를 제거한 직후 의회파는 새로운 질서체제의 도입을 둘러싸고 장로파(Presbyterians)와 독립파(Independants)로 분열되었다. 전자가 입헌군주제를 옹호하면서 군대의 해산을 요구한 화평파였다면, 후자는 국교회 및 군주제를 폐지하고 공화제를 수립하자는 항전파였다. 이러한 의회파의 내분은 찰스 1세로 하여금 스코틀랜드와 비밀협약을 체결하게 하였는데 거기서는 영국내에서 장로교 확립, 의회군 해산, 그리고 왕의 특권회복 등이 거론되었다. 찰스 1세의 이러한 횡보는 독립파의 반왕감정을 자극하기에 충분하였다.

1648년 12월 6일 크롬웰의 부하인 프라이드(Pride)대령이 왕과 스코틀랜드군을 격파한데 이어 의회 내 장로파 의원 143명도 숙청하여 잔여의회(Rump Parliament)를 구성하였다. 이 잔여의회는 40명의 군지휘관들로 구성되었으며 1649년 1월 30일 특별고등재판소(High Court of Justice)는 찰스 1세에게 반역죄를 적용하여 처형하였다.

청교도혁명을 통해 정권을 장악한 크롬웰은 공화정 이름하에 '칼'이 지배하는 폭력체제(1649-1658)를 구축하였다. 그는 1649년 5월 19일에 발표한 군주제폐지선언에서 '왕은 더 이상 필요하지 않을 뿐만 아니라 국민의 자유, 안전, 그리고 이익에 저해요소로 작용할 뿐이다. 영국은 이제부터 공화국이며 자유국가이다. 이 공화국은 최고의 권위를 가지는 의회의 국민대표와 거기서 임명된 관리들에 의해 통치된다.' 라고 하였으나 곧 군사독재의 합헌화를 모색하였다. 그것은 1653년 4월 잔여의회가 해산되고 통치헌장(Instrument of Government)이 발표된 것에서 확인할 수 있다.[20] 통치헌장에서는 국민에 대한 최고의 통치권 및 정부의 행정권은 호국경(Lord Protector)이 가지며 그 호국경 밑에 의회(Barebone or Little Parliament)와 국가위원회(Council of State)를 둔다고 하였다. 크롬웰은 1655년 1월 전국을 11개의 군사지역으로 구분하였고 각 지방에 소장을 한 명씩 파견하여 왕당파와 장로파의 반역음모를 분쇄하는 소위 '소장제' 를 실시하였다. 더욱이 정치적 평등과 민주공화제를 주장하던 릴번(J.Lilburne)의 수평파(Levellers)를 제거한데 이어 경제적 평등과 공산주의를 지향하던 윈스탄리(G.Winstanley)의 분배파(Diggers)마저 제거함으로써 엄격한 군사독재를 구축할 수 있었다.

그러나 이러한 독재정치는 시민들의 불만을 유발시키기에 충분하였으나 크롬웰의 대외정책은 그러한 국내정책에서의 과오를 감싸는데 충분하였다. 1651년 10월 9일 영국과 식민지간의 무역은 자국선박들에 의해서만 이루어져야 한다라는 항해조례(Navigation Act)가 발표되었는데 그것은 영국이 네덜란드의 해상활동에 도전한 것으로 볼 수 있을 것이다. 그 결과 영국과 네덜란드 사이에 전쟁(1652-1654)이 발생하였고 거기서 영국이 승리함으로써 영국은 세계진출의 제 2단계를 내딛게

20) 1653년 12월 16일에 공포된 통치헌장은 영국 역사상 가장 성문헌법에 가까운 것이었다.

되었다. 그리고 찰스 2세를 영국왕으로 인정하여 크롬웰 정권의 정통성에 대하여 이의를 제기한 아일랜드 및 스코틀랜드와 전쟁(1649-1652)을 펼쳐 승리함으로써 공화국 정부 수립의 걸림돌을 제거할 수 있었다. 더욱이 에스파냐와 전쟁을 펼칠 때 동맹국이었던 프랑스에게 덩케르크(Dunquerque)를 양도하는 대신 에스파냐의 속령인 서인도제도를 침공하여 자메이카(Jamaica)를 획득하는 전과도 거두었다.

1658년 9월 3일 크롬웰이 죽자, 그의 아들 리처드 크롬웰(R. Cromwell)이 호국경의 지위를 물려받았다. 그는 군대와 청교도들의 지지를 받지 못하였는데 그것은 그의 권위와 능력이 그의 부친보다 못하였기 때문이다. 아울러 그는 크롬웰의 독재와 엄격한 윤리강요에 염증을 느끼던 시민들로부터도 외면을 당하였다.[21] 이러한 상황에서 몽크(G.Monke) 장군은 1659년 쿠데타를 일으켰다. 곧 그는 임시의회(Convention Parliament)의 소집을 명령하였고 거기서 찰스 2세의 즉위도 허용되었다. 이로써 스튜어트 왕조가 다시 등장하게 되었다.

임시의회의 결정으로 왕위에 오른 찰스 2세는 1660년 5월 '짐의 은총과 사랑을 받아들이는 신민에게 신분여하를 막론하고 널리 대사면을 베푼다. 그리고 의회는 토지의 매입, 매각, 양도 등을 둘러싼 행정문제를 결정한다. 또한 몽크 장군의 휘하에 있던 장병들의 급료를 완전히 지불하는 법률에 동의할 용의가 있다.' 라는 브레다(Breda)선언을 발표하였다. 그럼에도 불구하고 열렬한 구교도였던 찰스 2세의 복위는 결

---

21) 크롬웰은 청교도의 엄격한 교리를 모든 국민들에게 적용하려고 했기 때문에 그에 대한 반발은 매우 심각하였다. 금욕생활을 미덕으로 여기던 크롬웰은 엄격한 법률을 제정하여 온 국민에게 강요하였는데 거기에는 일반대중이 즐기던 경마, 도박, 닭싸움, 곰과 개의 싸움, 춤, 그리고 연극 등을 금지시키다는 내용도 포함되어 있었다.

국 청교도 탄압의 부활을 뜻하였고, 보수세력의 재등장에 보조를 맞춘 전제정치의 복고를 의미하는 것이었다. 그리고 그러한 것은 국교회의 강요 및 가톨릭 복귀운동에서 구체화되었다. 즉 찰스 2세는 1661년 비국교도들에게 국교회를 강요하는 클래런든 법안(Clarendon Codes)을 제정하였다. 다음해인 1662년에 통일령이 발표되었는데 거기서는 국교기도서를 따르지 않는 청교도 목사 200명을 추방한다는 것 등이 거론되었다. 1664년 찰스 2세가 공포한 집회법에서는 비국교도 의식을 따르는 5명 이상의 집회를 금지시킨다는 것과 그것을 위반하는 자들을 투옥 내지는 추방한다는 것 등이 명시되었다. 찰스 2세는 가톨릭 복귀운동에도 매진하였는데 프랑스의 루이 14세와 체결한 도버(Dover)밀약(1670)이 그 대표적인 예라 하겠다. 프랑스가 네덜란드를 공격할 때 영국의 지원을 받는 대신 영국은 프랑스의 재정지원을 받아 가톨릭 부흥을 시도한다는 것이 그 핵심내용이었다. 즉 찰스 2세는 적당한 때 가톨릭교도임을 선언하고 그것으로 인해 혼란이 일어날 경우 프랑스가 병력을 파견해 수습하고 네덜란드를 고립시키기 위해 양국이 동시에 선전포고를 하고 이때의 전비는 프랑스가 부담한다는 것이다. 찰스 2세 자신이 본색을 드러낸 것은 그가 네덜란드와 전쟁(1672-1674)을 펼친 것과 1672년 '모든 비국교도들에게 신앙의 자유를 허용한다.' 는 이른바 '신앙의 자유(Declaration of Indulgence)' 라는 칙령발표를 통해서였다. 그러나 이러한 찰스 2세의 친불 · 친가톨릭정책은 의회의 즉각적인 반대에 직면하게 되었다. 즉 의회 내에서 다수를 차지하고 있으며 국교회를 지지하던 토리당(Tories)은 프로테스탄트로서 입헌군주제를 옹호하던 휘그당(Whigs)과 연합하여 '모든 공직자는 국교도이어야 한다.' 라는 심사율(Test Act)을 1673년에 통과시켰던 것이다. 그리고

1679년의 선거에서 압승한 휘그당은 이제 소수파로 남게 된 토리당과 연합하여 '조속한 재판을 보장하고 혐의내용을 분명히 명시하여 법적 근거가 없는 인신의 구속 및 체포를 금지' 시킨 인신보호법(Habeas Corpus Act)을 가결시켰다. 아울러 휘그당이 주도하는 의회는 같은 해 '가톨릭 신자는 영국왕이 될 수 없다' 라는 내용을 담은 배척법(Exclusion Act)도 통과시켰는데 그것은 찰스 2세의 동생인 제임스 2세(James Ⅱ)가 왕위에 오르는 것을 사전에 봉쇄하기 위해서 였다. 그러나 이러한 법안들은 찰스 2세로 하여금 의회를 해산시키는 결정적인 요인으로 작용하였다.

찰스 2세에 이어 제임스 2세가 왕위에 오른 것은 이러한 과정을 겪고 난 이후의 일이었다. 그럼에도 불구하고 그는 한층 더 본격적인 전제정치와 가톨릭부흥정책을 펴나갔다. 즉 영국과 스코틀랜드에서 찰스 2세의 서자인 먼머스(Monmouth)공을 왕으로 추대한 사건(1685)을 계기로 그는 이 사건에 연류된 자들을 제프리(G.Jeffrey)판사를 통해 처형함으로써 자의적인 전제정치를 강화하는 한편 가톨릭교도들을 정부, 군대, 대학의 고위직에 임명하고 예배의식을 자유롭게 허용하는 관용선언 등의 조치를 취하였다. 이러한 제임스 2세의 조치는 인신보호법과 심사율을 무시한 것으로서 의회의 정면도전을 받게 되었다. 의회는 제임스 2세의 장녀인 메리(Mary)와 그녀의 남편인 윌리엄 오렌지(William of Orange) 공을 영국왕으로 옹립하였는데 그것은 무엇보다도 제임스 2세와 둘째 왕비사이에서 태어난 제임스 에드워드(J.Edward)의 왕위계승을 사전에 봉쇄하려는 목적이 있었다.[22] 그 결과 메리와 윌리엄공이

22) 윌리엄은 네덜란드의 독립을 쟁취한 '침묵의 윌리엄(William of Silent)' 의 증손자였다.

1688년 11월 15일 대규모의 함대와 14,000명의 병력을 이끌고 영국에 상륙하였고 이에 따라 제임스 2세가 프랑스로 망명함으로써 피 한 방울 흘림 없이 정권교체가 이루어졌던 것이다.[23] 이로써 영국의 절대왕정체제는 그 종말을 고하고 근대적 의회정치가 시작되었다. 이 근대적 의회는 우선 오렌지 공을 영국왕으로 옹립함과 동시에 권리장전(Bill of Rights, 1689)을 입법화함으로써 그 활동을 시작하였다.[24] '영국왕은 영국국교회에 속하며, 법의 집행을 정지시킬 수 없을 뿐만 아니라 의회의 동의 없이 자의적으로 과세하는 행위를 금지하며, 의회에서의 언론의 자유가 보장되고, 모든 법이 공정하게 적용되어야 한다.' 는 것이 그 핵심적 내용이었다. 이는 가톨릭교도의 왕위계승을 금지시켜 왕권을 크게 제약했으며 상대적으로 의회의 우위를 확보해 준 것이었다. 그리고 이러한 내용의 권리장전과 함께 왕위계승법이 제정되었는데 그것은 메리에 이어 앤(Anne)이 계승하고 그 다음에는 제임스 1세의 외증손에 해당되는 하노버(Hannover)공인 조지 1세(George I)가 그 대를 잇는다는 것이었다. 이러한 규정은 내각책임제를 발전시켜 근대 의회민주주의 발전에 초석이 되게 하는 중요한 결과를 초래하였다. 즉 조지 1세는 독일에서 성장하여 영어를 해독할 수도 없었고 영국국정에도 문외한이었기 때문에 정치는 전적으로 월폴(Walpole)내각(1720-1742)이 좌우하게

---

23) 이를 지칭하여 명예혁명이라 한다.

24) 청교도혁명과 명예혁명을 겪는 동안 영국에서는 근대적 의미의 정당들이 등장하게 되는데 토리당과 휘그당이 바로 이에 해당된다. 주로 왕당파로 구성된 토리당은 친프랑스정책과 가톨릭계의 왕위계승까지 용납하려고 하였다. 이에 반해 혁신적 휘그당은 진보적 인물의 왕위계승과 반프랑스정책을 지향하였다. 이처럼 보수세력과 혁신세력을 대표한 양당은 서로 대립 혹은 경쟁하면서 영국정치를 이끌어 나가기 시작하였다.

25) 월폴은 전쟁을 피하였고 재정 및 경제재건에 관심을 기울였다.

되었다.[25] 여기서 '국왕은 군림하지만 통치하지는 않는다.' 라는 유명한 문구가 나오게 된 것이다. 이로써 18세기 이후 영국이 다방면으로 발전할 수 있었던 기반이 구축되었다.

5) 프로이센의 절대왕정체제

30년전쟁(1618-1648)[26] 이후 독일의 대다수 영방국가들은 신분제국가(Ständestaat)에서 절대왕정체제로 넘어갔다.[27] 이들 영방국가 중에서 브란덴부르크-프로이센(Brandenburg-Preuß en)의 흥기는 매우 괄목할 만 하였다.

15세기 이후 브란덴부르크 선제후(Fürst)였던 호엔촐레른(Hohen-zollern)가는 1618년 독일기사단이 개척한 프로이센을 상속받아 브란덴부르크-프로이센으로 국가명칭을 바꿨다.[28] 브란덴부르크는 이미 라인강변의 클레베(Kleve) 등을 획득하였기 때문에 그 영토는 브란덴부르크를 중심으로 라인강변과 비스툴라강변에 산재하였다.

대선제후(Der Groß e Kurfürst) 프리드리히 빌헬름(Fridrich Wil-helm; 1640-1688)은 전쟁피해 복구에 노력하였고, 분산된 영토를 통합하여 절대왕정체제의 토대를 마련하였다. 그는 인구증가 및 산업발

26) 신교지역인 보헤미아(Bohemia) 지방이 오스트리아 왕국에 편입됨에 따라 보헤미아 지방에서는 종교적 분쟁이 발생하였다. 이러한 종교적 분쟁에서 열세적 상황에 놓이게 된 신교도들을 지원하기 위하여 덴마크와 스웨덴이 개입하게 되었고 그것은 분쟁의 양상을 국내 전에서 유럽전으로 바뀌게 하였다. 1648년전쟁이 끝난 후 베스트팔렌(Westfalen)조약이 체결되었는데 거기서는 가톨릭과 동등한 권한을 칼뱅파에게도 부여한다는 것이 거론되었다.

27) 이 당시 독일에는 300개 이상의 영방국가들이 있었다.

28) 프러시아는 프로이센의 영어식 표현이다.

전정책의 일환으로 프랑스의 위그노 등 외국이주자들을 받아들였고, 영방신분, 특히 귀족들의 정치적 권한을 제한하여 중앙집권적 왕정체제를 수립하였다. 그 대신 그는 영지 내에서의 귀족들 권한을 증대시켰을 뿐만 아니라 그들을 행정의 요직 및 군대 장교로도 임용하였다. 그 결과 융커로 알려진 토지귀족과 절대왕권은 서유럽에서와 같이 대립관계가 아닌 상호 협력적 관계를 구축하게 되었다.

대선제후의 아들 프리드리히 3세(Friedrich Ⅲ; 1701-1713)는 1701년 프로이센왕의 칭호를 받게 되는데 그것은 그가 에스파냐 왕위계승전쟁에서 신성로마제국을 지원하였기 때문이다. 그리고 그의 아들 프리드리히 빌헬름 1세(Friedrich Wilhelm I; 1713-1740)때 프로이센은 유럽의 강대국으로 등장할 수 있는 토대도 마련하였다. 프리드리히 빌헬름 1세는 국가기구에 대한 군주의 통제를 강화시켰을 뿐만 아니라 관료조직도 합리화시켰다. 아울러 그는 상비군 수를 늘려 철저히 훈련시켰다.[29] 프리드리히 빌헬름 1세는 군비확장에 대해서는 관대하였지만 그 밖의 것에 대해서는 인색하였고, 근검절약을 신조로 국고충실에 혼신의 노력을 기울였다. 따라서 그의 아들 프리드리히 2세(Friedrich Ⅱ; 1740-1786)는 능률적이고 충성스런 관료조직과 풍부한 재정, 그리고 기강이 엄격하고 훈련이 잘된 군대를 물려받게 되었다. 그러나 부왕이 남긴 것은 그것만이 아니었다. 프리드리히는 젊어서 음악을 좋아하여 플루트를 연주하고, 시를 즐겼다. 부왕은 이러한 그가 국가행정 및 정무에 전념하게끔 훈련시켰다.[30]

29) 이 당시 상비군은 38,000명에 달하였다.

30) 이러한 과정에서 프리드리히 빌헬름 1세와 그의 아들 사이의 관계는 일시적으로 나빠지기도 하였다.

28세의 나이로 왕위에 오른 프리드리히 2세는 오스트리아 왕위계승이라는 문제와 접하게 되었다. 오스트리아는 왕조적으로 팽창한 나라로서 지금의 벨기에와 이탈리아에도 영토를 가지고 있었다. 오스트리아의 일부지역에서는 고대 게르만법에 따라 여자상속을 인정하지 않았는데, 황제 칼 6세(Karl VI; 1711-1740)는 불행하게도 딸 마리아 테레지아(Maria Theresia, 1740-1780)가 있었을 뿐이다. 따라서 그는 자신의 딸이 전 영토를 상속받을 수 있게끔 1713년 국사조칙(Pragmatische Sanktion)을 제정하여 국내귀족 및 유럽 열강의 승인을 받았다. 그러나 1740년 10월 칼 6세가 사망하고 23세의 마리아 테레지아가 오스트리아 왕위를 계승하자, 국사조칙을 인정하려는 나라는 별로 없었다. 프로이센의 프리드리히 2세는 재빨리 섬유공업이 발달하고, 석탄과 철이 풍부한 슐레지엔 지방을 공격하여 점령하였다. 영토획득의 기회를 엿보고 있던 프랑스, 에스파냐, 바이에른 등도 프로이센 측에 가담하였고 영국은 프랑스와의 대립관계를 고려하여 오스트리아를 지지하였다.

오스트리아 왕위계승전쟁(1740-1748)은 유럽에서뿐만 아니라, 인도, 서인도제도, 그리고 북아메리카대륙에서 진행되었던 영국과 프랑스의 패권다툼과도 연계되었다. 해외에서의 식민지쟁탈이 우열을 가리지 못한 채 1748년 엑스-라-샤펠(Aix-la-Chapelle)조약이 체결되었는데 거기서는 영토적 현상유지(*status quo*)가 거론되었고 마리아 테레지아의 왕위계승도 인정되었다. 그러나 프로이센은 1745년에 체결된 드레스덴(Dresden)조약으로 슐레지엔 지방을 차지할 수 있었다.[31)]

---

31) 이 당시 프로이센의 인구는 200만 명 정도에 불과하였다. 그런데 새로이 프로이센에 편입된 슐레지엔의 인구가 100만 명이었기 때문에 슐레지엔의 합병이 프로이센의 국력증강에 얼마나 기여했는지는 쉽게 예상할 수 있을 것이다.

오스트리아 왕위계승전쟁이 끝난 1748년부터 7년전쟁이 시작된 1756년 사이의 유럽 관계는 외교혁명이라고 할 정도로 변화가 있게 되었다. 이 중에서 가장 큰 변화는 프로이센이 중부유럽의 강대국으로 등장하는 것에 위협을 느낀 프랑스가 슐레지엔의 탈환을 노리던 오스트리아의 제안을 수용하여 동맹관계를 구축한 것이다.[32] 프리드리히 2세를 증오하였던 러시아의 여제 엘리자베스(1741-1762)도 기꺼이 프랑스, 오스트리아 측에 참가하였다. 3대 강국에 의해 고립상태에 놓이게 된 프리드리히 2세는 영국에 접근하였다. 이 당시 영국은 해상과 식민지에서 프랑스와 대립하고 있었으며, 왕실 고향인 하노버를 지켜줄 세력을 원하고 있었기 때문에 1756년 프로이센과 웨스트민스터 협약(Convention of Westminster)을 체결하였다. 이리하여 7년전쟁(1756-1763)이 시작하기 직전 유럽의 동맹체제는 이전과는 상이한 판도를 보이게 되었다.

7년전쟁은 오스트리아의 슐레지엔 지방 탈환과 프로이센의 세력을 약화시키려는 프랑스와 러시아의 동조, 그리고 프랑스와 영국의 식민지 쟁탈전이라는 다중적 내용을 지닌 전쟁이었다.[33] 프리드리히 2세는 수적으로 우세한 적대세력에 대응하기 위하여 기습공격을 감행하였다. 우선 그는 1757년 프랑스군을 로스바흐(Rossbach)에서 격파하였을 뿐만 아니라 오스트리아군도 로이텐(Leuthen)에서 물리쳤다. 다음해 그는 초른돌프(Zorndorf)에서 러시아군에게 승리하였다. 그러나 1759년 프리드리히 2세는 쿠너스도르프(Kunersdorf)에서 참패하였고, 수도

32) 프랑스와 오스트리아는 2세기 동안이나 적대관계를 유지하고 있었다.

33) 이 당시 영국과 프랑스는 동북아시아와 북아메리카에서 식민지 전쟁을 펼치고 있었다.

베를린마저 함락될 위기에 놓이게 되었다. 상황이 이러함에도 불구하고 프로이센의 동맹국이었던 영국은 식민지 및 해상에서의 전투로 프로이센을 군사적으로 지원하지 못하였다. 그러나 1762년 러시아의 엘리자베스가 사망하고 프리드리히를 숭배하던 표트르 3세가 즉위하였다. 즉시 그는 러시아군을 프로이센으로부터 철수시켰고 프로이센과 강화조약을 체결하였다. 이로써 프로이센을 위협하던 동맹체제는 붕괴되었고, 전쟁에 지친 교전국들은 1763년 후베르투스부르크(Hubertusburg)에서 평화조약을 체결하였다.[34)]

7년전쟁으로 프로이센은 강대국으로서의 지위를 확보하게 되었다. 전후 프리드리히 2세는 복구작업에 전념하였다. 그는 전쟁 후유증이 심한 지역에는 세금을 부과하지 않았고 농민들에게는 농기구와 종자를 무상으로 배급하였다. 또한 그는 운하 · 도로 · 교량 등 기간시설 확충에 주력하였고 소택지 및 황무지를 개간하고 새로운 촌락을 건설하여 신앙에 관계없이 수많은 이주민들을 유치하였다.

그는 국내산업을 활성화시키기 위해 관방학(Kameralismus)이라고 지칭되는 중상주의 정책도 펼쳤다. 즉, 보호관세제도를 도입하여 수입을 억제하였을 뿐만 아니라 수출증대와 자급자족을 위해 낙후된 산업의 보호육성에도 힘썼다. 이 당시 프리드리히 2세는 프로이센 기후에 적합하지 않은 뽕나무 재배를 장려하여 견직물 공업을 일으키려고 하였으나 성공하지 못하였다. 그러나 군대와 관련되는 다른 섬유공업과 금속공업은 발달하였다. 프리드리히 2세는 고문제도를 철폐하는 등의 사법개혁을 단행하였다. 아울러 그는 1772년 제1회 폴란드 분할에도

---

34) 여기서는 프로이센의 슐레지엔 점유가 공식적으로 인정되었다.

참여하여 영토를 확장시켰다.[35)]

프리드리히 2세는 음악을 좋아하고 시를 썼으며, 계몽사상, 특히 볼테르(Voltaire)를 흠모하여 그 자신을 계몽전제군주로 자처하였다.[36)] 스스로를 '국가 제일의 공복(Der erste Diener des Staates)'이라 칭하였던 그는 감독의 눈초리를 행정기구의 말단까지, 그리고 국토의 구석구석까지 미쳤다.

젊어서 '반마키아벨리론'을 저술하였던 프리드리히 2세의 외교 및 군사행동은 마키아벨리즘의 표본이었다. 그는 가부장적인 절대군주였으며, 프로이센은 군국주의적인 절대왕정국가였다. 그는 군대지휘자로서의 토지귀족층을 국가의 근간이라고 생각하였기 때문에 농노(Leibeigene)에 대한 그들의 지배권을 강화시키는 정책을 펼쳤다.

6) 러시아의 절대왕정체제

(1) 이반 3세와 이반 4세

러시아는 이반 3세(Ivan Ⅲ; 1462-1505) 때 '타타르의 멍에(Tartar yoke)', 즉 몽고의 지배에서 벗어난 후 이반 4세(Ivan Ⅳ; 1533-1584)에 이르러 사회 및 국가의 기본적 틀이 자리를 잡게 되었다. 그것은 농노제를 기반으로 한 황제 중심의 강력한 중앙집

35) 이러한 과정에서 프로이센의 인구는 300만명에서 500만명으로 증가하였다.

36) 그는 볼테르를 종종 포츠담에 있는 자신의 별궁 상수시(Sanssouci)로 초대하여 계몽사상의 전반에 대해 이야기를 나누곤 하였다.

권적 전제국가였다. 이반 4세는 황제권을 강화시키기 위해 비밀경찰제도를 도입하여 황제에 반항하는 귀족들을 철저히 탄압하였지만 군사적 봉사를 제공하는 충실한 신하들에게는 토지를 하사하여 신흥귀족층으로 키워나갔다. 동시에 그는 새로이 획득한 광대한 지역으로 농민들이 도망가지 못하게끔 이주의 자유도 박탈하였다.[37]

이반 4세의 사후 제위계승에 혼란이 발생하였고 그것은 신 · 구 귀족간의 갈등과 농민들의 반항을 유발시켰다. 그러나 이반 4세의 왕비계통의 로마노프(Romanov) 왕조가 1613년에 들어섬으로써 러시아는 다시 안정을 되찾을 수 있었다. 이후 로마노프왕조를 옹립한 신흥귀족의 세력은 신장되었고, 농노제의 강화 및 자유농민의 몰락은 계속되었다.

17세기 러시아는 유럽 및 아시아의 경계선에서 강대국으로 성장하였으나 국민의 대다수는 문맹상태에서 벗어나지 못하였다. 그리고 러시아는 아시아적인 성향이 강한 국가이었기 때문에 유럽세계와의 직접적인 접촉도 미미한 상태였다. 유럽 상인들과의 왕래가 간헐적으로 이루어졌지만 그것은 러시아의 유럽화에는 별 도움도 되지 못하였다. 또한 스웨덴과 폴란드는 러시아의 유럽진출을 가로막고 있었다.

(2) 표트르대제

러시아를 유럽국가로 등장시킨 인물은 바로 표트르대제(Pëotr : Peter the Great, 1682-1725)였다.

표트르의 전 황제 페도르(Fedor, 1676-1682)는 후계자가 없었기 때

37) 이 당시 이반 4세는 그리스 정교의 보호자로 자처하였다.

문에 대의제의회인 쳄스키 소보르(Zemsik Sobor)는 전 황제 알렉세이(Alexei, 1645-1676)의 두 번째 왕비 소생인 10세의 표트르를 1682년 황제로 선출하였다. 표트르의 나이가 어렸기 때문에 그의 이복 누이인 소피아(Sophia)가 친위대 스트렐치(Streltsy)의 지지를 받아 1682년부터 섭정을 펼쳤다. 그러나 스트렐치의 방종을 통제하지 못한 소피아는 1689년 수녀원으로 유폐되었고 표트르의 친정은 이때부터 펼쳐지기 시작하였다.

젊은 표트르는 총명하고 호기심이 강하였으며, 야생적이었다. 그는 전쟁놀이를 즐겼고, 특히 선박 건조에 대해서는 강한 호기심을 가졌다. 형식적인 것을 싫어하였던 그는 궁정이나 교회의 의식에는 아무런 관심도 없었다.

친정 초기 표트르는 터키와 전쟁을 펼쳤으나 패배하였다. 그러나 그는 네덜란드 전문가의 도움으로 함대를 만들어 1696년 흑해 연안의 아조프(Azov)에서 터키함대를 격파하는 끈기성을 보였다. 다음해인 1697년 그는 하사관 신분으로 수많은 수행원과 더불어 유럽 시찰여행을 떠났다.[38] 시찰 여행 중 그는 네덜란드에서 조선소의 직공으로 6개월간 일을 하기도 하였다. 이어 그는 영국과 오스트리아를 시찰한 후 베네치아로 가던 중, 스트렐치의 반란 소식을 듣고 급거 귀국하였다.[39]

표트르는 반란자를 가차 없이 처단하였고, 반황제적 성향의 스트렐치를 해산시켰다. 이어 그는 서유럽화를 통한 러시아의 근대화에 착수

38) 여행 기간 중 표트르는 서유럽의 제도, 기술, 학문뿐만 아니라 복장 및 관습까지도 배우려고 하였다.

39) 이 당시 표트르는 영국의 해군력이 자국에 큰 도움이 된다는 것을 인지하였기 때문에 선진 해군의 필요성을 절감하였다.

하였다. 우선 그는 생활과 풍습에서 서유럽화를 모색하였다. 신하들의 긴 수염을 깎게 하였고, 동양식의 긴 의복을 서양식 옷으로 바꾸게 하였으며, 귀부인들에게 가슴이 패인 옷을 입고 무도회에 참여하여 술을 마시게 하였다. 또한 그는 젊은 러시아인들을 유럽에 유학 보냈고, 유럽인들을 초빙하여 유럽문화 및 기술도입에도 힘썼다. 그러나 기대이상의 성과를 거두지 못하였으나 각종학교를 세워 유럽식 교육 보급에 힘썼고, 사망 직전에는 학술원도 설립하였다.

표트르의 이러한 급격한 서유럽화는 보수파의 불만을 유발시켰다. 표트르는 이러한 음모시도를 철저히 응징하였으며, 특히 수도사를 포함한 교회 관계 인사들이 자신의 개혁에 반대하는 것을 보고, 1700년 수석대주교(Patriarch)제도를 폐지하고 황제가 지배하는 주교회의(Synod)를 신설하였다. 이로써 러시아 교회는 국가의 예속상태하에 놓이게 되었다.[40)]

표트르는 러시아의 근대화와 더불어 유럽과 직접 접촉할 수 있는 발트해로의 진출을 꾀하였다. 이른바 '서방으로의 창구'를 찾고자 했던 것이다. 따라서 그는 당시 발트해를 지배하던 스웨덴을 꺾고자 하였다. 1697년 15세의 칼 12세(Karl XII; 1697-1718)가 스웨덴의 국왕으로 등극하였고 그것은 표트르로 하여금 덴마크 및 폴란드와 동맹체제를 구축하여 스웨덴과 전쟁을 펼치게 하였다.[41)] 상황이 이렇게 전개됨에 따라 칼 12세는 1700년 덴마크를 선제공격하여 굴복시켰고 나르바

40) 표트르 대제는 어린 시절부터 종교적 형식주의를 혐오하였기 때문에 성경과 개인의 가치를 중시하고 금욕과 신의 섭리를 강조하던 '경건주의'로 러시아 전통교회를 대체시키려 하였다.

41) 이를 지칭하여 대북방전쟁이라 한다.

(Narva)강 전투에서 러시아군도 격파하였다. 그러나 그는 러시아를 계속 공격하지 않고 폴란드로 진격하였다. 그 사이 표트르는 군비를 정비하고 군대를 강화하여 1709년의 폴타바(Poltava) 전투에서 스웨덴군을 격파하여 결정적 승리를 거두었다. 이에 칼 12세는 터키의 위정자에게 지원을 요청하였고 그것은 러시아를 일시적으로 어려운 상황에 놓이게 하였다.

북방전쟁에서 승리한 러시아는 1721년의 니스타드(Nystad)조약에서 카렐리아(Karelia), 잉그리아(Ingria), 에스토니아(Estonia) 및 리보니아(Livonia)를 획득하여 대망의 '서방으로의 창구'를 얻게 되었다. 또한 표트르는 이 시기 네바(Neva)하구에 성 페트로그라드(현재의 명칭은 상크트 페테르부르크)를 건설하여 새로운 수도로 삼았다(1712).

표트르는 두 번째의 유럽여행(1716-1717) 후 중앙과 지방의 행정 및 관료조직을 개편하였다. 그는 전쟁으로 수도를 자주 비우게 됨에 따라 그의 부재 중 권력을 대행할 원로원(9명으로 구성)을 창설하였고 외무 · 육해군 · 상무 · 사법 · 세출입 등 9개의 전문부서를 마련하여 국무를 관장하게 하였다. 군사적 목적으로 병사구를 전국에 설치하였고 그것을 토대로 지방행정구역도 마련되었다. 그리고 각 지방행정구역의 책임자들로 하여금 중앙의 비능률적 기능의 상당 부분을 인수하게 하였다. 아울러 그는 일정한 수의 세대가 일정한 수의 신병을 공급하는 징병제도도 마련하였다. 또한 그는 각 군 사관학교를 세우는 동시에, 모든 지주가 의무적으로 문무 관직을 맡아 국가에 봉사하도록 강요하였다. 귀족계급은 물론 일반 지주층들도 국가에 대한 봉사가 요구되었으며, 재산과 문벌이 없는 자라도 일정한 지위에 도달하면 토지와 귀족의 칭호가 주어졌다.

끊임없는 전쟁과 개혁에는 막대한 자금이 필요하였다. 따라서 표트르는 화폐가치를 저하시켰고 모든 것에 대해 세금을 부과하였다. 또한 새로운 세원을 마련하기 위해 종래의 호구세 대신 인두세를 도입하였다. 이를 위한 국세조사과정에서 부동층은 농노로 기록되어 농노제는 양적으로 팽창되었으며, 관직자에 대한 토지 하사 또한 농노제를 강화시키는 요인이 되었다.

표트르는 유럽의 선진기술을 도입하면서 중상주의 정책으로 러시아의 산업을 발전시키고자 노력하였다. 외국기술자의 초빙, 면세와 면역 등 각종 특권을 제조업자에게 주었고 보호관세로 수입을 억제하였다. 또한 표트르는 공장주가 농노를 공장노동력으로 이용할 경우 그 매매도 허용하였다. 비록 그의 산업육성책이 큰 성공을 거두지 못하였으나 러시아경제는 이때부터 점차적으로 유럽경제에 편입되기 시작하였다.

(3) 예카테리나 2세

표트르대제가 사망한 후 제위를 둘러싼 궁정혁명으로 러시아는 어려운 상황에 놓이게 되었다. 그 동안 여섯 명의 황제가 교체되었으며, 7년전쟁 말기 프로이센에 대한 공격을 중지한 표트르 3세도 제위에 오른 지 반년 만에 살해되었고, 황후였던 예카테리나 2세(Ekaterina; Catherine, 1762-1796)가 제위를 계승하였다.

독일 안할트-체르브스트(Anhalt-Zerbst) 공국의 공주였던 예카테리나는 러시아의 언어 및 풍습에 잘 적응하였다. 아울러 루터교 신자였던 그녀는 러시아정교로 개종하였다. 이후 예카테리나는 동유럽에서 러시아의 지위증대를 위해 혼신의 노력을 펼쳤다.

여제는 매우 총명하고 이지적이었으며, 정치에서는 마키아벨리스트적인 성향을 보였다. 여제는 계몽사상의 영향을 받아 디드로(Diderot)를 후원하였고, 볼테르나 달랑베르(D'Alembert) 등과는 서신왕래도 하였다.[42] 그녀는 계몽전제군주로 행세하려고 하였으나 러시아의 현실은 그러한 것을 허용하지 않았다.

러시아의 전통적 팽창정책은 흑해방면으로의 남하정책과 유럽방면으로의 진출, 그리고 시베리아(Siberia)쪽으로의 동진정책이었다. 시베리아방면으로의 진출은 일찍부터 시작되어 우랄산맥을 넘어 동진을 계속하였으며, 17세기 중엽에는 오호츠크 해에 도달하였다. 표트르대제 때는 남쪽으로의 진출을 꾀하였으나, 흑룡강방면에서 청의 제지를 받았고 그것은 1689년 청과 네르친스크(Nerchinsk)조약을 체결하는 계기가 되었다. 그 후 방향을 다시 동쪽으로 돌려 18세기 초에 캄차카반도에 이르렀고, 예카테리나 2세 때는 알래스카(Alaska)를 차지하였다. 그러나 예카테리나가 주력한 것은 유럽과 흑해방면으로의 진출이었다. 유럽으로의 진출은 폴란드 분할로 구체화되었으며, 남하정책은 즉위초 터키와의 쿠츄크 카이나르지(Kutchk Kainardji)조약(1774)체결로 흑해 연안 일대와 크리미아(Crimea)의 일부를 획득하였고, 흑해의 자유항해권과 보스포루스(Bosporus) 및 다다넬스(Dardanelles)해협의 통과권도 얻었다.[43]

예카테리나는 그녀의 지지자들에게 막대한 국유지를 하사하여 세력

---

42) 여기서 그녀는 '국민은 군주를 위해 만들어 진 것이 아니라 군주가 국민을 위해 만들어진 것' 이라는 견해를 제시하기도 하였다.

43) 이 해협은 에게 해와 마르마라 해(the Sea of Marmara)를 잇는 전략적 요충지역이었다.

기반을 굳힌 후, 복잡하고 일관성이 결여된 법률들을 정비하고 그것을 법전화시키기 위한 위원회를 1766년에 소집하였다. 이후 위원회는 200회 이상의 회의를 하였지만 통일법전을 만들지 못한 채 1768년 활동을 중지하였다. 예카테리나는 각 도시와 농촌에 학교를 세워 교육보급을 구상하였으나 실천에 옮기지는 못하였다. 그러나 여제의 후원으로 설립된 병원들과 고아원들은 다소나마 국민들에게 혜택을 가져다주었다.

1773년 예카테리나에 불만을 품었던 코사크에 농노가 합세하여 푸가초프(Pugachov)의 대 반란이 일어났다. 푸가초프는 농노들에게 자유와 토지를 약속하면서 동남러시아를 휩쓸고, 모스크바를 향해 진격하였으나 1775년에 진압되었다. 이 반란으로 러시아 사회의 불만과 모순들이 적나라하게 표출되었다. 그러지 않아도 난맥 상태에 빠져있던 지방행정은 이 반란으로 거의 붕괴상태에 이르렀고 그것은 예카테리나로 하여금 전국을 50개의 행정구역으로 구분하여 지방행정기구를 재정비하게끔 하였다. 여기서 여제는 지방자치를 실현시키려고 하였으나 실제로는 그녀가 임명한 귀족 출신의 지방장관들이 실권을 장악하게 되었고 그것은 여제의 전제정치를 강화시키는 것에 불과하였다.

예카테리나는 예술가와 문필가를 격려하고, 프랑스에서 불온서적으로 간주된 과격한 서적들의 유포까지 허락하였다. 여제의 궁정과 귀족들은 완전히 프랑스풍에 물들어 프랑스어를 사용하고, 프랑스풍의 옷을 입었다. 그러나 프랑스혁명은 여제로 하여금 계몽주의의 탈을 완전히 벗게 하였다.

16세기 이래 러시아 사회의 기반이었던 농노제는 날이 갈수록 강화되고 확대되었다. 예카테리나 치세 때도 막대한 국유지의 하사로 농노의 수는 크게 증가되었고 귀족들은 병역 및 세금을 면제받는 동시에 농노의 운명과 영지에 대한 절대적 지배권을 확보하였다. 농노는 매매와 도박, 선물과 저당의 대상이 되었으며, 그들의 가족생활 역시 해체되었고, 잔인한 학대 및 혹사의 대상이 되었다. 프랑스어를 사용하는 귀족과 학대에 시달리는 농민과는 같은 국민이라고 할 수 없을 정도였다. 지배층인 귀족과 민중과의 엄청난 간격은 러시아 사회의 가장 큰 모순으로 남게 되었다.

7) 절대왕정시대의 사회적 제 현상

30년전쟁이 종료된 직후부터 유럽에서는 인구의 증가현상이 나타나기 시작하였다. 이 당시 러시아를 포함한 유럽의 총인구는 약 1억 3천만 명 정도였는데 이들의 대다수는 농촌에 거주하였다.[44]

프랑스어는 상류층과 국제공용어로 사용된 반면 영어를 비롯한 각 국어는 국가언어로 만족해야만 하였다. 아울러 이 시대의 사회구성원은 농민(농노적 성격), 시민(도시귀족, 관료, 자영농민), 귀족 계층으로 분류되었는데 여기서 귀족 계층은 중세처럼 법적 · 사회적 특권을 향유하였다. 절대왕정체제의 도입으로 지방 제후들의 세력이 위축되었지만 이들은 자신들이 소유하였던 재산에 대해서는 절대적 권한을 행사할 수 있었다.

종교개혁 이후 구교 및 신교 모두는 세력 확대를 모색하였지만 신교

44) 이 당시 1㎢ 당 인구밀도는 30명 정도였다.

의 우위현상이 일부 지역에서 보다 뚜렷해졌다. 그리고 자연법의 확산으로 체형이 자유형으로 바뀌게 되었는데 그것은 공장의 급속한 확산과 연계시킬 수 있다. 이 당시 많은 공장들은 값싼 노동력이 필요하였는데 그러한 것은 범죄자들로 충당되곤 하였다.

여러 국가에서 공립학교의 설립이 보편화되어졌고 그것은 문자해독율을 크게 높이는 계기가 되었다. 주로 도시에 세워진 직업학교의 학생들은 국어, 토목, 수학, 물리, 그리고 경제 등 실생활에 필요한 학문들을 주로 배웠다. 이에 반해 지방학교의 학생들은 교리문답서를 읽는 것으로 만족해야만 하였다.

절대왕정체제하에서도 농민들의 의무나 생활수준은 중세적 상황에서 크게 벗어나지 못하였다. 이들은 이전처럼 매일 14-17시간 동안 노동을 하여야만 했다. 그러나 이들의 노동시간은 점차적으로 규제되기 시작하였다. 아울러 미성년자들과 부녀자들의 노동시간 역시 법률적으로 거론되기 시작하였다.

공장제체제가 도입된 직후 특이한 상황이 발견되는데 그것은 범법자들이 공장에서 노동을 하였다는 것이다. 그 이유는 산업자본가들이 낮은 임금으로 이들을 활용할 수 있었다는 것과 국가가 범법자들의 임금을 형무소의 운영비용으로 책정한데서 찾을 수 있을 것이다.

중세와 마찬가지로 화폐제도 역시 크게 활성화되지 못하였는데 그것은 실물경제체제, 즉 물물교환체제에서 크게 벗어나지 못하였기 때문이다. 여기서 지방의 농업생산물과 도시의 공산품간의 교류가 주종을 이루었다.

중상주의체제를 도입한 국가 들 중에서 극히 일부 국가만이 경제적 이익을 추구할 수 있었는데 그 이유는 많은 국가들이 적정 규모의 경제력을 갖추지 못하였기 때문이다.

절대왕정체제의 후반기에 접어들면서 전통적인 가족체제가 붕괴되었는데 여성들이 경제활동에 참여한데서 그 이유를 찾을 수 있을 것이다. 시간이 지날수록 여성들의 경제활동 참여가 활발해졌는데 그 원인은 경제활동의 근간인 수요 및 공급의 원칙이 붕괴된데서 찾아야 할 것이다. 즉 산업혁명 이후의 경제구조, 공장제체제의 도입으로 일을 하려는 사람들이 당시 제공된 일자리 수보다 훨씬 많았기 때문에 임금의 하락현상이 나타났고 그것은 가족성원 모두가 경제 활동에 참여해야 하는 요인이 되었던 것이다. 따라서 여성들도 직업전선에 참여하게 된 것이다.

감자의 경작이 크게 확산되는데 그 이유는 인구의 급속한 증가로 새로운 대체작물의 필요성이 제기되었기 때문이다. 그러나 감자가 대체작물로 자리를 잡기까지는 많은 시간이 필요하였다.[45]

일부 상류계층에서 파앙스(Fayence)와 도기접시가 기존의 돌그릇 또는 철 그릇 대신 사용되기 시작하였다.

커피와 초콜릿이 기호식품으로 자리 잡기 시작하였다. 그리고 알코올 중독자가 사회적 문제로 제기되었지만 적절한 대책이 제시되지는 못하였다.

일부 경제적으로 여유 있는 계층, 즉 귀족 및 시민 계층에서 화장품 및 머리분의 사용이 보편화되어졌다. 농민들은 축제 때 도시에서 이미

45) 감자의 조리방법을 몰랐던 이 당시 사람들은 감자의 구근까지 삶지 않고 그대로 먹었기 때문에 감자병에 걸릴 확률이 매우 높았다. 감자병이란 감자를 날로 먹은 후 나타나는 설사증세와 그것의 반복으로 목숨까지 잃는 병이었다. 이후 사람들은 감자의 올바른 조리방법을 터득하게 되었고 그것을 신민들에게 홍보하였지만 신민들의 감자 기피현상은 지속되었고 그러한 상황을 타파하기 위해 각국의 위정자들은 전국을 순방하면서 신민들 앞에서 감자를 시식하기도 하였다.

유행하였던 옷들을 입었지만 귀족이나 시민계층은 프랑스에서 직수입한 옷들로 치장하여 자신들의 지위나 부를 대외적으로 부각시켰다.

하수도시설을 갖춘 도시들도 등장하였지만 오늘날 관점에서 볼 때 도시에서 제공된 식수는 그대로 마실 수 없었다.

8) 계몽사상

(1) 계몽사상의 확대

퇴행을 부정하고 진보만을 지향하였던 합리주의와 계몽주의는 17세기, 18세기 서부유럽 지성사 움직임에 큰 영향을 끼쳤다. 이성(*ratio*)에 따라 세계는 창조되었고 그 규율 역시 인식할 수 있다는 것이 합리주의와 계몽주의의 기본적 입장이었다. 이제 문화의 모든 영역은 이성을 강조하게 되었고 자연법 역시 기존의 국가질서에 도전하게 되었다.[46] 이 당시 사람들은 자연법을 신이 초기에 만든 것으로 간주하였다. 아울러 이들은 낙천적인 진보를 믿게 되었고 점차적으로 신, 국가, 그리고 사회의 새로운 상을 구축하기 시작하였다.[47]

신은 이성의 원천이고 그것을 증명할 수 있다는 것이 실용주의의 기

46) 이제 이성에 맞지 않는 비합리적 요소들이라 할 수 있는 전통·관례·종교적 교리 및 권위 등이 배척의 대상이 되었다.

47) 돌바흐(d'Holbach; 1723-1789)와는 달리 대다수의 계몽사상가 들은 이신론자(deist)였다. 이들은 사랑과 은총을 베풀거나, 기적을 행하는 종래의 인격적인 신 대신에 기계와도 같은 우주의 창조자인 동시에, 이 우주 기계를 영속적으로 법칙에 맞게 움직이도록 한 제일동작자로서의 신을 설정하였다. 따라서 이들은 이성과 계시를 조화시키려던 뉴턴(Newton)마저 비판의 대상으로 간주하였다.

본적 입장이었다. 여기서는 신이 이성 법칙에 따라 세계를 창조하였기 때문에 그가 자연법을 변경하는 것처럼 극히 일부만이 변경될 수 있다는 주장이 제기되었다. 이 당시 계몽사상가들은 인간의 선함을 강조하였을 뿐만 아니라 법적이나 능력 면에서도 동일하다는 견해를 제시하였다.[48] 아울러 이들은 이성에 대한 무시가 수백 년간 지속되었기 때문에 인류는 아직까지도 미성년적인 상태에서 벗어나지 못하고 있다는 관점도 피력하였다. 또한 이들은 만일 인간을 이성적으로 대우한다면 이들은 자유롭게 될 뿐만 아니라 그들이 가진 능력을 충분히 발휘할 수 있다는 입장도 밝혔다.

원시 시대의 사람들은 그들의 자유 및 동등권을 지키기 위해 국가협약을 체결하였다. 따라서 국가는 자유로운 개인의 목적적 창조물이라 하겠다. 이렇기 때문에 실용주의자들은 중세의 국가생성론, 즉 신에 의한 국가창조론을 거부하였다.

이 당시 학자들은 통치협약을 해제시킬 수 있을 뿐만 아니라 그것을 지키기 위해 저항권도 행사할 수 있다는 관점을 가지고 있었다. 아울러 이들은 국민주권과 권력분립론에 대해서도 거론하였다. 이들은 국민들이 국가를 창조하였기 때문에 국민들이 주권을 가져야 한다고 하였다. 그리고 국민들은 직접적 또는 간접적으로 그들의 권한을 행사해야 한다는 견해도 제시하였다.

---

48) 18세기 계몽주의자들은 철학자들로 지칭되었다. 1694년 아카데미 프랑세즈에서 간행한 사전에서 모든 학문 연구에 열정을 바치고, 그 학문의 원인과 원리에서 결과를 알려는 사람을 철학자라 정의하였다. 무엇보다도 이들은 절대왕정체제의 지배이념인 기독교에서 부각된 문제점들을 합리적으로 해결하려고 하였다.

(2) 로크

계몽사상의 선구자는 영국의 존 로크(J.Locke; 1632-1704)였다. 그는 토마스 홉스(T. Hobbes; 1588-1679)와는 달리 태초의 인간사회를 사람과 사람의 투쟁상태가 아닌 절대적 자유와 평등이 지배한 평화로운 상태로 인식하였다.[49] 그러나 사람들은 점차적으로 이러한 상태가 자신들의 생명 · 자유 · 재산 등의 자연권을 영원히 보존시킬 수 없다는 생각을 가지게 되었고 그것은 이들로 하여금 사회계약을 체결하여 시민사회 및 정부의 수립과 거기에 일정한 권력을 부여하려고 하였다는 것이 로크의 관점이었다. 여기서 로크는 사람들의 동의로 정부에게 양도한 권력이 절대적인 것이 아니라 오로지 자연법을 집행할 제한적인 권력이기 때문에 만일 정부가 폭정화될 경우 사람들은 유보된 자연권으로 정부를 타도할 혁명권도 가질 수 있다고 하였다. 이러한 로크의 자연권, 제한정부론, 폭정에 대한 저항권(=혁명권) 등의 사상은 1690년 출간된 '정부이론(Two Treatises of Civil Government)' 에서 체계적으로 서술되었다. 원래 영국의 명예혁명(1688)을 합리화시키기 위해 제시된 로크의 이러한 관점은 아메리카 독립전쟁 및 프랑스혁명기

49) 홉스는 계약설을 활용하여 합리적이고, 근대적인 왕권을 옹호하였다. 그는 자신의 저서인 '리바이어던(Leviathan: 구약성경 속에서 모든 것을 집어삼키는 거대한 바다 동물)' 에서 근대국가에 관한 정치사상을 제시하였다; 인간의 자연상태는 만인 대 만인의 투쟁상태이며 거기에는 오직 죽음과 공포가 있을 뿐이다. 따라서 사람들은 그것을 피하기 위해 계약을 맺고 국가를 형성하였는데 거기서 모든 권리를 국왕에게 양도하였기 때문에 국왕의 절대왕정도 인정해야 한다는 것이다. 이러한 홉스의 관점에서 질서유지를 위해 절대왕정체제를 허용해야 한다는 한계성이 확인되었다. 그러나 홉스는 계급사회를 당연시 한 왕권신수설과는 달리 자연 상태에서의 만인평등을 지향하였기 때문에 당시의 상황에서는 매우 혁신적인 내용이라 하겠다.

에 중요한 사상으로 수용되었다. 한편 그는 '인간오성론(An Essay Concerning Human Understanding)'에서 데카르트의 본유개념(*idees innes*)를 반박하였다. 즉 그는 인간의 정신이 원래 백지(*tabula rasa*)와 같은 것이라는 견해를 제시하였을 뿐만 아니라 인간 지식의 근원을 감각적 기초에 입각시키려고도 하였다.[50] 이러한 로크의 경험주의적 인식론은 근대 심리학 · 교육학 및 사회과학 발전에 지대한 영향을 끼쳤다 하겠다.

(3) 볼테르

볼테르(Voltaire; 1694-1778)는 정통기독교가 인류 최대의 적이라는 혹평을 가하였을 뿐만 아니라 전제정부에 대한 모욕적인 발언도 하였다. 이에 따라 그는 1726년부터 약 3년간 영국으로 추방을 당하였다. 이 기간 동안 그는 로크의 작품을 읽었고 거기서 개인의 자유론에 대해 심취하게 되었다. 이후 그는 지적 · 종교적 · 정치적 자유를 위한 투쟁에 몰두하게 되었고 그것은 그로 하여금 계몽사상의 선구자역할을 담당하게 하였다. 그러나 이 인물은 다른 계몽사상가들처럼 자연권을 주장하였지만 계몽군주제를 이상적인 정부형태로 간주하는 보수성도 보였다.

50) 이러한 견해는 경험론에서 비롯되었다 하겠다. 인간은 필요한 모든 것을 이해할 수 있는 능력을 갖추었기 때문에 지식의 원천은 환경과의 접촉에서 얻은 경험과 그것에 대한 성찰이 경험론의 기본적 관점이라 하겠다. 그런데 이러한 경험론은 인간이 지닌 이성에 대한 절대적 신뢰에서 비롯되었다 하겠다.

(4) 몽테스키외

몽테스키외(Montesquieu; 1689-1755)는 볼테르보다 구체적이고 체계적인 정치사상을 제시하였다.[51] 그는 정치학을 순수한 연역보다는 아리스토텔레스의 연구방법처럼 과거에 실존했던 정치체제를 연구하는 학문으로 정의하였다. 따라서 그는 자연법의 의미를 역사적 사실 속에서 찾고자 하였다. 아울러 그는 만인에게 적합한 유일하고, 완전무결한 정부가 있다는 가정을 거부하면서 각 정치제도는 각기 고유의 외부조건, 즉 국가의 사회적 발전수준 및 국토 규모와 조화되어야 한다고 역설했다. 따라서 그는 전제정(despotism)은 넓은 영토를 가진 국가에 적당하며, 제한군주제(limited monarchy)는 적절한 크기의 국가에, 그리고 공화정(republican government)은 작은 영토를 가진 나라에 적합하다라는 견해를 제시하였다. 아울러 그는 '법의 정신(*L'esprit des lois*; 1748)' 에서 3권분립론, 즉 입법, 사법, 행정의 분립을 주장하였는데 그것은 인간의 기본적 욕구 중의 하나라 할 수 있는 권력욕과 거기서 파생될 수 있는 부작용을 우려하였기 때문이다. 여기서 그는 소수권한에 대한 존중도 강조하였다.[52]

(5) 루소

루소(Rousseau; 1712-1778)는 '개인의 의지' 와 '일반적 의지(volenté générale)' 를 구분하였다.[53] 그는 사리사욕에 빠질 수 있는

51) 이 인물은 프랑스 남부 지방의 토지귀족이었다.
52) 몽테스키외는 기후와 산업의 발전 역시 정치제도에 영향을 줄 수 있는 인자들이라 하였다.

개인의 의지와는 달리 일반의지는 언제나 공동의 선과 이익을 추구한다는 입장을 밝혔다.[54] 루소는 자연을 정복한다는 목적으로 시작된 문명을 인간타락의 주된 요인으로 간주하였다. 따라서 그는 문명이 자연에 근접할수록 인간의 타락 역시 축소되리라는 견해를 제시하였다. 루소는 1755년에 출간한 '인간 불평등 기원론(Discourse on the Origin of Inequality)' 에서 문명의 가장 큰 해독을 언급하였는데 그것은 인위적으로 형성된 사유재산제도였다. 그에 따르면 사유재산이 등장한 이후부터 사람들은 범죄, 살인, 전쟁, 공포, 그리고 불행에 휘말리게 되었고 그들의 사유재산을 지키기 위해 법률의 제정과 지배자의 등장도 요구하게 되었다는 것이다.[55] 따라서 루소에게 있어서 정부는 악이었지만 없어서도 안 될 필요악이기도 하였다. 즉 그는 개인의 자유와 정부

53) 루소는 1712년 6월 28일 스위스 제네바에서 프로테스탄트인 시계공의 둘째 아들로 태어났으나, 그의 어머니는 루소가 태어난 지 불과 10여 일 만에 죽었다. 그의 가족은 종교분쟁으로 인해 프랑스에서 제네바로 이민해 와서 살았다. 루소는 일곱 살까지 방탕하고 우매한 성격의 아버지와 함께 보냈는데 그는 아들의 양육에는 무관심하였다. 그러면서도 그는 루소에게 소설류를 탐독하게 하였는데, 그 중의 하나가 플루타르크 영웅전이었다. 비록 체계적인 독서는 아니었으나 이때의 독서가 후일 대사상가의 기초가 마련된 시기라 하겠다.

54) 루소는 일반의지의 표현을 법, 일반의지의 행사를 주권으로 이해하였다. 여기서 그는 주권이라는 것이 항상 일반에게 있으며 그것의 양도가 불가능하므로 간접민주주의 대신에 직접민주주의를 채택하여야 한다는 견해를 제시하였던 것이다. 그러나 루소가 주장한 직접민주주의를 거대한 영토와 많은 인구를 가진 근대국가에서 실시하기란 거의 불가능하다. 따라서 그의 일반적 의지는 국민투표를 통해 생명력을 유지할 수 있지만 국민투표의 결과가 국민전체의 집약된 의지로 해석되어야 하는 문제점도 가지게 된다. 즉 국민투표를 유도하거나 조작하여 국민의 지지를 얻어내려는 지배자는 국민의 의지라는 명목으로 독재를 실시할 가능성이 높다는 것이다.

55) 18세기 후반에 접어들면서 재산권을 완전히 부정하지 않았던 루소의 관점보다 진보적인 견해들이 제시되기 시작하였다. 즉, 모렐리(Morelly)와 마블리(Mably) 등은 사유재산이 사회적 불행의 원천임을 주장하면서 그것의 타파를 요구하였다. 즉 이들은 평등이 자연의 법칙이라는 주장을 펼쳤던 것이다.

의 제도를 반드시 조화시켜야 한다는 것을 알고 있었던 것이다. 1762년 출간된 '사회계약론(*Du contrat social ou principes et droit politique*)' 에서 루소는 그러한 해결책을 제시하였는데 그것은 사회구성원인 인민(the people)사이에 사회계약을 체결하는 것이었다. 그런데 루소의 이러한 견해는 로크의 계약론과는 다른 것이라 하겠다. 루소는 사회계약을 사회구성원 전체의 개별적 의지의 집약으로 이해하였지만, 로크는 통치자인 군주와 인민사이의 정치적 계약으로 보았던 것이다.[56)]

(6) 케네

이 당시 계몽사상가들은 경제적 측면에서도 자연법칙을 찾으려고 하였다. 이러한 시도를 펼친 대표적 인물로는 케네(F.Quesnay; 1694-1774)를 들 수 있다. 중농주의자였던 케네는 상업과 공업을 활성화시키기 위해 정부가 취하는 일련의 특혜조치를 강력히 비난하였다. 케네는 재부의 원천이 금이나 화폐가 아니라 토지와 농업이라는 자연적 재부관을 피력하였다. 이어 그는 인위적인 경제정책을 통해 국가가 국민의 경제생활을 간섭할 것이 아니라 자유로이 활동할 수 있게끔 자유방임(*laissez-faire*)정책을 펼쳐야 한다는 주장을 펼쳤다. 즉 그는 수요와 공급 및 가격을 자연의 추세에 위임시켜야 한다는 견해를 제시하였던 것이다.

---

56) 루소는 자신의 작품에서 국가는 개인의 재산권이 남용되는 것을 처벌하고, 유산에 대한 누진세를 도입하여 사회적 형평을 유지하여야 한다고 언급하였다. 볼테르는 이러한 그의 관점에 대해 부정적인 시각을 표출하는데 주저하지 않았다.

(7) 스미스

자유방임이론은 스코틀랜드의 스미스(A.Smith; 1727-1790)에 의해 보다 체계적으로 발전되었다. 스미스는 1776년에 출간한 '국부론(An Inquiry into the Nature and Causes of the Wealth of Nations)' 에서 개인의 경제적 자유를 보장하기 위해서는 정부가 개인의 경제생활에 개입해서는 안 된다는 견해를 제시하였다. 그는 정부과제로 첫째, 외부의 침략으로부터 사회를 지킨다. 둘째, 개인에 대한 개인의 공격을 저지한다. 셋째, 약간의 공공기관을 설치 · 운영하는 정도의 한정된 행동만을 해야한다를 제시하였다. 이러한 그의 관점은 정부를 소극적인 경찰관의 지위까지 낮추려는 것이었고 그것은 바로 자연법에 따르는 질서와도 일치되었기 때문이다. 그에 따르면 각 개인이 자신의 이익을 추구하도록 방임할 경우 '보이지 않는 손(invisible hand)' 이 작용하여 사회전체의 복리증대를 가져올 수 있다는 것이다.[57] 이 당시 스미스는 케네와는 달리 산업 각 분야에서의 상품생산, 즉 노동을 재부의 원천으로 간주하였다.

(8) 백과전서파

디드로(Diderot; 1713-1784)와 달랑베르(d'Alembert; 1717-1783) 등 이른바 백과전서파(encyclopédistes)는 계몽사상을 널리 보급하려

57) 자유경쟁시장에서 자유롭게 결정된 가격에 의해 생산 · 분배 등이 효율적으로 이뤄지는 현상을 '보이지 않는 손' 으로 이해하였던 것이다.

는 뜻에서 1751년부터 1772년까지 11권의 도판을 포함하여 총 28권으로 구성된 백과전서, 또는 과학, 예술, 직업의 합리적 사전(*Encyclopedie, ou dictionnaire raisonne des sciences, des art et des metiers*)를 편찬하였다. 백과사전편찬은 원래 영국의 체임버즈 사전(*Chambers: Cyclopedia or Universal Dictionary of the Arts and Sciences*)을 프랑스어로 옮기려는 시도에서 비롯되었다. 사전편찬에는 디드로, 달랑베르, 드조쿠르(Chavalier de Jaucourt; 1704-1779)를 비롯하여 모두 160명여 명에 달하는 학자 및 지식인들이 참여하였지만 전체 항목의 60% 이상에서 필자가 확인되지 않았다. 그럼에도 불구하고 이 사전은 지식의 저장고 일 뿐만 아니라 전통적인 사회악과 권위에 도전하는 무기로도 활용되었다.

08 아메리카혁명

아메리카 독립선언 서조인식(1776. 7. 4)

1) 혁명 이전의 상황

신대륙에 대한 영국의 본격적인 식민활동은 17세기부터 시작되었다. 즉 이때부터 스튜어트 왕조의 전제정치 및 종교적 탄압을 피하기 위해 청교도를 비롯한 일련의 사람들이 신대륙으로 이주하기 시작하였다.[1] 그리고 경제적 이득을 노리는 모험자, 국왕으로부터 특허장(Charter)을 얻어 식민지경영에 나서는 사람들도 있었다. 그리하여 1732년 13개 주로 구성된 영국식민지가 북아메리카의 동해안 일대에 건설되었다.

13개 식민지의 사정은 각기 달랐으나 전체적으로 볼 때 빈부의 격차는 그렇게 큰 편이 아니었고 유럽에서와 같은 사회적 신분차별도 없었

---

1) 1620년 청교도들은 메이플라워(May Flower)호를 타고 아메리카 동해안에 도착하였다.

다. 뿐만 아니라 경제적 기회는 얼마든지 제공되었고 사회적 유동성(social mobility) 역시 현저하였다. 따라서 계급구조는 매우 유연하였고 부의 편중으로 인한 대립과 갈등도 비교적 적은 편이었다.[2)]

영국은 식민지에 총독(Governor)을 파견하였지만 실제정치는 식민지인들이 담당하였다. 본국의 하원과 흡사한 식민지 의회는 당시로서는 가장 민주적으로 구성되었으며 투표자격으로 토지소유라는 제한이 있었지만 투표권자는 예상외로 많았다. 매사추세츠(Massachusetts)에서는 백인성년남자의 80% 이상이 투표권을 행사하였고, 버지니아(Virginia)는 이보다 약간 낮았다. 식민지의회는 유럽대륙의 어느 의회보다 많은 권한을 가지고 있었으며 1760년대 초반까지 총독과의 권한대립에서 항상 유리한 입장에 놓여 있었다. 따라서 각 식민지는 처음부터 자유를 향유하여 왔고 또한 자립에 대해서도 확고한 의지를 가지고 있었다.

이러한 분위기는 식민지인들로 하여금 상당한 유대감을 가지게 하였다. 그리고 이러한 공동체적 유대감의 성장은 서로 상이한 그리고 때론 대립하기도 한 13개 식민지가 비교적 짧은 기간 내에 상호간의 차이 및 대립을 극복하고 본국정부에 대항하여 결합할 수 있었던 주된 이유 중의 하나라 하겠다.

지금까지 아메리카 식민지에서는 본국의 법률이 그대로 적용되었을 뿐만 아니라 중상주의 정책도 펼쳐졌다. 즉 영국에서의 종교나 신앙에 관한 규정은 원칙적으로 식민지에 그대로 적용되었고 식민지교역은 본

2) 남부에서는 노예를 사용하는 농장경영이 성행하였고 북부에서는 자영농민층이 압도적으로 많았으며 산업 역시 발달하였다.

국의 이해관계에 따라 제한되곤 하였다. 그리고 본국 산업과의 경쟁상대가 되는 식민지산업은 원칙적으로 금지되었다. 그러나 식민지에 대한 본국 정부의 태도는 '건전한 방임(salutary neglect)' 이었기 때문에 중상주의적인 통제[3]나 종교 등에 대한 본국의 법률적용은 엄격하게 실시되지는 않았다. 그렇기 때문에 영국의 경제정책이나 정치적 태도가 식민지인들에게 불만적인 요소는 되었지만 그것이 본국에 대해 정면으로 도전할 정도의 것은 아니었다.

2) 영국의 신식민지 정책과 후유증

1763년 7년전쟁이 끝난 후 영국은 막대한 재정적 손실의 일부를 식민지인들에게 전가시키려는 정책을 펼치기 시작하였다.[4] 그 결과 설탕법(Sugar Act; 1764)[5]과 인지세법(Stamp Act; 1765)[6]이 신설되거나, 제정되었다. 그러나 새로운 세금에 대한 식민지인들의 반발은 완강하였다. 이들은 1765년 10월 뉴욕(New York)에서 개최된 인지세법 회의(Stamp Act Congress)에서 과세권은 오로지 각

3) 상공업은 국가적 차원에서 장려되었고 그것을 위해 국내산업이 보호되는 일련의 정책이 펼쳐졌다.

4) 이러한 정책수립과정에서 조지 3세(George III)가 주도적인 역할을 담당하였는데 그는 선왕과는 달리 정치에 직접 참여하려는 자세를 보였다.

5) 설탕, 포도주, 커피, 그리고 견직물수입에 대하여 관세를 부과하였다. 종전의 관세는 무역을 규제하기 위한 것이었지만 이번에는 세입을 늘리려는 목적을 가지고 있었다.

6) '전단, 신문, 증권, 은행권, 광고, 그리고 법률 문서에 인지를 첨부한다' 라는 내용을 담고 있다. 인지세는 식민지 내부거래에 부과하는 내국세로서 주로 법률가, 상인, 성직자, 그리고 인쇄업자들이 부담하게 되었다. 따라서 이 세에 대한 반발은 그때까지 식민지에서 전개된 조세저항 중에서 가장 격렬하였다.

식민지 의회에 있다는 원칙을 다시금 확인하였다. 이들은 본국 의회에 자신들의 대표를 보낸 적이 없기 때문에 새로운 과세는 인간의 자연권에 포함되는 재산권을 침해하는 것으로 간주하였다. 그리하여 그 유명한 '대표 없는 과세는 없다(no taxation without representation)' 라는 원리가 표명되었던 것이다.[7] 이에 대해 영국 정부는 정반대의 입장을 내세웠다. 즉 이들은 식민지인들이 본국 의회에 그들의 대표자를 파견하지는 않았지만 실제로 보낸 것과 같이 의사가 대변되고 있다는 '사실상의 대표(virtual representation)논리' 를 제시하였던 것이다. 이러한 대립은 의회를 보는 식민지인들과 영국인들의 시각이 근본적으로 다른데서 비롯되었다. 식민지인들에게 있어서 의회 의원은 그를 선출해 준 지역구 유권자만을 대변하는 것이었다. 이에 반하여 영국인들은 지역구를 초월하여 전국을 대변하는 것이 의원이라는 관점을 가졌던 것이다.

사태가 이렇게 전개됨에 따라 영국 의회는 1766년 인지세법을 폐기하였지만 이들은 자신들의 기본원칙마저 포기한 것은 아니었다. 따라서 이들은 식민지인들에게 적용하는 법을 본국에서 만들 수 있다는 선언법(Declaratory Act)을 바로 제정하였다. 그리고 세입증대의 필요성을 절실히 느꼈던 영국 정부는 1767년 타운센드법(Townshend Act)을 제정하였다. 이제 식민지인들은 영국으로부터 수입되는 유리, 납, 종이, 페인트, 그리고 차에 대해 고율의 관세를 내야만 하였는데 그것은 이들의 강한 반발을 유발시키는 계기가 되었다. 그렇지만 영국은 이에 개의하지 않고 법의 원활한 시행을 위해 군대를 파견하였다. 게다가 군

7) 이러한 원리는 보스턴의 법률가였던 오티스(J.Otis)로부터 나왔다.

인들이 머무를 적당한 건물이 없을 경우에는 식민지인들의 가정에 민박까지 시켰다. 뉴욕 식민지가 군대 민박에 대해 이의를 제기하자 영국 정부는 뉴욕 의회의 권한을 정지시켰다. 또 매사추세츠 의회가 타운센드법에 반대한다는 회람을 다른 식민지 의회에게 보내자 영국 정부는 그러한 조치를 취한 매사추세츠 의회와 그것을 받아들인 버지니아 의회를 해산시켰다. 이제 문제는 과세의 영역을 넘어 자치문제로 비화되었다. 이후 식민지 여러 곳에서는 영국 정부의 조치에 항의하는 시위가 펼쳐졌고 가장 격렬한 움직임은 매사추세츠에서 확인되었다. 여기서는 영국 상품에 대한 불매운동과 세무 관리에 대한 군중들의 야유가 공공연히 자행되었다. 이에 본국 정부는 보스턴(Boston)이 무질서상태에 이르렀다는 판단을 하고 1770년 군대를 파견하였다. 그러나 이 도시의 주민들은 영국 정부의 강경한 대응에 굴복하지 않고 거리를 지나는 영국군에 대해 야유를 보내고 눈덩어리도 던졌다. 이러한 과정에서 4명의 시민이 영국군의 발포로 목숨을 잃게 되었다.[8] 보스턴에서 희생자가 발생함에 따라 영국 의회는 타운센드법의 시행을 포기하였다.[9] 그러나 식민지에 과세할 권한이 본국 의회에 있다는 원칙을 강조하기 위해 차에 대한 관세만은 그대로 남겨 두었다. 본국 정부의 이러한 조치에 대해 온건파 식민지인들은 만족을 하였으나 애국파로 불리던 급진파 식민지인들은 불만을 표시하였다.

---

8) 이를 지칭하여 '보스턴 대학살(Boston Massacre)' 이라 한다.

9) 그러나 영국 정부는 차 1파운드당 3페니(penny)의 세금을 부과했다.

3) 보스턴 차당사건

1773년 12월 16일 '보스턴 차당사건(Boston Tea Party)' 이 발생하면서 식민지 사태는 새로운 국면을 맞이하게 되었다. 이 당시 동양무역에 대한 독점권을 가졌던 영국의 동인도회사는 파산직전에 놓여 있었다. 만일 이 회사가 파산할 경우 주주들은 물론 영국 은행, 나아가 영국 정부도 막대한 손해를 감수해야만 하였다. 따라서 영국 정부는 동인도회사의 재고차를 식민지에 독점적으로 팔 수 있도록 허가하였다. 이후 식민지 상인들은 차 수입을 금지 당하였고 막대한 손실도 입게 되었다. 동인도 회사의 차가 식민지에 대량으로 유입됨에 따라 식민지인들은 불매운동으로 대응하였다. 일부 급진파 인물들은 차의 판매경로를 추적하여 그것을 산 사람들을 협박하기도 하였다. 이렇게 불매운동이 전개됨에 따라 동인도 회사의 대리점들은 영업활동을 중지하였고 차를 싣고 왔던 배들은 다시 영국으로 되돌아가게 되었다. 그러나 보스턴에서는 경우가 달랐다. 허친슨 지사는 불매 운동자들을 엄중히 처벌하였다. 게다가 보스턴 항구에 정박 중이던 3척의 차를 실은 배는 영국 군함의 호위를 받고 있었다. 1773년 12월 16일 보스턴의 시민들은 항구에 정박 중이던 배들을 본국으로 돌려보낼 것을 지사에게 요구하였으나 거절당하였다. 그날 밤 사무엘 애덤스(S. Adams)와 존 헨콕(J.Hancock)[10]을 비롯한 일부 급진주의자들은 모호크(Mohawk) 인디언으로 가장하고 동인도회사의 배에 올라가 거기에

10) 애덤스와 헨콕은 '자유의 아들(Sons of Liberty)'이라는 비밀단체의 일원이었다.

실려있던 차를 모두 바다 속으로 던져 버렸다.[11] 이러한 사건을 접한 영국 정부는 매사추세츠를 응징하고 다른 식민지들을 경고하기 위해 매사추세츠 정부법(Massachusetts Government Act), 재판운영법(Administration of Justice Act), 그리고 군대민박법(Quartering Act)을 제정하였는데 거기에는 다음의 내용들이 들어 있었다; 첫째, 손해배상이 끝날 때까지 보스턴 항구를 폐쇄시킨다. 둘째, 매사추세츠에서 법을 어긴 자는 다른 식민지나 영국 본토로 옮겨 재판을 한다. 셋째, 영국 국왕은 매사추세츠 상원의원들을 직접 임명한다. 넷째, 평화시에도 필요한 경우 군인의 민박을 허용한다.

4) 대륙회의 개최

이에 식민지 대표들은 1774년 9월 5일 필라델피아(Philadelphia)에서 제 1차 대륙회의(Continental Congress)를 개최하였는데 여기서는 ①식민지에 대한 본국의회의 입법권을 부정한다. ②본국과의 통상을 단절한다. ③1763년 이후에 제정된 조세법을 인정하지 않는다. ④평화시에 영국군의 식민지 주둔을 불허한다 등이 집중적으로 거론되었다.[12]

본국 정부와 식민지인들의 관계는 1775년 4월부터 무력충돌로 비화되었다. 보스턴 근처의 랙싱턴(Lexington)과 콩코드(Concord)에서 영

---

11) 이 당시 모호크 인디언은 모호크 강 연안에 살고 있었다.

12) 이러한 식민지인들의 움직임에 대해 피트(W.Pitt)나 버크(E.Burke) 같은 정치가들은 타협을 통하여 문제해결을 모색하여야 한다는 입장을 밝혔다. 그러나 조지 3세는 무력으로 대응하려고 했다.

국군과 농민들로 구성된 식민지 민병대 사이에 총격전이 펼쳐지면서 식민지인들은 본국과의 전쟁이 불가피하다는 것을 인식하게 되었다. 상황이 이렇게 전개됨에 따라 제 2차 대륙회의가 1775년 5월 필라델피아에서 개최되었고 여기서는 버지니아의 대농장주였던 43세의 조지 워싱턴(G. Washington)[13]을 사령관으로 하는 대륙군(Continental rmy) 창설과 그것에 필요한 경비조달을 위해 지폐발행도 결정되었다. 이러한 때 계몽 사상가였던 토머스 페인(T.Paine)이 '상식(Common-sense; 1776)' 이라는 소책자를 출간하였다. 거기서 그는 이제까지의 군주들 모두를 합쳐도 한 명의 정직한 사람만도 못하다는 극단적인 말로 군주제의 폐지를 역설하였다. 그리고 그의 주장은 식민지 내에서 빠른 속도로 확산되었다.[14] 점차적으로 식민지인들은 본국으로부터의 완

---

13) 워싱턴은 전투경험이 많은 군인이었다. 그는 영국을 위해 신대륙에서 프랑스군과 전투를 펼쳤고 거기서 혁혁한 전공도 세운 인물이었다. 그러나 이제 그는 독립군의 총사령관으로 영국과 싸워야 하였고 또 승리하여야만 하는 입장이 되었다.

14) 토머스 페인의 상식론은 47쪽밖에 안 되는 소책자였지만 인구 300만의 아메리카에서 30만 부나 팔릴 정도로 주목을 받았다. 페인은 자신의 저서에서 식민지와 영국과의 관계에 대해 많은 지면을 할애하였는데 여기서 그 일 부분을 언급하도록 한다.
'본인이 말하고 있는 것은 지극히 간단하고 당연한 이야기, 즉 상식에 불과하다.(…)아메리카는 지금까지 영국과 결합해서 번영해 왔으니 앞으로의 행복을 위해서라도 그러한 결합은 유지시킬 필요가 있으며, 그러한 결합은 똑같은 결과를 가져다 줄 것이라는 주장을 들은 적도 있다. 그러나 이러한 주장만큼 어리석은 것은 없을 것이다. 만일 그러한 주장이 맞는다면, 어린 아이가 우유를 먹고 잘 자랐으니까 결코 고기를 먹여서는 안 된다는거나, 인생의 처음 20년간이 향후 20년간의 본보기가 된다는 주장도 성립될 것이다.(…)그리고 영국이 아메리카인 들의 조국이 아닌가라는 견해를 제시하는 사람들도 있다. 그렇다면 영국의 행동은 한층 더 부끄러운 것이다. 아무리 짐승이라도 자신의 자식을 잡아먹지는 않는다. 야만족조차 같은 종족끼리는 싸우지 않는다. 그런데 영국과 결합함으로써 당하는 손해 및 불이익은 셀 수 없을 정도로 많다. 그리고 우리 자산에 대해서는 물론, 인류 전체에 대한 우리의 의무를 수행하려면 반드시 이 제휴를 중지시켜야 할 것이다. 전능한 신이 아메리카를 영국으로부터 그렇게 멀리 떨어뜨려 놓은 것을 보아도, 아메리카에 대한 영국의 지배는 결코 하나님의 뜻이 아니라는 것을 입증시켜 주고 있다.'

전독립이 필요하다는 것을 인식하게 되었다.

5) 독립선언서의 내용

1776년 7월 4일 필라델피아에 모인 식민지 대표들은 영국으로부터의 독립을 선언하였다. 토머스 제퍼슨(T.Jefferson)이 작성한 독립선언서(Declaration of Independence)는 계몽사상을 그대로 표현한 문서였다. 독립선언서에서는 모든 인간이 때어날 때 평등하게 창조되었다는 자연적 평등 개념이 언급되었다. 아울러 여기서는 모든 사람이 태어날 때부터 남에게 양도할 수 없는 자연권을 가지며 그것들은 구체적으로 생명에 대한 권리, 자유에 대한 권리, 행복추구에 대한 권리라 하였다. 그리고 이러한 자연적 권리들을 지키기 위해 정부가 필요하다는 주장도 펼쳐졌다. 아울러 정부가 그러한 의무를 제대로 수행하지 못할 경우 인민들은 그것을 축출하고 새로운 정부를 세울 수 있다는 인민주권설도 피력되었다. 결국 식민지인들이 영국국왕에 대해 반기를 든 것은 과세문제를 포함한 영국 정부의 정책이 통치 받는 인민의 동의에 토대를 두지 않았기 때문이라는 것이다.

6) 식민지인들의 독립실현

본국 정부에 대항해 독립전쟁을 수행하는 과정에서 식민지인들은 많은 어려움을 겪었다. 즉 식민지인들은 13개의 식민지를 총괄할 강력한 중앙정부도 없었을 뿐만 아니라 통일된 군대와 확보된 자금도 없었다.[15] 그럼에도 불구하고 각 식민지의 작은 사회 조직들은 전반적으로 잘 움직였는데 그러한 것은 오랫동안 지방자치의 전통 속에서 살아 온 경험을 가지고 있었기 때문이다. 그리고 영국군에 대한 전투과정에서 민병대를 중심으로 아메리카의 애국심이 새로이 부각되기 시작하였다.

또 아메리카인들에게는 유리한 외세개입도 있었다. 영국과 오랫동안 경쟁관계에 있던 프랑스와 스페인이 각기 1778년과 1779년에 병력을 파견하였을 뿐만 아니라 자금도 지원하여 식민지인들을 적극적으로 도왔다.[16] 그리고 러시아, 프로이센, 오스트리아는 무장중립동맹을 맺어 식민지들에 대하여 동정을 표하였다. 마침내 1781년 10월 19일 대륙군은 라파예트(La Fayette)의 프랑스군과 함대의 지원을 받아 버지니아의 요크타운(Yorktown)에서 영국군의 주력부대를 격파하였다.[17] 그리고 아메리카의 독립은 1783년 9월 3일 파리(Paris)에서 개최된 평화회담에서 승인되었다. 신생국가의 영토는 서쪽으로 미시시피(Mississippi)에 이르고 남쪽으로는 플로리다(Florida), 북쪽으로는 5대호 지방까지였다.[18]

---

15) 독립전쟁이 전개되면서 식민지인들은 독립을 원하는 애국파(patriots)와 영국을 지지하는 충성파(loyalists)로 나눠졌지만 절대 다수는 애국파였다.

16) 1780년 네덜란드도 식민지 측에 가담했다.

17) 이 전투에서 콘윌리스(Cornwillis)지휘하의 영국군 6,000명이 항복했다.

18) 플로리다는 다시 스페인에게 반환되었다.

7) 결과 및 의의

아메리카 식민지들의 독립은 군주제에 대한 공화제의 승리를 의미하였다. 영국 국왕의 통치하에 있던 13개의 식민지들은 이제 13개의 공화국으로 변모되었다. 이러한 국가들은 자신들의 공통관심사를 논의하기 위해 느슨한 연합체(confederation)를 구성하였지만 근본적으로는 독립된 국가들이었다.

18세기말의 서양사회에서 공화제는 낯선 것이었다. 따라서 그러한 정치체제가 계속 유지될 수 있는지는 의문의 대상이었다. 실제로 공화국들은 대·내외적으로 어려운 상황에 직면하게 되었다. 영국으로부터의 독립은 기존의 경제체제를 상당히 마비시켰고 그것은 시장의 혼란 및 축소를 가져왔다. 그리고 독립전쟁 때 발행된 지폐와 채권은 물가상승의 요인이 되었다. 따라서 각 공화국은 계급투쟁의 성격을 띤 사회적 갈등을 경험해야 했는데 그것은 채권자들이 유리한 금화로 채무를 변상받으려고 한 반면 채무자들은 그것에 응하지 않은 것에서 확인되었다.

여기에 덧붙여 신생 공화국들은 외국과의 교역에서도 불이익을 당하고 있었다. 아메리카인들은 영국의 중상주의체제하에서 누렸던 특혜 및 보호막을 상실했기 때문에 세계 시장에서 다른 경쟁국들과 직접 상대하지 않으면 안 되었다. 그리고 해상에서 영국 해군의 보호를 잃었기 때문에 다른 나라의 선박과 해적들에게 시달리게 되었다. 게다가 영국군은 오대호 남쪽 지방에 계속 주둔하여 신생국들을 위협하고 있었고, 남쪽에서는 에스파냐군대가 아메리카인들의 미시시피 강 통행을 방해하고 있었다.

이러한 불리한 상황하에서 아메리카 인들은 강력하고 통일된 국민국가의 필요성을 절실히 느끼기 시작하였다. 즉 이들은 각 공화국의 경제적, 사회적 안정과 발전을 위해서는 그들을 지켜줄 보다 더 크고 강력한 국가가 필요하다는 것을 인지하였던 것이다. 이에 따라 새로운 국민정신이 새롭게 부각되었고 각 공화국의 보수적 정치가들은 통일 정부의 수립가능성을 조심스럽게 언급하기 시작하였다.

마침내 1787년 5월 필라델피아에서 제헌의회(Constitutional Convention)가 개최되었다. 이 회의는 버지니아의 제임스 메디슨(J.Madison)과 뉴욕의 알렉산더 해밀턴(A.Hamilton)을 중심으로 한 연방주의자(Federalists)들이 주도하였다. 이들은 각 국의 복잡한 이해관계를 조정하여 아메리카 합중국(The United States of America)을 수립하기로 결정하고 그 성격을 규정할 연방헌법의 초안을 마련하였다. 이제 새로운 헌법초안에 따라 13개의 공화국은 13개의 주(state)로 바뀌게 되었다.

연방헌법은 연방주의론과 주권론이 적절히 반영된 타협의 소산이었다. 입법 · 사법 · 행정의 삼권분립으로 권력의 견제와 균형이 이루어졌는데 그것은 의회가 법률제정, 대통령이 그 시행과 적용, 법정이 그 해석을 담당한 것에서 확인된다. 화폐주조권 · 관세징수권 · 외교권을 제외한 여타의 권한들은 지방정부로 이양되었다. 간선제로 선출된 대통령은 행정수반으로 군 최고 지휘권을 가지게 되었다. 그리고 간선제는 상원의원 선출에도 적용되었다.[19] 헌법인준과정에서 많은 논쟁이 유발되었다. 여기서 주권론자들은 연방주의자들에 의해 열세에 몰리는 경

19) 이에 반해 하원 의원들은 국민이 직접 선출하였다.

우가 허다하였다. 연방주의자들은 개인의 자유에 대한 성문규정을 헌법초안에 삽입함으로써 규약수정에 필요한 9개 주의 인준을 받는데 성공하였으며, 새로운 헌법은 1788년 7월 2일에 선포되었다. 3년 후에는 최초의 수정 10개조가 추가되어 신앙 · 언론 · 출판의 자유 및 자의적 정부에 반대할 수 있는 법적 보장이 체계화되었다.

워싱턴은 1789년 제 1대 대통령으로 당선되었다. 그의 임기 중 미국정부는 고율의 관세적용, 연방은행 설립, 공채의 액면가 지불, 그리고 영국과의 통상조약체결 등의 정책을 펼쳤다.

아메리카혁명은 대의제의 장점을 확인시켰을 뿐만 아니라 민권신장에도 크게 기여하였다. 따라서 이 혁명은 어느 혁명보다도 주권재민설과 민족자결원칙을 분명히 하여 역사상 최초의 민주주의적 공화제를 정착시켰다. 그리고 미국에서 시도된 새로운 공화제는 세습적 군주 대신에 선출된 대통령, 성문헌법, 세습적 귀족제 부정, 교회와 국가의 분리, 삼권분립, 연방공화제, 입법부의 선거 등에서 그 특징이 확인된다 하겠다.

09 프랑스 대혁명

바스티유감옥 습격(1789. 7. 4)

1) 구제도의 모순

1780년대에 접어들면서부터 프랑스에서는 계몽사상이 급속히 확산되었고 그것은 구제도(Ancien Régime)에 대한 불만으로 연결되어졌다.[1] 혁명의 직접적 요인은 정부의 재정적 위기였는데 그러한 재정적 위기는 18세기의 여러 전쟁에서 비롯되었다. 특히 1776년에 발생한 아메리카의 독립전쟁을 군사적, 재정적으로 지원했던 것이 가장 치명적인 요인으로 작용하였다. 재정적 위기의 심각성은 프랑스 대혁명이 발생하기 직전, 즉 1788년의 상황을 확인하면 잘 알 수 있다. 그 해에 정부의 연간 수입은 5억 리브르(livre)에 불과하

1) 구제도란 프랑스 혁명 이전의 사회구조 및 정치체제를 지칭한다.

였지만 정부의 채무는 그것의 9배인 45억 리브르에 달하였다.[2)]

2) 재정적 위기극복방안

국왕 루이 16세(Louis XVI)는 이러한 문제의 심각성을 깨닫고 중농주의자였던 튀르고(Turgo)를 1774년 총리로 임명하여 난국을 타개하려고 하였다.[3)] 취임 즉시 튀르고는 특권계급인 성직자 및 귀족 계층에게도 세금을 부과하여 당시의 상황을 극복하고자 하였다. 아울러 그는 농민 계층에게만 부과하였던 부역세를 귀족 계층에게도 부과하여 세입을 증대시키려고 하였다. 또한 그는 시민 계층의 자유로운 경제활동을 방해하던 길드의 독점권을 줄이고, 곡물의 국내수송에 대한 제약철폐를 통하여 제 3계층의 불만을 다소나마 완화시키고자 하였다.

그러나 이러한 개혁안은 왕비 마리 앙투아네트(Marie Antoinette)를 중심으로 한 특권 계급의 조직적인 반대로 실패하고 말았다. 이 당시 귀족 및 성직자들은 자신들이 그 동안 향유하였던 면세특권을 포기하려고 하지 않았다. 튀르고에 이어 1783년에 총리가 된 칼론(Charles Alexandre de Calonne)도 튀르고와 같은 방법으로 재정문제를 해결

---

2) 프랑스혁명을 더욱 부채질한 것은 당시 프랑스 지배층의 위선과 부도덕성이었다. 그리고 이를 민중에게 널리 알리기 위한 수단으로 포르노가 사용되었던 것이다. 린 헌트가 자신의 저서인 '포르노그래피의 발명' 에서 밝혔듯이, 프랑스의 계몽주의자들은 혁명을 일으키는 수단으로 포르노그래피(pornography)를 실제적으로 활용하였던 것이다. 그 일례로 혁명의 주도세력이었던 미라보와 생쥐스트가 포르노를 통해 구제도의 모순과 지배계층의 위선적 행위를 비판한 것을 들 수 있다. 혁명 직전에 출간된 일련의 저서에서도 당시 사회의 부도덕과 퇴폐적 분위기가 귀족 계층에서 비롯되었다는 주장이 포르노를 통해 묘사되기도 하였다.

3) 루이 16세는 루이 15세의 손자로서 1774년 19세의 나이로 등극했다. 정직하고 온화하며 모범적 신앙심을 가진 그는 모든 일을 잘 처리하여 국민들로부터 환심을 사려고 하였다.

하려고 하였으나 마찬가지로 반대에 부딪쳤다. 그러나 재정적 위기가 너무 심각하였기 때문에 루이 16세는 모든 토지에 대해 그 소유자의 신분과 관계없이 균등 과세한다는 강경한 조치를 취하였는데 그것은 실제로 귀족과 성직자에게도 세금을 부과한다는 것이었다.

새로운 과세법에 대한 항의로 성직자들은 세금 대신 매년 국가에 내던 '자진증여(don graduit)'의 액수를 1/6로 줄였다. 그리고 파리의 고등법원(Parliament)도 그러한 법이 불법이라는 것을 선언하였고 새로운 세금부과는 각 신분의 대표들로 구성된 삼부회의(etats générеaux)만이 할 수 있다는 것도 강조하였다.

3) 삼부회의의 개최 및 후유증

상황이 이렇게 전개됨에 따라 루이 16세는 1789년 5월 5일 베르사유(Versailles) 궁전에서 삼부회의를 소집하였다.[4] 삼부회의는 150년 만에 소집된 것이었지만 그 이전의 것과는 전혀 다른 상황 속에서 소집되었는데 그것을 살펴보면 다음과 같다.[5] 첫째로, 평민의 불만이 극도로 팽배한 시기에 소집되었다는 것이다. 1788년은 흉년이었고 게다가 혹독한 추위로 센(Saine) 강이 얼어붙어 곡물 수송로가 사실상 막혀 있었다.[6] 따라서 곡물의 가격은 2배 내지 4배로 올라 있었다. 그리고 1788년에 체결된 영 · 불 통상협정으로 값싼

4) 루이 16세는 삼부회의 개최를 통하여 시민 계층으로부터 재정적 지원을 얻고자 했다.
5) 삼부회의는 1614년 이래 개최된 적이 없었다.
6) 1788년 7월 13일 전국적으로 우박이 내려 농작물에 큰 피해를 가져다 주었다.

영국의 섬유 제품과 금속 제품이 프랑스로 유입되어 많은 기술자들이 일자리를 잃은 상태였다. 둘째는 평민, 즉 제 3신분의 대표들이 제 1신분과 제 2신분의 대표자들 중에서 동조세력을 얻었다는 것이다. 특히 절대왕정체제에 대해 불만을 많이 가졌던 하위 성직자들이 제 3계층을 지지한 것이다. 셋째는 웅변에 능숙한 변호사들이 평민대표로서 많이 선출되었을 뿐만 아니라 제 3계층이 삼부회의에 참석한 수도 이전보다 두 배나 많았다는 사실이다. 구체적으로 언급하면 제 1신분은 294명, 제 2신분은 270명의 대표를 베르사유에 보낸 반면, 제 3신분은 무려 578명의 대표를 참석시켰던 것이다.[7]

지금까지 삼부회의는 신분별(*par ordre*) 투표방식을 채택하였다. 즉 어떤 법을 통과시키기 위해서는 우선 각 신분이 제각기 따로 협의를 하고 그 다음에 모여 투표를 하였다. 거기서 두 신분의 찬성을 얻어야 했는데 실제로 이해관계가 대체로 비슷한 제 1신분과 제 2신분은 같은 입장이었다. 그러므로 그들은 언제나 투표에서 제 3신분을 이길 수 있었다. 따라서 1789년의 삼부회의에서도 기존의 신분별 투표방식이 고집되었지만 평민 대표들은 참석한 모든 대표에게 1표식을 부여하는 개인별(*par tete*) 투표방식을 요구하였다.

회의장 주변의 분위기도 이전의 삼부회의와는 달랐다. 루소의 전체의사가 정당하다는 것을 지지하는 선전물까지 나돌았다. 그리고 이러한 움직임을 주도한 인물은 시에예스(I.J. Sieyes) 신부였는데 그는 미라보(Mirabeau) 백작을 비롯한 일련의 실세 귀족들로부터 강력한 지

7) 신분의회에 제 3신분의 대표로 참석한 인사들의 대다수는 시민계층이었다. 그리고 이들의 절반 이상은 법률가출신이었고, 나머지는 상인, 은행가, 그리고 정부관리로 활동한 사람들이었다.

지를 받고 있었다.[8)]

이 당시 제 3신분의 대표들은 조세의 평등을 실현하고 자유를 보장하는 삼부회의가 정례적으로 소집되어야 한다는 주장을 펼치고 있었다. 그러나 이들은 자신들의 주장이 관철될 가능성이 없게 됨에 따라 6월 20일 실내정구장에 따로 모여 그들의 확고한 의지를 천명하면서 국민의회(Assemblée nationale)를 구성하기로 결정하였다. 사태의 심각성을 파악한 루이 16세는 6월 27일 성직자와 귀족들에게도 국민의회의 참여를 지시하였다. 아울러 그는 만일의 사태에 대비하기 위하여 7월 11일 군대를 파리에 집결시키고 평민들에게 인기가 있었던 네케르(Necker)를 7월 12일 총리직에서 해임시켰다. 국왕의 이러한 조치는 평민들의 분노와 불안감을 일으켰다. 이에 국민의회를 지지하던 파리의 시민들은 새로운 시 정부와 민병대(Natinal Guard)를 조직하였다.

4) 혁명의 시작

1789년 7월 14일 과격한 파리 시민들은 구체제의 상징으로 간주되던 바스티유(Bastille) 감옥을 습격하여 그곳을 지키던 수비대원 모두를 처형하였다.[9)] 이 사건을 계기로 폭동은 전국적으로 확산되었고 흥분한 대중들은 성직자 및 귀족 계급의 사회적, 경

8) 시에예스 신부는 1789년 1월 '제 3신분이란 무엇인가' 라는 팸플릿을 만들어 배포하였다. 여기서 그는 제 3신분이 전체(tout)이고 이 신분만이 프랑스 국민을 대표한다고 역설하였다.

9) 바스티유는 파리 중심가에 위치한 감옥이었다. 봉건제도의 음산한 상징이자 불법투옥 및 고문이 자행되던 악마의 소굴로 군중들이 두려워하던 곳이었다. 그러나 감옥에는 정치범 대신에 5명의 흉악범과 2명의 정신병자만이 수감되어 있었다.

제적 특권을 파괴하기 시작하였다.[10)]

1789년 8월 4일 봉건제도의 잔재가 공식적으로 철폐되었는데 그것은 국민의회에서 최초로 결정된 사안이었다. 노아이유 자작과 에기옹 공작의 제의로 제 1신분은 십일조를 포기하고, 제 2신분은 수렵지 보유, 장원적 부담과 같은 중세적 권리를 포기하였다. 그리고 국민의회는 공식적으로 농노제를 폐지하였다. 아울러 법관직의 매매도 금지시켰고 모든 시민은 출생 신분에 관계없이 모든 공직에 취임할 수 있다는 것도 공포되었다. 또한 자유로운 경제활동을 방해하던 내륙관세와 통행세도 폐지되었다.

5) 인간과 시민의 기본권리

1789년 8월 26일에 공포된 '인간과 시민의 기본권리(*Déclaration des droits de l'homme et du citoyen*)' 는 자연권 사상의 표현으로 '인간은 태어나면서부터 평등한 권리를 가지며' 그러한 권리에는 자유, 재산, 생명보존, 압제에 대한 반항권리도 포함된다고 하였다. 또한 루소의 전체의사 관념을 표현하여 '법률은 전체의사의 표현이며, 모든 시민은 법률제정에 직접 또는 대표를 통해 참가할 권리가 있다.' 고 선언하였다. 그리고 권력분립사상을 표명하여 '권리가 보장되지 않거나 권력이 분리되지 않는 사회는 헌법이 없는 사회

---

10) 지방에서는 농민들이 영주의 저택이나 성들을 공격하였다. 여기서 이들은 장원문서를 찾아내 소각하였을 뿐만 아니라 자신들이 필요로 하는 생활필수품도 약탈하였다. 아울러 농민들은 고리대 상인들과 관리 등도 습격하였는데 그것은 이들 계층이 귀족 계층과 친분을 유지하면서 자신들의 이익을 과도하게 챙겼기 때문이었다.

이다.' 라는 것도 명시하였다. 간단히 말해 인권선언은 계몽사상을 구현한 것이었다. 그러면서 '재산은 신성불가침의 권리(17조)' 라고 규정함으로써 재산권을 강조했는데 그것은 유산자인 중산 계층의 정치적, 경제적 태도를 나타낸 것으로 볼 수 있을 것이다. 모두 17개조로 구성된 인권선언은 빠진 것도 있고, 내용의 배열이나 경중에서도 문제점을 가지고 있었다. 왜냐하면 인권선언 작성에 참여한 사람 모두는 그들이 체험한 앙시앵 레짐의 모순과 부조리 타파를 우선시하였기 때문이다. 따라서 인권선언은 앙시앵 레짐의 사망증서일 뿐만 아니라 새로운 미래세계가 지향할 이념도 제시하였다 하겠다.[11)]

6) 국민의회의 활동

국민의회가 실제적 권력을 장악하였지만 정부 재정의 파탄을 해결할 방도는 찾지 못하였다. 따라서 국민의회는

11) 인간과 시민의 기본권리 중에서 중요한 것들을 거론하면 다음과 같다.
- 인간은 자유롭고, 평등하게 태어났다. 그리고 사회적 차별은 일반적 이익을 위해서만 가능하다.
- 모든 정치적 결사는 양도될 수 없는 자연권보호를 위해서이다.
- 모든 주권은 국민으로부터 비롯된다. 따라서 법은 일반의지의 표현이며 모든 시민들은 직접 또는 그들의 대표를 통해 법제정에 참여할 권리를 가진다.
- 자유란 타인의 권리를 해치지 않는 일이면 무엇이든지 할 수 있는 것을 지칭하며 그것의 제한은 법을 통해서만 가능하다.
- 법에 명시된 경우를 제외하고는 어느 누구도 체포, 구금할 수 없다.
- 사상 및 의견의 자유로운 교환은 인간의 고귀한 권리 중의 하나이다.
- 언론 및 출판의 자유를 보장한다.
- 3권분립을 실시한다.
- 세금부담은 시민의 경제적 능력에 따라 평등하게 배분한다.
- 사유재산권을 인정한다.

1789년 가을 교회의 토지를 몰수하였고 그것을 담보로 1789년 12월 19일 아시냐(assignat)라는 지폐를 발행하였다. 이자부국채의 형태로 발행되기 시작한 아시냐는 1790년부터 지폐로 통용되었다. 그러나 그 발행고가 급속히 증가됨에 따라 가치하락은 지속되었고 점차적으로 물가상승 및 경제위기의 주된 요인으로 부각되었다. 국민의회는 교회토지를 몰수하였음에도 불구하고 사유재산제도를 폐지하려고 하지는 않았다. 여기서 국민의회는 교회토지가 공공기관에 속한 것이기 때문에 사유재산의 범주에 포함시킬 수 없다는 주장을 펼쳐 자신들의 정책을 정당화시키고자 하였다. 그리고 이러한 조치는 토지소유를 분산시키는데 기여하였지만 재분배된 교회토지의 대부분은 유복한 농민과 부유한 중산계층, 즉 부르주아지에게 돌아갔다. 이에 반하여 가난하거나 토지가 전혀 없던 농민들은 이 조치로 얻은 것이 하나도 없었다.

교회는 십일조와 토지를 상실했기 때문에 스스로 유지할 힘이 없었다. 이에 따라 국가는 성직자에게 봉급을 지불하였는데 그것은 실질적으로 교회의 국유화를 의미하였다.[12] 국가로부터 봉급을 받게 된 성직자들은 국가에 대한 충성서약을 하여야만 했다. 이러한 조치는 국민의회와 로마 교황과의 충돌을 가져왔을 뿐만 아니라 많은 성직자들과 가톨릭교도들의 불만도 유발시켰다.[13] 국민의회는 무질서했던 지방행정제도도 개혁하여 전국을 거의 비슷한 넓이의 83개 도(department)로 구분하고 이를 다시 군(district)과 시읍면자치체(commune)로 나누었다. 또한 국민의회는 앙시앵 레짐하의 고등법원을 폐지하고 새로운 지

12) 1790년 7월 12일에 '성직자민사기본법(constitution civile du clergé)' 이 제정되었다.
13) 교회재산의 국유화조치는 로마교회와 프랑스 사이의 관계를 단절시키는 계기가 되었다.

방행정구역에 적합한 법원체계를 마련하였다. 아울러 국민의회는 법관 선출제도 도입하였다.

이러한 변화를 토대로 국민의회는 1791년 헌법을 제정하였다. 여기서는 특히 지방분권적인 입헌군주정체제의 도입이 거론되었다. 이제 루이 16세는 절대적인 프랑스 왕이 아니라 프랑스 국민의 왕이 되었다. 그리고 이전에 교회가 담당하였던 주요기록의 보존과 자선 및 교육의 업무는 국가로 이양되었다. 아울러 혼인은 종교적인 서약이 아니라 민사상의 계약이라는 것도 강조되었다.

1791년의 헌법은 인권선언에서 약속하였던 정치적 평등을 제약하여 참정권을 일부 국민에게만 허용하였다. 참정권을 가진 이른바 '능동적 시민(citoyen actif)' 은 1년에 적어도 3일분 노동임금에 해당되는 액수의 세금을 낼 수 있는 재산을 가진 사람들이었다.[14] 이 정도의 재산이 없는 '수동적 시민(citoyen passif)' 은 법의 완전한 보호를 받을 수는 있지만 참정권은 없었다. 그리고 앞으로 개원될 입법의회도 간접선거의 방식으로 구성하도록 결정되었다. 따라서 국민의회를 주도하던 중산계층, 즉 부르주아 계층은 소유하는 재산정도에 따라 정치적 지혜도 비례한다는 생각을 가지고 있었던 것이다.

이러한 제한적 입헌군주제를 표명한 1791년의 헌법에 대해 급진파들은 불만을 표시하였는데 그것은 이들이 완전한 정치적 민주주의 또는 공화정체제를 지향하였기 때문이다. 이들 급진파들은 본부를 파리의 자코뱅(Jacobin) 수도원에 두었기 때문에 흔히 자코뱅파로 불리고 있었다. 이 당시 자코뱅파는 전국적으로 조직을 확대하고 대중에 대한 선

14) 이 당시 프랑스에서 이러한 납세의무를 감당할 수 있는 시민은 5만 명에 불과하였다.

동도 강화하였다. 이들은 보통선거로 세워질 공화국이 등장할 때까지만 1791년의 헌법을 잠정적으로 수용하겠다는 의사를 공공연히 밝히고 있었다.

1791년의 헌법에 대해서는 루이 16세와 귀족들, 즉 왕당파도 불만을 가지고 있었다. 따라서 사태진전에 대해 불안을 느낀 귀족들과 성직자들은 프랑스를 떠나고 있었다. 1791년 6월 20일 루이 16세와 왕비 마리 앙투아네트도 외국에 있는 '망명 귀족들'과의 합류를 위해 프랑스를 탈출하려고 하였지만 실패로 돌아갔다.[15] 이 사건은 국왕에 대한 국민의 신뢰를 손상시켰다. 7월 17일 6,000명의 시위군중이 샹 드 마르스(Cham de Mars)에 모여 국왕의 퇴위를 요구하였다. 당시 국민방위군사령관이었던 라파예트는 이들에게 발포하여 해산시키는 데 성공하였다. 그러나 그의 정치적 생명은 이것을 계기로 끝났다.

7) 입법의회의 활동

1791년 가을 입법의회(Legislative Assembly)를 구성하기 위한 선거가 실시되었다. 로베스피에르(Robespierre)의 제안에 따라 제헌의회의 의원들이 배제되었기 때문에 선출된 의원들 모두는 신인이었다. 입법의회의 의원들은 의장석을 중심으로 하여 보수파의원들은 오른쪽, 급진파의원들은 왼쪽, 중간에는 온건파의원들이 자리를 잡은 데서 좌파, 우파, 중도파의 구분이 생겼다. 그런데 우파는 입헌군주주의자들이었고 좌파는 자코뱅파들로서 공화주의자들이었다.

---

15) 루이 16세와 마리 앙투아네트는 국경근처인 바렌느(Varennes)에서 체포되었다.

입법의회에서 자코뱅파가 주도권을 장악하게 됨에 따라 외세의 개입이 본격화되기 시작하였다. 프랑스의 인접국이었던 오스트리아와 프로이센은 프랑스의 혁명적 움직임이 그들 국가에 파급되는 것을 두려워하였기 때문에 1792년 4월 20일 군사적 개입을 결정하였다. 이에 따라 프랑스는 외세개입에 대한 방어책을 마련해야만 하였다. 그러나 프랑스는 전쟁에 대한 준비를 전혀 하지 않았을 뿐만 아니라 혁명으로 군의 기강 역시 문란해지고 장교의 절반 이상이 망명을 간 상태였다. 따라서 개전과 더불어 프랑스군이 패전을 거듭한 것은 피할 수 없는 상황이었다. 입법의회의 호소에 따라 각 지방에서 의용군이 조직되었고 6월 20일에는 왕이 머물고 있던 틸르리(Tuileries)궁을 파리 시민들이 습격하여 국왕의 법률안거부권을 즉각적으로 철폐할 것을 요구하였다.[16]

7월 입법의회가 '조국이 위기에 처해 있다는 것' 을 선언함에 따라 의용군들이 속속 파리로 모여들었다. 마르세유 출신 의용병들은 파리에 들어오면서 루제 드 릴(Rouget de Lisle)대위가 작곡한 '라인강 수비대의 노래' 를 힘차게 불렀고 이 군가는 라마르세예즈(La Marseillaise)라 불리워져 혁명가가 되고 후에 국가가 되었다.

이제 급진파들은 국내적으로나 대외적으로 위기를 느끼게 되었다. 이에 자코뱅파는 자신들의 지위를 강화시켜야 한다는 필요성을 인식하게 되었고 그것은 그들로 하여금 1792년 반대파를 제거하는 작업에 착수하게 하였다. 이들은 파리 시 정부를 무너뜨리고 혁명의 적으로 간주되던 사람들을 무자비하게 처형했다.

---

16) 이날 루이 16세는 몇 시간 동안 위협 및 모욕을 받았다. 아울러 그는 프라지아 모자(bonnet phrygien; 혁명과 자유의 상징으로 간주된 테 없는 붉은 모자)를 쓰고 발코니에 나와 국민 건강을 위하여 건배하여야만 하였다.

8) 국민공회의 활동

자코뱅파는 즉시 새로운 선거를 실시하여 국민공회를 구성하였다. 최초로 보통선거가 실시되었으므로 이론상으로는 국민 모두가 참정권을 가지는 정치적 민주주의가 실현된 것이다. 그러나 투표에 실제로 참가한 사람들의 수는 많지 않았다. 선거결과 공화주의자들이 국민공회에서 다수세력으로 등장하였다.

국민공회는 1792년 9월 21일 만장일치로 공화정체제를 선포하였는데 이를 지칭하여 제 1 공화국이라 한다.[17] 개원된 국민공회에서 온건파와 급진파가 다시금 대립하게 되었는데 그것을 살펴보면 다음과 같다. 온건적 노선을 지향한 지롱드파는 자유방임주의를 지향하였고 과격한 법률제정도 당분간 보류할 것을 요구하였다. 그리고 이들은 중앙 정부의 권력을 지방 정부에 어느 정도 넘겨주는 지방분권제를 옹호하였다. 즉 이들은 견제와 균형의 원리에 따라 정부의 권력이 분산되고, 제한되어야 한다는 입장을 가졌던 것이다. 아울러 입법부와 행정부의 독립에 대해서도 깊은 관심을 표명하였는데 그러한 견해는 콩도르세(Condorcet)로부터 나왔다. 이에 반해 급진파로 지칭되던 산악파는 중앙집권체제를 선호하였고 도시의 불만세력을 달래기 위해 경제문제에 대한 정부의 적극적인 개입도 요구하였다. 산악파의 중심인물은 로베스피에르였는데 그는 루소의 사회계약론에서 나타난 이상을 실제적인 정치 계획으로 바꿀 수 있다는 확신을 가지고 있었다. 그것은 인간의 본성

17) 당통(Danton)이 이 공화국의 수반으로 임명되었다.

이 선하며 정의의 법칙이 인간의 마음속에 새겨져 있다는 그의 믿음에서 비롯되었다. 따라서 그는 인민이 사회의 전체의사가 무엇인지 알 수 있는 능력을 가졌을 뿐만 아니라 실제로 전체의사가 도덕공화국을 바라고 있다는 생각도 하였던 것이다. 그러므로 만일 인간이 자발적인 방법으로 자유롭고 도덕적으로 되지 못한다면 루소의 권고대로 강제적인 방법을 사용해서라도 그렇게 해야 한다는 것이 그의 관점이었던 것이다.

로베스피에르의 급진적 산악파는 마침내 자신들의 도덕공화국을 실현시킬 기회를 가지게 되었다. 그들은 1793년 1월 21일 오전 10시 튀일리 궁 앞 광장(Place de la Concorde)에서 루이 16세를 공개처형함으로써 국민공회에서 주도권을 장악하는데 성공하였다.

국왕의 처형은 주변 국가들을 놀라게 하였다. 이제 인접 국가들의 군주, 귀족, 그리고 성직자들은 그들 국가에 혁명적 여파가 파급되는 것을 두려워하게 되었다. 따라서 이들은 프랑스의 혁명세력을 와해시키려고 하였고 여기서 프랑스는 국제전쟁에 휘말리게 되었다. 프랑스는 이미 교전중인 오스트리아와 프로이센는 물론 영국, 에스파냐, 네덜란드와도 전쟁을 하게 되었다.[18)]

국가적 비상사태를 맞은 프랑스 국민은 흔들리고 있었다. 군대는 전투에서 패하였고 경제적 상황은 이전보다 더욱 어려워졌다. 이에 위기를 느낀 산악파는 경제에 대한 강력한 국가통제의 필요성을 느끼게 되었고 자코뱅파에서 그러한 것을 반대하던 지롱드파를 숙청하려고 하였다. 마침내 1793년 여름 산악파는 과격한 파리 시민들의 지지를 얻어

18) 1793년 3월에 이르러 프랑스는 러시아를 제외한 유럽의 대다수 국가들과 교전상태에 들어갔다.

반대파를 제거하고 국민공회에서 유일한 세력으로 남게 되었다. 이에 따라 혁명파의 독재가 등장하게 된 것이다.

9) 로베스피에르의 공포정치

국민공회를 장악한 산악파는 즉각 1793년의 헌법을 제정하였다. 여기서는 보통 선거권을 인정한 정치적 민주주의가 지향되었다. 이러한 내용을 담은 새 헌법은 국민투표에 붙여져 압도적인 지지를 받았다.[19] 그러나 그 시행은 무기한 연기되었는데 그것은 반혁명세력에 대한 제거가 선행되어져야 한다는 로베스피에르의 입장에서 비롯되었다. 이에 따라 실질적인 국가 통치는 12명의 산악파 출신 의원들로 구성된 공안위원회(*comite des salut public*)가 맡게 되었다.[20] 이 위원회는 과거의 악습 및 부조리를 제거하고 민주적 도덕공화국의 건설을 최우선 과제로 설정하였다. 공안위원회가 설치된 이후 35,000-40,000명이 처형되었고, 300,000-500,000명 정도가 투옥되었다. 특히 처형된 사람들 중의 15%는 파리에서 목숨을 잃었고 나머지는 지방에서 생을 마감하였다. 희생자들의 사회적 신분을 살펴볼 경우 모든 계층이 다 포함되었다는 사실을 확인할 수 있다. 이들 중에서 성직자와 귀

19) '93년헌법에는 이외에도 노동권과 생존권의 보장, 실업자와 병약자에 대한 공공지원책 마련, 망명귀족들의 재산몰수, 그리고 봉건적 공납을 무상으로 폐지한다는 것 등이 언급되었다.

20) 1793년 9월 17일 공안위원회가 설치되었다. 이 위원회에는 로베스피에르, 생 쥐스트(Saint-Just), 쿠통(Couthon), 카르노(L.Carnot), 생탕드레(Saint-Andrée), 레 푸리에뤼(Les Prierus), 비요-바렌(Billaud-Varenne), 콜로 데르브아(Collot d'Herbois), 랭데(Lindet), 바레르(Barère), 그리고 에로 드 세셸(Hérault de Séchelles) 등이 참여하였다.

족 계층이 차지하는 비율은 15% 정도였고 나머지는 제 3계층이었다.

이로써 그 유명한 공포정치가 시작된 것이다. 로베스피에르는 과거의 모든 악습과 어리석음을 완전히 제거하고 민주적인 도덕공화국을 구축하려고 하였다. 그는 봉건제도의 잔재를 인정하지 않으려고 하였다. 예를 들면 '무슈(monsieur)', '마담(madam)' 이라는 호칭 대신에 '시투아앵(citoyen; 시민)' 이라는 용어를 사용하게 하였으며 귀족들이 입는 '퀼로트' 로 불리는 짧은 바지 대신 농민들이나 노동자들이 입는 자루처럼 긴 줄무늬 바지를 입게 하였다. 즉 로베스피에르는 봉건적이고, 귀족적이라 간주되는 모든 의복, 예술, 종교, 오락, 달력을 배격하였다. 이러한 것은 혁명과정에서 급진파들이 권력을 장악하였을 때 흔히 나타나는 '공포와 도덕의 지배(reign of terror and virtue)' 가 시작 되었음을 암시한다 하겠다.

국가가 전시비상사태에 놓이게 됨에 따라 국민공회는 국민총동원령을 내리고 국민의 애국심에 호소하였다. 의무적인 징병제도가 1793년 8월 23일에 도입되어 18세부터 40세까지의 모든 남자들이 징집되었다.[21] 이러한 징병제의 실시로 프랑스는 백만 이상의 병력을 가지게 되었고 그것은 대불동맹에 참여한 국가들의 총병력보다 많았다. 그리고 무기를 만들기 위한 제철공장이 수백 개나 세워졌고 외국으로부터의 수입이 되지 않는 화학제조 원료인 초석을 보충하기 위해 전국의 지하실과 마구간까지 초석 부스러기를 긁어모으기 위한 대대적인 운동도

---

21) 국민총동원령에서 다음의 문구가 확인되었다.
"이제부터 적군이 우리 공화국의 영토에서 축출될 때까지 모든 프랑스인들은 군대복무를 위해 영구 징집될 것이다. 젊은이들은 전쟁터로 나갈 것이며, 기혼의 남자들은 무기를 제조하고 군수품을 수송할 것이다. 여자들 역시 텐트와 의복을 만들거나 병원에서 봉사할 것이다."

전개되었다.

통화팽창과 식량부족문제가 심각했으므로 물가앙등과 임금인상을 억제하기 위한 '최고가격제' 가 1793년 9월 29일에 도입되었다. 그것에 따르면 임금은 1790년의 수준보다 50%를 넘을 수 없게 되었고, 물가는 1790년의 그것보다 33%를 넘을 수 없도록 정해졌다. 또한 국민공회는 부족한 물자에 대해 배급제도 실시하였다. 아울러 국민공회는 고급 빵의 생산을 금지하는 대신 모두에게 평등한 빵을 먹도록 강요하였다.

1794년 초에는 '방토즈 법(décrets de ventôse)' 이 제정되었는데 거기서는 망명 귀족을 포함한 반혁명 세력의 재산을 몰수하여 토지 없는 국민들에게 재분배해야 한다는 것이 명시되었다. 그러나 이 법은 시행되지 않았고 따라서 재산의 재분배 역시 일어나지도 않았다.[22)]

과격한 자코뱅파가 지향한 도덕 공화국의 이상은 너무나 추상적이었고 그러한 것을 실천하기 위해서는 폭력적인 방법도 동반되어져야 했기 때문에 국민 대중의 지지를 지속적으로 받지는 못하였다. 자코뱅파의 도덕공화국은 국민에게 초인간적인 헌신을 요구하였고 비인간적인 무자비성도 강요하였기 때문에 평범한 사람들은 그러한 긴장상태를 오랫동안 견뎌낼 수가 없었던 것이다.

10) 혁명의 결과 및 의의

따라서 공포정치의 종식을 요구하는 소리가 높아졌다. 마침내 1794년 7월 28일 국민공회는 로베스피에르를 비롯

22) '방토즈 법' 은 생쥐스트(Saint Just)로부터 나왔다.

한 일련의 정치가들을 체포하였고 다음날 이들에게 변호의 기회도 주지 않고 처형하였다. 혁명력으로 7월을 테르미도르(Thermidor)라 불렀기 때문에 이 사건은 '테르미도르의 반동' 으로 지칭되고 있다.[23)]

로베스피에르가 처형된 이후 지롱드파는 국민공회를 장악하였다. 이후 이들의 주도하에 5명의 총재와 양원제〔원로원(Conseil des Anciens)+5백인회(Conseil des cinqcents)〕를 규정한 헌법이 제정되었다.

이 헌법으로 등장한 총재정부는 지속된 전쟁으로 경제난, 재정난, 그리고 정치적 불안정에 시달렸다. 특히 1797년 이후부터 왕당파와 공화주의 좌파로부터 공격을 받은 총재정부는 군대의 힘을 빌려 정권을 유지하였다. 그렇지 않아도 대외전쟁의 계속으로 군대가 독자적인 세력으로 등장하던 시기에 총재정부가 군대에 의존하게 된 것은 스스로의 무덤을 파는 것이나 다름없었다. 뿐만 아니라 국유재산의 매각을 비롯하여 혁명으로부터 혜택을 받은 시민계급과 농민들은 정치적 불안정에 두려움을 가지게 되었고 그것은 그들로 하여금 자신들의 기득권을 보호해 줄 강력한 지도자를 기대하게 하였다.

나폴레옹(Napoleon)은 이러한 상황을 이용하여 1799년 11월(브뤼메르; Brumaire) 18일 무력한 총재정부를 붕괴시키고 정권을 장악하였다.

통령정부의 기본적 골격은 혁명력 제 8년(1799년 12월)헌법에서 마련되었다. 그것에 따르면 임기 10년의 통령(Consul) 3명이 강력한 행정부를 구성한다고 하였으나 실제적 권한은 제 1통령인 나폴레옹에게

23) 이 반동을 주도한 인물들은 공포정치의 핵심기구들을 폐지시켰다. 이에 따라 혁명재판소는 해체되었고, 공안위원회 및 치안위원회의 독자적 권한도 박탈되었다. 아울러 전국적 조직망을 가졌던 자코뱅 클럽도 폐쇄되었다.

집중되었다.[24] 4개의 기관은 각기 입법권의 일부를 행사하였다. 즉 국무회의(Council of the State)는 법안을 제안하고, 호민관(Tribunate)은 그것을 토의하고, 입법원(Legislative)은 표결하고, 원로원(Senate)은 거부권을 행사하였다. 오늘날의 내각에 해당되는 국무회의의 구성원들은 제 1통령에 의해 임명되었고 제 1통령은 국무회의의 의장이 되었다. 나머지 기관들의 의원들은 여러 단계의 간접선거를 거쳐 선출되었기 때문에 부유한 시민 계층만이 선출되었고, 선거에서 정치권력이 남용될 가능성도 매우 컸다. 따라서 통령정부는 나폴레옹의 독재체제나 다름없었다.

프랑스혁명의 의의는 이론적 단계에서 머물렀던 자유주의의 제 사상을 실제적 상황에 적용시켰다는데서 찾을 수 있을 것이다. 자유 · 평등 · 박애로 표현된 프랑스혁명의 이념이 평등이라는 의미와 자유라는 것이 불가분의 관계하에 있다는 것을 밝힘으로써 오늘날에도 그 중요성을 전혀 잃지 않고 있다. 법적평등에서 사회적-경제적인 평등으로까지의 개념 확대는 사회주의처럼 사유재산권을 부정하지는 않았으나 빈부격차의 소멸이 인간사회에 바람직하다는 오늘날의 사회정의구현과도 일맥상통한 것을 고려할 때 프랑스혁명의 이념은 여전히 중요하다 하겠다.

아울러 프랑스혁명은 주변 국가들의 정치적 흐름에도 커다란 영향을 주었는데 그것 또한 혁명의 의의로 제시할 수 있을 것이다.

---

24) 2명의 통령은 나폴레옹을 자문하는 것으로 만족해야만 했다.

10 산업혁명

기계화된 공장(1800)

1) 혁명의 특징

산업혁명은 서양근대사에서 경이적인 사건 중의 하나로 간주되고 있다. 18세기 후반부터 19세기 전반까지 진행된 기술적 발전은 공장제와 더불어 산업생산에서 비약적인 성장을 가져왔을 뿐만 아니라 유럽문명의 기본적인 특성까지 변형시켰다. 일반적으로 근대 유럽문명의 근원은 프랑스혁명과 산업혁명에서 찾을 수 있을 것이다. 전자가 개인적 자유, 주권재민, 권력분립 등의 원천이었다면, 후자는 노동, 교통, 생활전반에 근본적 변화를 가져왔다는 점에서 큰 의의를 가진다 하겠다.

산업 기술 및 생산적 대변화는 영국에서 시작되어 유럽전역으로 확산되었으며, 마침내 전 세계의 여러 지역까지 파급되었다. 이에 따라 공장 도시들이 세워졌고, 새로운 교통수단인 기차와 기선은 사람 및 화물을 빨리 운송하고 대량생산이 가능한 기계들이 발명되거나 개량되었다. 아울러 새로운 계층, 즉 자본가와 노동자 계층이 등장하였다. 여기서 산업자본가들은 자본축적, 수요공급 등의 경제 원리를 강조하였다. 이에 반해 노동자들은 경제적 불평등을 제거할 수 있는 사회주의이념을 실천시켜야 한다는 주장을 펼치기 시작하였다.

2) 혁명적 징후

18세기 중반부터 시작된 영국의 산업혁명은 19세기에 접어들면서 유럽전역으로 확산되었다. 영국은 1차 세계대전이 발발하기 직전까지 신기술의 개발, 새로운 동력원의 사용, 그리고 방대한 시장지배 등으로 세계경제에서 절대적 우위를 차지하였다. 18세기 말의 영국은 유럽에서 가장 부유한 국가도 아니었으며, 또 그렇게 많은 인구를 가진 국가도 아니었다.[1] 따라서 당시의 복합적 요인들과 거기서 파생된 것들에서 산업혁명이 시작되었다고 보아야 할 것이다.

국토가 그리 넓지 않은 영국은 자원들을 골고루 갖추고 있었다. 남동쪽의 평야는 비옥하고 생산적인 지역이며 전통적으로 주거중심지였다. 서북방면의 고지대에는 풍부한 석탄과 철이 매장되어 있으며, 거기로부터 뻗은 하천은 중세부터 수력을 제공하였다. 사면의 바다는 물자수송의 수단이 되었으며 석탄과 철, 원료와 공장, 생산품과 시장을 상호 연결시켜 주는 기능을 수행하였다. 또한 해외통상을 통해 인도산 면과

1) 1701년 500만 명이었던 영국의 인구는 1751년에는 600만 명, 1801년에는 800만 명으로 늘어났다.

같은 좋은 상품들도 수입되었다. 더욱이 18세기 후반부터 영국은 운하나 지방도로 등을 크게 확장시키는데 주력하였는데 그러한 정책은 운송수단을 획기적으로 개선시키는 계기가 되었다. 아울러 영국은 유럽 대륙과는 달리 국내통상을 방해하는 내국관세 및 봉건적 통행세를 1707년에 폐지시켰으며, 전국적으로 단일 화폐제도 및 상법이 통용되고 있었다.[2)]

영국의 산업화를 촉진시킨 요인으로 숙련된 기술과 비교적 높은 생활수준을 들 수 있을 것이다.[3)] 그리고 중세 이후 축적된 수공업 기술은 새로운 공장체제에도 쉽게 적응할 수 있었다. 영국의 시민계층과 상류계층은 혁신과 개선에 쉽게 대응하였다. 귀족의 자제들은 자신들에게 적합한 직업을 선택하였으며, 그들은 자신들의 토지를 자본화시켜 기업가로 변신하는 능력도 발휘하였다. 이렇게 형성된 자본들은 투자처를 확보하게 되었으며, 기업가의 진취성은 이것을 더욱 자극하였다.[4)] 18세기 후반부터 영국 정부가 이러한 유산계층의 기업진출을 장려한 것도 산업혁명의 유리한 조건이 될 수 있었다.[5)] 더욱이 영국 정부는 해외식민지 확보를 적극 장려하였으며, 대외정책은 영국의 상업적 이익에 부응시켜야 한다는 원칙하에서 전개되었다. 이 당시 영국은 식민지를 해외원료공급지 및 시장으로 간주하였으며, 1780년에 이르러 세계통상의 중심지로 부각되었다.

---

2) 영국은 1707년 스코틀랜드와 병합한 후 국내관세제도를 철폐하였다.
3) 이 당시 영국인들의 구매력은 유럽에서 가장 높았다.
4) 이 당시 국민총생산의 약 6% 정도가 산업설비확충에 투자되었다.
5) 아울러 영국 정부는 사유재산권을 보호하였을 뿐만 아니라 경제활동에 위해적 요소로 작용되었던 독점, 특권, 길드 등도 최대한 억제시켰다.

3) 혁명의 진행과정

영국의 산업혁명은 면방업 및 광업 분야에서 시작되었다. 원래 면방직은 영국의 전통적 산업은 아니었다. 면방직의 세계적 중심지는 인도였으며, 17세기 영국의 동인도회사가 면직물을 영국에 공급하기 전까지 그것에 대한 수요 역시 얼마 되지 않았다. 그러다가 인도산 면직물 칼리코(calicoes)가 수입됨에 따라 중산층뿐만 아니라 하층민까지 이 직물을 사용하게 되었고 그것은 모직공업과 더불어 면직공업을 활성화시키는 계기가 되었다.[6)]

18세기 초의 면직업계는 다른 분야와 마찬가지로 수공업체제에서 벗어나지 못하였다. 그러나 18세기 중반부터 기계가 발명되거나 개량되어 산업활동에 사용되기 시작하였다. 이러한 기계는 생산을 크게 증대시키는데 활용된 기계, 동력원을 강화시키는데 사용된 기계 등으로 나눌 수 있을 것이다. 먼저 1733년 란카샤(Lancashire)의 직포공이었던 케이(J.Kay; 1704-1764)는 비사(flying shuttle)를 발명하여 직조의 속도를 증대시켰다.[7)] 즉 10명의 방적공이 생산하는 모사를 한 사람의 직공이 다 사용할 정도였으므로 비사의 보급은 방적기의 개량을 요구하게 되었다. 하그리브스(J. Hargreaves)는 1764년 제니방적기(spinning jenny)를 발명하였는데 그것은 한 사람의 방적공이 8가닥의 모사를 동시에 방적할 수 있는 고성능의 것이었다. 이 제니방적기는 값싸고 속도가 빠른 장점을 가졌지만 실이 고르지 못하고 거칠게 뽑혀 나오는 단점

6) 면직물은 모직물보다 값이 저렴하고 세탁하기에도 편리하였다.

7) 재봉틀의 밑실이 들어 있는 북의 일종이다.

도 가지고 있었다. 1769년 아크라이트(R. Arkwright; 1732-1792)는 수력을 이용하여 면사의 대량생산을 가능하게 하였고 그것은 수공업체제를 공장제체제로 전환시켰다.[8] 1784년 크롬턴(S.Crompton; 1753-1827)이 제니방적기와 수력방적기의 장점을 합친 뮬(mule)방적기를 만들었는데 그것은 방적기술을 크게 향상시키는 계기가 되었다. 이러한 개량으로 면사는 견고하고 가늘게 만들어 질 수 있게 되었으며 무명천이나 삼베 손수건지 등의 직포생산도 가능하게 하였다.

이렇게 방적 기술이 향상됨에 따라 이번에는 직조기술의 보완이 요구되었는데 그것은 생산된 면사를 다 직조할 수 없다는 데서 비롯된 것 같다. 곧 동력사용이 가능한 방적기(power loom), 즉 역직기가 등장하였다. 그런데 이 역직기는 1785년 카트라이트(E.Cartwright; 1743-1823)가 특허권을 획득한 기계였다.[9]

방적 및 직조에서 생산속도의 향상과 그것에 따른 대량생산은 면사 원료인 면의 생산을 촉진하게 하였는데 문제는 손으로 면화씨를 직접 떼어내야 한다는 점에 있었다. 아무리 숙련된 노동자라 하더라도 1일 2.5 내지 3킬로그램 이상을 분리할 수 없었으므로 면화씨의 분리는 면사의 충분한 공급과 밀접한 관계를 가지게 되었다. 1793년 미국의 휘트니(E.Whitney; 1765-1825)는 조면기(cotton gin)를 발명하여 이 문제를 해결하였다. 조모기의 등장으로 노동자 한 사람이 500킬로그램의 면화를 다룰 수 있게 되었다.[10]

---

8) 아크라이트는 1785년 자신이 취득한 특허권을 박탈당하였다.

9) 그러나 카트라이트의 역직기는 1820년대 초부터 본격적으로 보급되기 시작하였는데 그 이유는 초기 역직기의 기술적인 결함보다는 직업을 잃을 것을 우려한 수직공들이 역직기의 보급을 강력히 반대하였기 때문이다.

10) 이제 50명의 노예가 하던 일을 단 1명의 노예가 할 수 있게 되었다.

방직업이 기계화됨에 따라 동력개량도 뒤따르게 되었다. 1705년 뉴커먼(T.Newcomen; 1663-1729)이 증기팽창과 응축과정을 이용한 피스턴 엔진을 고안하였다. 그의 증기기관은 탄광 갱내의 물 퍼내기에 이용되었으나, 결과적으로 석탄증산에도 기여하였다. 그러나 뉴커먼의 증기기관은 석탄소모가 많았으므로 일반 공장에서 실용화되기는 어려웠다. 스코틀랜드출신의 와트(J.Watt; 1736-1819)는 글라스고우(Glasgow) 대학에 근무하였는데 여기서 그는 뉴커먼의 증기기관에서 확인되는 비효율성을 개량하였다.[11] 와트의 엔진 역시 뉴커먼의 엔진처럼 배수용 펌프로 사용되었지만 점차적으로 그 성능을 인정받아 1785년부터 모방직공업에 사용되었고 그 후에는 증기기관차 및 기선에도 장착되었다.

영국 산업혁명의 또 다른 축이었던 철강업은 영국 북부지방에 풍부하게 매장되어 있던 원광 때문에 급속한 발전을 할 수 있었다. 그러나 제련법이 원시적이었으므로 18세기까지 괄목할 만한 성장은 없었다.[12] 1709년 다비(A.Darby; 1677-1717)는 원광을 목탄으로 녹이던 종래방식을 코크스(coke)로 대체하는 새 방법을 고안하였다.[13] 1760년 스미턴(J.Smeaton; 1724-1792)은 송풍기를 첨가하여 다비법을 개량하였고, 1780년 이후에는 와트의 증기기관에 송풍장치를 하여 효율을 더욱 증대시킬 수 있었다.[14] 1784년 코오트(H.Cort; 1740-1800)는 불순물

11) 1775년 와트는 자신의 동료 불톤(M.Boulton)과 더불어 증기기관공장을 버밍엄(Birmingham)에 설립하였다.

12) 원료 및 광석의 철분으로부터 불순물제거가 어려웠다.

13) 코크스는 석탄을 가공하여 만들었다.

14) 이제 사람들은 광산의 골칫거리인 갱 내의 배수 문제를 해결할 수 있게 되었고 그것은 깊은 갱도에서의 작업도 가능하게 하여 생산량을 증대시키는 요인이 되었다.

을 제거하여 단단하고 견고한 철을 생산하는 법을 고안하였다.[15] 이후 영국의 선철(pig iron)생산량은 급증하였다. 1740년 1.7만 톤에 불과하였던 것이 1780년에는 6.8만 톤으로 증산되었다. 그리고 1796년에는 12.5만 톤, 1806년에는 25.8만 톤으로 생산량이 급격히 늘어났고 그러한 것은 선박 · 교량 · 도구 · 무기 등을 철강으로 제작하게 하는 요인도 되었다.

석탄에 대한 수요 역시 급증하게 되었는데 그것은 석탄이 제철공장의 공업원료 뿐만 아니라 도시에서 가정연료로도 사용되었기 때문이다. 이에 따라 1,100만 톤에 불과했던 석탄생산량(1800)이 30년 만에 2,200만 톤(1830)으로 늘어났다.

산업혁명이 본격적인 궤도에 접어들면서 교통운송수단이었던 도로 및 운하의 개선도 본격화되기 시작하였다. 1815년 스코틀랜드인 맥아담(J.McAdam; 1756-1836)이 맥아담법으로 알려진 방법으로 도로를 개량하였으며, 거의 같은 시기 텔포드(T.Telford; 1757-1834)는 보다 개량된 도로를 건설하였다. 맥아담은 자갈들을 도로 표면에 깔고 왕래의 과정에서 그것들을 가라앉게 해 단단하고 평평하게 하는 방법을 제시하였다. 텔포드는 지표 아래에 큰 돌을 깔고 그 위에 맥아담공법을 첨가시켰다.

석탄 및 철강에 대한 수요가 지속적으로 증가함에 따라 철도부설 및 기관차에 대한 관심 역시 증대되었다. 19세기 초 트레비식(R.Trevithick)

---

15) 코트는 교반법과 압연법을 발명하여 나무 대신 석탄을 사용하여 선철을 연철로 가공할 수 있게 하였다. 교반법이란 선철을 코크스로 가열하여 죽과 같은 상태로 만든 다음 그것을 쇠막대기로 휘저어 탄소와 기타 불순물을 제거하는 방법을 말한다. 압연법이란 액체상태의 철을 철제 롤러 사이로 통과시켜 그 속에 포함된 불순물을 짜내는 공정을 지칭한다.

은 조잡한 증기기관차를 만들었으나 그것을 실용화시키지는 못하였다. 1825년 스티븐슨(G.Stephenson; 1781-1848)이 만든 기관차가 스톡턴(Stockton)과 달링턴(Darlington)간의 64㎞를 성공적으로 시운전하였다. 5년 후 스티븐슨의 기관차 로케트(Rocket)호가 리버풀 · 맨체스터 철도를 달림으로써 철도시대의 막이 올랐다.

해상교통도 기선이 운행됨으로써 획기적인 전기를 맞이하게 되었다. 1807년 미국의 풀턴(R.Fulton; 1765-1815)은 클러몬트(Clermont)호로 허드슨 강을 150마일이나 운행해 올라갔다. 약 30년 뒤에는 대서양 횡단노선이 캐나다 출신의 쿠나드(S.Cunard)에 의해 개설되었다.

교통의 개량은 통신의 발달도 가져왔다. 미국의 모스(S.Morse; 1791-1872)가 1844년 발명한 전신이 워싱턴과 볼티모어 간에 처음으로 타전되었다. 이로부터 22년 후, 즉 1866년 필드(C.Field; 1819-1892)는 최초로 대서양에 해저케이블을 부설하는데 성공하였다.

4) 혁명의 확산

19세기 중반부터 유럽 대륙 역시 영국에서 시작된 산업화의 영향을 받기 시작하였다. 그리고 그 이후에는 산업화가 전세계적인 현상으로 자리 잡게 되었다. 또한 기술의 혁신 및 생산방식의 변화는 산업의 여러 분야에 영향을 끼쳤고 그러한 양상은 20세기까지 지속되었다.

유럽대륙의 산업화는 영국과는 달리 서서히 진행되었는데 그 이유는 정치적으로 분열되었을 뿐만 아니라 상이한 관세제도도 운영되었기 때문이다. 아울러 교통기반시설의 미약으로 시장은 큰 제약을 받고 있었다. 이 당시 유럽 사회는 영국보다 엄격한 계층사회였으므로 인력이동의 신축성은 거의 없었다. 기업 활동은 소규모의 상태에서 벗어나지 못하였고 가족중심의 경영방식이 주종을 이루었다. 사람들 역시 지방귀족들의 생활을 자본주의적 기업가의 생활보다 더 높이 평가하였다.

그러나 유럽 각국은 18세기말부터 19세기 초에 걸쳐 중요한 산업적 변화를 겪었다. 프랑스의 노르망디 지방과 저지대 지방에서는 면직공업이 활성화되기 시작하였다. 노르망디의 루앙(Rouen)은 최대 면직공업 중심지로서 1732-1766년 사이의 생산고는 2배 이상 증대되었으며, 18세기 말에 이르러서는 영국식 기계생산도 가능하게 되었다. 견직공업은 이전처럼 리옹(Lyon)을 중심으로 발달하였다. 석탄과 철의 생산도 18세기말부터 점차적으로 증가되었는데 그것은 프랑스에 공장제체제를 도입할 수 있는 계기를 제공하였다. 아울러 운하 · 철도 등의 교통기반이 구축되었으며 국내시장을 확대시킬 수 있는 인구 증가현상도 나타났다.[16)]

스위스는 산업화를 비교적 일찍 시작한 국가 중의 하나였다. 고대로부터의 상업적 전통, 풍부한 수력 및 유럽의 남북을 연결하는 교통요지에 위치하였기 때문에 스위스는 면직공업이나 그 밖의 경공업 발달에 유리한 조건을 갖추고 있었다.

벨기에는 1840년 경 영국 상품과 경쟁할 만큼 산업화를 수행하였다. 유리한 정부 정책, 양호한 운송수단, 그리고 안정된 시장 등의 요인들로 벨기에는 영국의 경제력과 맞설 만큼의 경제적 발전을 이룩할 수 있

16) 이 당시 프랑스 인구는 20% 이상 증가하였다.

었다.

독일의 산업발전은 1815-1871년에 확고한 기반을 구축하였다. 1834년 관세동맹(Zollverein)이 체결된 이후 자유무역이 활성화되면서 산업활동이 촉진되었다.[17] 영국에서 기계류를 수입한 독일은 면직공업에서 급속한 발전을 이루었으며, 1850년대 이후에는 금속공업뿐만 아니라 석탄생산에서도 괄목할 만한 진척을 보게 되었다. 통일 이후인 1870년대부터 독일의 산업은 급격히 팽창하기 시작하였는데 그러한 것은 독일이 프랑스로부터 막대한 전쟁배상금을 받았다는 것과 철강산업이 활성화된 알자스-로렌(Alsace-Lorraine)지방이 독일에 편입된 것에서 비롯되었다 하겠다. 아울러 인구의 급속한 증가도 독일이 선진 산업국가로 탈바꿈하는데 크게 기여하였다 하겠다.

이 밖에 유럽 각국, 특히 네덜란드, 에스파냐, 덴마크, 오스트리아 등도 1830-1870년 사이에 비약적인 산업발전을 성취하였다. 이에 반해 러시아는 여전히 경제적 후진성에서 벗어나지 못하였지만 신대륙의 미국은 괄목할 만한 산업발전을 달성하였다.

5) 혁명의 영향 및 후유증

영국의 산업혁명으로 시작된 경제적 변화는 사회의 여러 부분에 적지 않은 영향을 끼쳤다. 산업혁명의 과정에서 새로운 과학 기술, 투자자본의 축적, 공장노동의 조직화, 인구의 증가 및

17) 관세동맹의 체결로 독일권은 경제적 단일화(Schaffung eines einheitlichen deutschen Wirtschaftsgebiets)를 구축할 수 있게 되었다.

도시의 성장, 그리고 시장의 규모 및 교역의 확대 등의 새로운 양상 등이 나타났다. 그리고 이러한 것들은 19세기 후반에 접어들면서부터 더욱 가속화되기 시작하였다. 즉, 자원의 이용은 보다 체계화 되었고, 인구 역시 급속히 증가하였다. 아울러 교통수단은 향상되었으며 자본가들의 동의수단 역시 확장되었다. 정치가들과 산업자본가들은 산업성장을 촉진시킬 수 있는 방안들을 모색하였다. 그 결과 더 많은 생산 및 부를 창출하였지만 급속한 사회적 변화와 거기서 파생된 문제점들에 대해서는 효율적으로 대응하지 못하였다.

산업화는 지방생활의 변화를 가져왔을 뿐만 아니라 도시의 인구도 급속히 증대시켰다. 이 당시 유럽 인구의 상당수가 여전히 지방에 살고 있었지만, 도시는 그 규모 및 수에서 크게 발전하였으며 유럽의 생활중심은 서서히 지방에서 도시로 옮겨지고 있었다. 이러한 변화는 생활양식, 가치관, 생활조건, 노동형태, 그리고 사회구조를 변화시켰다. 이전의 작업장들은 지방에 위치해 있었고 기계작동에 필요한 수력의 근처에 있었다. 그러나 증기기관의 발명으로 기업가들은 수력에 더 이상 의존할 필요가 없게 되었고 그것은 대도시에 생산체제를 집결시키는 요인이 되었다. 도시에서는 교통수단이 편리하였기 때문에 원료구입 및 제품출하시 경비가 절감되었다. 이에 따라 노동자들은 도시로 집결하였고 그것은 노동력의 공급도 용이하게 하였다. 이 당시 런던의 인구는 13만 명, 맨체스터의 인구는 7만 명이었다. 파리는 12만 명, 빈은 40만 명의 인구를 가지게 되었다.[18]

18) 19세기에 접어들면서부터 도시로의 유입현상은 더욱 가속화되었다. 그 결과 영국인의 52%, 프랑스인의 25%, 독일인들의 36%가 도시에 거주하게 되었다.

산업혁명은 인구의 증가 및 도시로의 이동을 초래하였을 뿐만 아니라 사회계급의 재편성도 유발시켰다. 즉 자본을 소유한 산업자본가와 임금을 받는 노동자 계급이 형성되었던 것이다. 그리고 이 두 계급 사이에는 부유하지도 빈곤하지도 않은 중간 계급, 즉 상점주 · 공무원 · 법률가 · 의사 · 교사 등이 등장하였다.

새로운 산업화의 과정에서 가장 중요한 것은 공장제(factory system)라 하겠다. 공장이란 정해진 장소에 동력, 자원, 그리고 노동력이 효율적으로 집결됨을 의미한다. 공장은 대량의 상품을 생산하기 위해 기계를 사용하였고 작업과정에서 분업이란 방식도 채택하였다. 이제 숙련과 기술이 필요했던 많은 직종에서 기계도입과 더불어 노동자들은 하나의 자동기계의 위치로 전락하였다. 노동자들은 기계에 예속되어 그것을 보살피는 사람으로서 하루 종일 단조로운 기계의 소리와 동작에 대해 주의를 집중해야만 하였다. 더욱이 기계의 개량은 작업의 효율성을 높이게 되었고 공장마다 더 많은 기계가 설치됨에 따라 노동자들의 임금은 계속 하락하였다.[19] 이후 노동자들은 실직당하는 경우가 많게 되었고 그것은 기계를 원망하고 파괴하는 극단적인 행위도 유발시켰다. 인간의 숙련기술이 기계로 대치됨에 따라, 즉 이른바 '과학기술에 의한 실업' 은 이후 사회적 문제로 크게 대두되었다.

효율성 및 생산성 향상에도 불구하고 공장제는 어려운 문제를 야기시켰다. 채광 및 조명시설이 제대로 되어 있지 않고 환기장치가 열악한 공장은 위생과 안전도에 대해서 관심을 보이지 않았다. 산업혁명 초기

---

19) 이제 산업자본가들은 임금이 비싼 성인 남자들 대신에 낮은 임금으로도 고용할 수 있는 어린이나 여자들을 선호하게 되었다.

영국에서는 작업 중 발생한 사고는 노동자 본인의 부주의로 간주되었고, 상해를 당한 노동자는 공장에서 쫓겨났다. 노동환경이 좋지 않은 만큼 노동조건 역시 매우 열악하였다. 단순 노동에 장시간 종사하여 얻은 임금으로 가족의 생계를 꾸려 나갈 수 없음에도 불구하고 공장노동직은 심한 경쟁의 대상이었다. 부인과 아이들까지 공장이나 탄광에서 불리한 조건으로 일을 해야만 생활이 유지되었다. 폐질환이나 신경통 등은 이러한 비위생적 노동조건하에서 비롯된 질병이라 하겠다. 공장제체제하에서 가장 비참한 것은 어린이 노동자들이었다.[20] 이들은 공장이나 탄광에서 12시간 이상이나 일을 하였고 자신들의 미래생활을 향상시킬 수 있는 교육은 전혀 받지 못하였다.[21]

산업화가 진행되는 과정에서 표출된 사회문제들 중에서 노동자들의 노동조건과 생활안정에 관한 문제가 가장 심각하였다. 점차적으로 이러한 문제에 대한 노동자들의 각성이 높아지게 되었고 그것의 개선을 위한 압력단체의 결성도 시도되었다. 나폴레옹 전쟁 이후 영국에서는 수직노동자 및 그 밖의 노동자들의 실업률이 매우 높아지게 되었고 그것은 그들로 하여금 기계를 파괴하게 하였다. 러드(N.Ludd)가 지휘한 이러한 파괴행위를 지칭하여 러드파운동(Luddite Movement)이라 한다.[22]

20) 5세 미만의 아이들도 노동자로 고용되었다. 그리고 이렇게 어린 나이에 고용된 아이들의 평균수명은 17세에 불과하였다.

21) 1830년 영국 하원이 설치한 '아동노동실태조사를 위한 위원회' 의 보고서에서 이러한 것들이 구체적으로 언급되었다.
'부인 및 아이들은 하루 평균 19시간 정도, 즉 오전 3시부터 오후 10시까지 일을 하였다. 만일 이들이 출근시간을 어겼을 경우 임금의 1/4을 삭감 당하였다.'

22) 1811-12년 러드파운동이 최고조에 달하였다. 러드파운동에서는 국가가 노동자문제에 적극적으로 개입해야 한다는 것이 강력히 거론되었다.

산업혁명 초기에 노동자들의 파업이나 시위운동이 전혀 없었던 것은 아니었으나 그것들은 조직적으로 시도된 것은 아니었다. 그러나 1820년대부터 영국의 노동조합운동은 본격적으로 전개되었는데 그것은 노동자들의 조합결성을 금지하는 조합법이 철회되면서 가능하였다.

11 메테르니히(Metternich)체제

빈 회의(1814. 10)

1) 빈 회의

1814년 4월 6일 나폴레옹(Napoleon)을 퇴위시킨 연합국의 대표들은 프랑스혁명과 나폴레옹 전쟁 이후의 사태를 수습하기 위해 그 해 9월부터 오스트리아 제국의 수도인 빈(Wien)에서 회의를 개최하였다. 터키를 제외한 유럽 모든 국가의 대표들이 참여한 이 회의는 러시아의 알렉산데르 1세(Alexander I), 영국의 캐슬레이(Castlereagh), 프랑스의 탈레랑(Charles de Talleyrand-Perigord), 그리고 오스트리아의 메테르니히(Metternich)의 주도로 진행되었지만 그 중에서도 메테르니히의 역할은 가장 주목할 만 하였다.

이 회의를 이끈 기본정신은 정통주의와 보상주의였다. 정통주의란 1789년 이전의 상태, 곧 프랑스혁명 이전의 상태로 돌아가자는 주장으로 혁명 이전의 왕조 및 영토를 부활시키고 프랑스혁명과 나폴레옹

전쟁의 산물인 자유주의와 민족주의를 탄압하는 것이었다. 이 주장은 원래 프랑스 대표로 참가한 탈레랑이 프랑스에 대한 연합국들의 응징이 두려워 제시한 것이지만 메테르니히가 이를 반동정치의 기본적 이념으로 수용하였던 것이다. 그러나 정통주의 정신은 영국을 중심으로 한 연합국들의 이해관계로 흐려지게 되었는데 그것은 이들 국가가 전승국이라는 입장에서 영토적 보상을 요구했기 때문이다. 따라서 본래의 정통주의이외에 보상주의라는 또 하나의 원칙이 제기되었던 것이다.

2) 정통주의와 보상주의

정통주의에 따라 프랑스에서는 부르봉왕조가 부활되었고 루이 18세(Louis XVIII)는 프랑스의 국왕으로 즉위하였다. 메테르니히는 러시아가 대국으로 등장하는 것을 막고 유럽에서 세력균형을 유지시키기 위해서는 프랑스의 역할이 필요하다는 것을 인식하고 패전국인 프랑스에 대해서 관대한 조치를 취하였다. 따라서 그는 프랑스로부터 영토 보상을 요구하지 않았고 7억 프랑(Franc)의 보상금만을 지불하게 했다. 프랑스 이외에도 네덜란드에서는 오렌지(Orange)가가, 피에몬테(Piemonte)와 사르데냐(Sardinia)에서는 사보이(Savoy)가가, 그리고 스페인과 시칠리아에서는 부르봉가가 부활하였다.

구왕조의 부활 후 보상주의에 따른 영토재조정 작업이 이루어졌다. 여기서 영국은 나폴레옹전쟁 중 일시적으로 프랑스 측에 가담하였던 남아프리카와 남미의 기아나(Guiana)의 일부와 실론(Ceylon)섬을 차지했다.[1] 영토적 손실을 보상한다는 차원에서 네덜란드에게는 오스트리아령 네덜란드, 즉 벨기에를 넘겨주었다. 오스트리아는 그 대가로 이탈리아에서 상당한 영토를 차지하였다. 즉 오스트리아는 베네치아(Venezia)공화국과 밀라노(Milano)공국을 차지하였으며 합스부르크 일가는 투스카니(Tuscany), 파르마(Parma), 모데나(Modena)를 지배하게 되었다. 러시아는 1809년 스웨덴으로부터 빼앗은 핀란드(Finland)를 차지하게 되었으며 그 대신 스웨덴은 덴마크의 영토였던 노르웨이(Norway)를 병합하였다.[2] 이러한 영토 보상은 관련 민족의 관심을 전혀 고려하지 않았기 때문에 민족적 반감을 유발시키는 요인이 되었다. 문화 및 종교가 전혀 다른데도 불구하고 벨기에는 강제로 네덜란드의 지배하에 놓이게 되었고 노르웨이 역시 스웨덴으로부터 수모를 당해야 했다.[3] 또 이탈리아는 오스트리아에게 영토의 일부를 빼앗기는 상황에 놓이게 되었다.

메테르니히는 정통주의 및 보상주의에 따라 결정된 사안들을 고착시키기 위해 1815년 11월 20일 4국동맹(Quadruple Alliance)을 결성하였는데 여기에는 오스트리아, 영국, 프로이센, 그리고 러시아가 참여했다. 이 동맹의 결성목적은 동맹국 중의 어느 한 국가에서 소요가 발생하여 복고된 왕조나 군주가 위태롭게 되거나 또는 설정된 국경선이 위협을 받을 경우 군사적 개입으로 사태를 해결한다는 것이었다.[4]

---

1) 남아프리카의 케이프(Cape)는 네덜란드의 식민지였다.
2) 이 회의에서 스위스는 영세중립국으로 인정되었다.
3) 지금까지 스웨덴은 덴마크의 지배를 받아왔다.
4) 그런데 이 4국동맹은 1818년 프랑스가 가입함으로써 5국동맹으로 변형되었다.

이러한 4국동맹의 의도는 1818부터 1822년까지 열린 네 차례 국제회의, 즉 엑스라샤펠(Aix-la-Chapelle: Aachen; 1818)회의, 트로포우(Troppau; 1820)회의, 라이바흐(Leibach; 1821)회의, 베로나(Verona; 1822)회의에서 다시금 각인되었다. 제 2차 트로포우 회의에서는 소요로 군주교체와 영토변경이 이루어질 경우 군사개입으로 그러한 상황을 원점화시킨다는 것이 결정되었고, 제 3차 라이바흐 회의에서는 제 2차 회의에서 결정된 사안을 실제적 상황에 적용시키는 방법이 구체적으로 거론되었다. 이에 따라 회의 참석자들은 자유주의자들의 강요로 자유주의 헌법을 인정한 시칠리아 왕국의 페르난도 1세(Ferdinand I)를 소환하여 자신의 약속을 무효화시킨 후 오스트리아 군대를 나폴리로 파병하여 자유주의세력을 진압하였다. 제 4차 베로나 회의에서는 프랑스로 하여금 자유주의 헌법의 도입을 요구하면서 반란을 일으킨 스페인의 자유주의자들을 진압하도록 하였다.[5)]

한편 4국동맹이 체결되기 2개월 전인 1815년 9월 러시아의 알렉산데르 1세는 신성동맹(Holy Alliance)의 창설을 제의하였다. 이것은 유럽의 군주들이 정의, 기독교의 자선심, 평화의 정신으로 국제관계 및 대내통치를 해 나갈 것을 제창한 것으로서 다른 열강들의 동의를 받았으나 실제로는 아무런 구속력도 없는 경건한 서약에 불과하였다.[6)]

---

5) 프랑스는 10만 명의 군사를 동원하여 스페인 국왕이 허용한 헌법을 폐기시켰다.

6) 교황령과 터키는 이 동맹에 참여하지 않았다.

3) 메테르니히체제확립 이후의 상황

메테르니히체제의 등장은 유럽 각국에서 보수 · 반동세력이 득세하는 계기가 되었다. 그러나 프랑스혁명과 나폴레옹 전쟁으로 형성된 진보세력은 이러한 반동세력의 발호를 인정하려고 하지 않았다. 따라서 각 국에서는 보수 · 진보 양 진영 간에 치열한 대립이 전개되었다.

영국의 토리(Tory)당 정권은 토지 귀족과 상업시민 계층의 이익을 옹호하고 산업시민과 노동자들의 입장을 무시하는 보수 · 반동 정책을 펼쳤다. 특히 1815년에 제정된 곡물법은 나폴레옹 전쟁 종결에 따른 불황과 실업에 허덕이는 중산계급 및 노동자 계층을 극도로 격분시켰다.[7] 신흥도시의 노동자들은 자신들의 비참한 상황을 견디지 못하고 1811년부터 영국의 중요 공업도시에서 기계파괴폭동을 감행하였다.[8] 계속되는 민중적 소요에 놀란 영국 정부는 1816년에 인신보호령(Habeas Corpus Acts)의 6개월 정지, 1817년에 집회금지법공포, 그리고 1819년에 맨체스터에서의 피털루(Peterloo)학살사건을 계기로 공포한 6개의 법령(Six Acts) 등으로 탄압정치의 강도를 보다 강화시키려고 하였다.[9] 이에 진보세력들은 정부의 이러한 조치에 대하여 강한 불만을 표시하였을

7) 대륙봉쇄령이 철폐됨에 따라 값싼 곡물이 대량으로 영국에 유입되었고 그것은 곡물가격의 급락을 가져왔다. 이에 따라 지주 계층은 곡물가격을 이전의 상태로 환원시켜야 한다는 주장을 펼쳤고 정부 역시 그러한 주장에 동의하였다.

8) 이 폭동은 1817년까지 지속되었다.

9) 약 60,000명에 달하는 노동자들이 의회법의 개혁을 요구하는 시위를 펼쳤다. 그러나 정부는 이를 무력으로 진압하였고 그 과정에서 12명이 목숨을 잃었다.

뿐만 아니라 '카토거리의 음모단'을 조직하여 전 토리 내각의 인물들을 암살하려는 극단적인 행동까지도 취하였다.[10]

프랑스에서도 극우왕당파와 자유주의자 간의 투쟁이 전개되었다. 1820년 2월 14일 루이 18세의 조카였던 베리(C.F.Berry)공이 자유주의자들에 의해 살해됨에 따라 극우왕당파(Ultra Royalists)는 극단적인 반동정치를 펼치기 시작했다.[11] 특히 1825년 루이 18세의 아우이며 극우왕당파였던 샤를 10세(Charles X)가 즉위한 이후 프랑스 정국은 더욱 반동화되었다.

독일은 메테르니히체제로 국가통일의 열망이 좌절되었다.[12] 이러한 상황에 대해 가장 민감한 반응을 보인 계층은 대학생들이었다. 이들은 독일의 통합 및 정치제도 개선에 일익을 담당하겠다는 생각을 가지게

---

10) 카토거리의 음모단은 1820년에 결성되었다.

11) 당시의 시대적 추이를 비교적 정확히 파악하였던 루이 18세는 귀족원과 중의원의 양원제의회를 허용하였다. 아울러 그는 나폴레옹 법전(Code Napoleon)을 유지하여 법적인 평등 및 상속권의 균등한 배분을 인정하였다.

12) 빈 회의에서는 독일의 재조직을 위한 여러 안이 제시되었으나 각 영방의 독립과 주권을 침해하는 통일안은 논의대상에서 배제되었다. 독일 연방은 오스트리아와 프로이센 등 4개의 왕국과 4개의 자유 도시 등을 포함한 모두 39개 국가로 구성된 국가 연합이었다. 여기에는 영국 왕이 하노버(Hannover)국왕으로, 덴마크 왕이 홀슈타인(Holstein)공으로, 네덜란드 왕이 룩셈부르크(Luxemburg)대공의 자격으로 각각 참여하였고 오스트리아와 프로이센의 비독일계 지역은 가입에서 배제되었다. 이러한 연방의 유일한 활동조직으로는 과거 제국 의회가 열렸던 프랑크푸르트(Frankfurt)에 설치한 연방 의회(Bundestag)를 들 수 있다.
그런데 이 연방 의회는 오스트리아제국을 의장 국가로 한 상설기구로서 각 국가의 전권 대리로 구성된 사절 의회의 성격을 띠었다. 그리고 이 연방에 가입한 국가들은 독자적으로 외국과 조약을 체결할 수 있었기 때문에 이 연방은 중앙 행정 기구나 재정 조직을 갖출 수 없었다. 따라서 독일연방은 연방 국가라기보다는 국가연합에 불과하였다. 그러나 연방의 제 규정을 제대로 활용하였다면 통일된 경제, 교역, 관세, 통화에 관한 법률 제정이나 연방군의 창설까지도 가능하였다. 그럼에도 불구하고 연방의회는 연방이 붕괴되기까지 아무런 조치도 취하지 않았다.

되었고 그것을 실천시키기 위해서는 그들 간의 단결이 필요하다는 것도 인지하게 되었다. 이후 이들은 부르셴샤프트(Burschenschaft)라는 학생단체를 결성하게 되었다.[13)]

1817년 10월 18일, 종교개혁 300주년과 해방 전쟁 3주년을 기념하기 위한 대학생들의 축제가 루터가 성서를 번역했던 튀링겐(Thüringen)의 바르트부르크(Wartburg)성에서 개최되었다. 이때 일부 학생들이 할러(K.L.v. Haller)의 저서를 비롯한 일련의 반동적 작품 및 상징물을 소각하였다.[14)] 이러한 학생들의 과격한 행위에 대하여 각 국 정부는 우려를 표명하였고 메테르니히는 작센-바이마르(Sachsen-Weimar)의 대공인 아우구스트(K.August)에게 자코뱅주의(Jakobinertum)를 철저히 탄압할 것을 요청하였다.

1819년 3월 23일 러시아의 첩자로 지목되던 극작가 코체부에(A.v. Kotzebue)가 잔트(K.L.Sand)라는 학생에 의해 살해됨에 따라 메테르니히는 부르셴샤프트의 활동을 중단시켜야 한다는 확신을 가지게 되었다.[15)] 이에 따라 그는 1819년 8월 6일 프로이센을 비롯한 10개국의 대표를 보헤미아의 카를스바트(Karlsbad)에서 만나 대학에 대한 국가의 엄격한 감독, 출판물에 대한 검열, 반체제 음모에 대한 철저한 조사 등을 결의하였다. 여기서는 '카를스바트 협약(Karlsbader Beschlusse)'도 체결되었는데 그 중요한 내용들은 다음과 같다.

---

13) 1815년 6월 12일 예나(Jena)대학의 리만(H.Riemann)은 같은 대학에 재학 중인 143명의 학생들과 더불어 부르셴샤프트를 결성하였다.

14) 비료를 치는 쇠스랑(Mistgabel), 헤센의 가발(Hessischer Zopf), 창기병군복(Ulanenschnürleib), 오스트리아분대장모자(Österreichischer Korporalstock), 그리고 코체부에의 '독일왕국사' 등이 소각되었다.

15) 이 당시 잔트는 예나대학에서 신학을 공부하고 있었다.

① 향후 5년간 신문이나 정기간행물에 대해 엄격한 사전 검열을 실시한다. 320쪽(20Bogen) 미만의 출판물에 대해서도 이러한 검열 방식을 채택한다. 그리고 320쪽을 초과하는 출판물들은 사후 검열도 실시한다. 아울러 독일 연방에 대한 권위 및 연방회원국들의 평화와 질서를 저해하는 서적들이 발견될 경우 즉시 그것들을 회수 · 폐기한다. 그리고 이러한 서적들을 출간한 출판사들의 책임자들은 5년간 동일 업종에 종사할 수 없다.

② 대학이나 고등학교는 각 국 정부가 지명한 특별 전권 위원(landesherrlicher Bevollmächtigter)의 엄격한 감독을 받는다. 그렇지만 이 인물은 이들 교육 기관의 학문적 문제나 교육 과정에 대해서는 간섭할 권한을 가지지 않는다. 그리고 기존의 질서체제를 위협하는 강의를 하거나 학생들을 선동하는 교수들은 대학의 교단에서 추방한다. 이렇게 추방된 교수들은 독일의 다른 대학에서도 강의를 할 수 없다.

③ 부르셴샤프트는 즉시 해산시킨다. 향후 이 부르셴샤프트와 계속하여 관계를 가지는 학생들은 국가 관료로 임명하지 않는다. 그리고 특별전권 위원이나 대학 평의 회의 결정에 따라 제적된 학생들은 독일의 다른 대학에 재입학할 수 없다.

④ 법률가로 구성된 중앙조사위원회(Centraluntersuchungscommission)를 마인츠(Mainz)에 설치하여 각 지역에서의 혁명적 소요를 조사하고 그것을 연방 의회에 보고하는 임무를 가지게 한다. 그리고 독일의 모든 나라에서 체포권 및 구인권을 가진 이 위원회는 한시적으로 운영한다.

이후 부르셴샤프트는 불법화되었고 이 단체에 관여하거나 메테르니히체제에 비판적 자세를 보인 많은 교수들이 대학의 강단에서 추방되었다.[16] 이러한 조치로 독일에서는 자유주의 및 민족주의의 확산이 일시적으로 중단되었다.

스페인과 이탈리아에서도 복고된 부르봉왕조의 반동정책으로 소요가 발생하였다. 특히 이탈리아에서는 카르보나리(Carbonari; 숯을 굽는 사람) 당이 일으킨 폭동과 그 압력으로 자유주의적 헌법이 일시적으로 채택되었으나 메테르니히의 개입으로 전제정치는 다시 부활되었다.[17]

러시아는 1818년까지 학교를 세우고 농노의 일부를 해방하는 등의 진보 정책을 펼쳤다. 그러나 1818년 폴란드인들의 독립운동을 계기로 알렉산데르 1세는 초기의 유화정책을 포기하고 반동정책을 펼치기 시작하였다. 이러한 차르의 정책변경에 대해 불만을 가졌던 청년장교들은 국내의 지식인들과 연계하려는 움직임을 보였고 그러한 시도는 1825년 12월 1일 니콜라이 1세(Nikolai I)가 새로운 황제로 즉위하려고 할 때 보다 구체화되었다. 여기서 청년장교들과 지식인들은 12월당(Decabrists)을 결성하여 니콜라이 1세 대신에 자유주의자였던 콘스탄틴(Constantine) 대공을 옹립하려고 하였으나 당사자의 거부로 무산되었다. 이후 니콜라이 1세는 언론탄압, 비밀경찰제도의 도입, 그리고 국가를 군사진영화시켜 시민들의 행동을 감시 · 통제하는 등의 반동정치를 펼쳤다.[19]

---

16) 체조 협회를 창설하고 대학생조합의 창설을 유도한 얀(Jahn)은 체포되었으며, 독일의 통일을 역설한 아른트(Arndt) 역시 본(Bonn)대학에서 추방되었다. 프로이센의 개혁에서 주도적 역할을 담당하였던 슈타인(Stein)과 그나이제나우(Gneisenau)를 비롯하여 종교 철학자인 슐라이어마허(F. Schleiermacher) 마저 선동혐의를 받았다.

17) 카르보나리는 이탈리아에서 가장 천하게 여겼던 직업이었다.

18) 콘스탄틴은 알렉산데르 1세의 장남이었다.

19) 비밀경찰은 주로 교육기관 및 언론을 감시하였다.

4) 메테르니히체제의 붕괴

반동 · 복고적인 메테르니히체제는 다음의 사건들로 흔들리기 시작하였다. 메테르니히체제의 붕괴를 촉발한 첫 번째 사건은 1822년의 베로나 회의에서 스페인내란에 대한 무력적 개입과 남미의 구스페인 식민지에 대한 파병론이 제기되자 영국이 반대의사를 표명하고 5국동맹으로부터 이탈한 사건이었다. 두 번째는 1823년 12월 미국의 먼로 (Monroe) 대통령이 합중국 의회에서 먼로독트린(Monroe Doctrine)이라는 유명한 외교선언을 천명하였을 때이다. 즉 '아메리카 대륙은 그들이 획득 · 유지해 온 자유 독립적 지위에 입각하여, 이후로는 유럽 강대국들의 식민대상이 될 수 없으며 그것은 합중국의 권리와 이해에 관련되는 하나의 원칙이다.' 라고 천명하였을 때 메테르니히의 외교노선은 중대한 도전을 받게 되었다. 그러나 메테르니히는 아메리카 대륙에 개입하여 미국 대통령의 의지를 시험하려고 하지는 않았다. 먼로가 이처럼 메테르니히의 외교정책에 정면으로 대응할 수 있었던 것은 미국의 국력신장보다는 영국의 강력한 해군력에서 비롯되었다고 볼 수 있다. 따라서 유럽 열강은 영 · 미 양국의 공동이해가 얽혀 있는 신생 라틴아메리카 제국에 무력으로 개입할 수가 없었다. 세 번째는 그리스독립전쟁(1821-1829) 때였다.[20] 메테르니히는

20) 15세기 이래 오스만 터키의 지배를 받아 온 그리스에서 독립전쟁이 일어난 것이다. 이 당시 그리스에는 민족주의를 지향한 두 개의 집단이 있었다. 그 하나는 콘스탄티노플을 중심으로 그리스 정교회의 관리를 맡은 파나리오트(Phanariots)이며, 다른 하나는 도서파(Island Greeks)로서 에게 해의 항구 및 섬 출신의 상인들이었다. 도서파는 베네치아 상인들이 물

그리스의 독립전쟁에 간섭하지 않았다. 따라서 그와 함께 유럽의 협조체제를 유지하던 유럽의 열강들 역시 방관적인 태도를 취하였다. 그러나 러시아의 니콜라이 1세가 유럽의 협조정신을 어기고 러시아의 국가이익을 앞세워 그리스 독립전쟁에 개입함으로써 러시아의 남진정책에 부정적이었던 영국과 프랑스도 이 전쟁에 참여하였다.[21] 이로써 메테르니히의 협조체제는 다시금 어려운 상황에 놓이게 되었다. 네 번째는 1830년에 프랑스에서 7월혁명이 발생하여 반동적인 샤를 10세가 물러나고 루이 필립(Louis Philip)의 7월왕정이 수립되었을 때였다.

5) 7월혁명과 그 영향

7월혁명은 프랑스 자유주의 세력의 승리로써 메테르니히체제 붕괴에 결정적인 기여를 하였다. 1825년 루이 18세가 죽고 그 후임으로 등장한 샤를 10세는 즉위한 직후부터 일련의 반동정책을 펼쳤다.[22] 그는 프랑스혁명과 나폴레옹전쟁 기간 중 망명했던 귀족들의 재산손실을 보상하기 위해 시민계층에게 주어야 할 국채이자를

러간 후 상업활동을 활발히 전개하였을 뿐만 아니라 순수한 고전적 그리스어로 돌아가려는 문화적인 민족주의도 지향하였다. 한편 파나리오트파의 입실란티(Ypsilanti)는 오데사(Odessa)에 애국적 비밀결사단체를 조직하고, 1821년 몰타비아 지방에서 터키에 대한 반란을 일으켰지만 실패하였다. 그러나 그리스 본토의 모레아(Morea) 농민들의 봉기로 독립전쟁은 시작되었다. 독립전쟁은 상호간 무자비하게 학살하는 잔인한 양상을 띠었으며, 이집트의 알리(M. Ali)가 토벌군을 조직함에 따라 그리스 독립군의 패색은 짙어졌다.

21) 러시아 · 영국 · 프랑스의 연합함대는 1827년 나바리노(Navarino)에서 터키 · 이집트 해군을 격파하여 그리스를 제압하려던 터키의 의도를 좌절시켰다.

22) 그동안 법적으로 활동이 금지되었던 예수회가 다시 활기를 띠기 시작하였다. 이에 따라 교회는 공립학교의 교장직과 행정직에 성직자들을 임명하기 시작하였다.

5%에서 3%로 인하함으로써 이들의 반발을 유발시켰다. 자신에 대한 불만이 증대됨에 따라 그는 언론을 탄압하고 출판에 대한 검열을 강화시켰다. 아울러 그는 1829년 8월 8일 극우파 인물인 폴리냐크(J.A. Polignac)대공을 수상으로 임명하여 하원의 의사를 무시하였을 뿐만 아니라 새로 구성된 의회가 반정부적 인사들을 다수 포함하였다 하여 소집하지도 않고 해산시켰다. 또 그는 토지세를 납부하는 사람들에게만 선거권을 부여하여 종래 유권자의 $\frac{3}{4}$으로부터 선거권을 박탈하는 등의 반동적 조치를 취함으로써 국민들의 반감을 크게 샀다.[23] 이러한 국왕의 반동정치에 대해 파리 민중들은 1830년 7월 27일 파리 여러 곳에 바리케이드를 설치하고 3일간의 시가전을 펼쳤다. 이에 샤를 10세는 영국으로 망명하였고 정권은 티에르(A.Thiers)와 기조(F. Guizot)가 주도하는 혁명파의 수중으로 넘어가게 되었다. 혁명파는 1830년 7월 9일 오를레앙 공 루이 필립을 국왕으로 추대하고 새로운 헌법을 승인하게 하여 입헌군주제의 7월왕정을 수립하였다.

7월혁명의 영향으로 그 해 8월 25일 벨기에의 브뤼셀(Brussels)에서 폭동이 일어났고 벨기에 인들은 이를 계기로 네덜란드로부터 독립하려고 하였다. 그리고 1831년 1월 20일 벨기에는 유럽 열강들의 승인을 얻어 영세중립국이 되었다.[24]

혁명은 러시아의 지배하에 있던 폴란드에서도 일어났다. 1820년대부터 바르샤바(Warsaw)대학과 빌나(Vilna)대학을 중심으로 낭만주의자들의 민족주의 사상이 확산되고 있었다.[25] 그리고 분할된 폴란드를

---

23) 아울러 그는 언론의 자유도 허용하지 않았다.

24) 그러나 네덜란드는 이보다 훨씬 늦은 1839년 벨기에의 독립을 인정하였다.

25) 이 당시 폴란드의 낭만주의자들은 그들 민족의 과거를 올바르게 재조명해야 한다는 것과

통합하려는 비밀단체도 결성되었다. 그렇지만 혁명파는 처음부터 분열되어 힘이 약했다. 그들은 보수적인 귀족을 대변하는 백색파와 이보다 급진적인 귀족을 대변하는 적색파로 분열되어 있었던 것이다. 그러나 이들 모두는 농민 계층의 지지를 받지 못하였는데 그것은 이들이 농민 계층이 바랬던 농노해방에 대해서 관심을 보이지 않았기 때문이다. 게다가 콜레라의 만연으로 폴란드인들의 상황은 더욱 악화되었다. 군대를 동원하여 혁명을 진압한 니콜라이 1세는 계엄령을 선포하였을 뿐만 아니라 바르샤바대학 및 빌나대학도 폐쇄하였다. 아울러 그는 의회를 폐회하고 헌법마저 무효화시켰다.

독일 서북부의 여러 영방국가들, 즉 브라운슈바이크(Braunschweig), 헤센-카셀(Hessen-Kassel), 하노버(Hannover), 그리고 작센에서도 혁명적 소요가 발생하여 자유주의 헌법이 채택되었다. 지벤파이퍼(Siebenpfeiffer), 비르트(Wirth) 등 일부 급진주의자들은 통합의 필요성을 부각시키는데 주력하였다. 이들은 통합의 필요성을 저변으로 확대시키기 위해서는 민중집회가 필요하다는 인식을 가지게 되었고 지벤파이퍼의 제안으로 1832년 5월 27일 팔츠(Pfalz)령 함바흐(Hambach)성에서 대규모집회를 개최하였다. 여기에는 약 3만 명의 시민, 학생, 그리고 수공업자들이 참여하였다. 여기서 참석자들은 자유 및 통합의 상징인 흑 · 적 · 황금의 3색기를 내걸고 '스스로 모든 쇠사슬을 끊고 자유 동맹을 맹세하는 민족을 위하여 축복!' '조국, 민족의 자유! 여러 민족의 동맹 만세' 등을 외쳤다. 그러나 통합을 위한 구체적 대안들이 제시되지는 못하였다.[26)]

그것을 근거로 그들 민족이 처한 상황도 극복해야 한다는 것을 인지하고 있었다.

26) 함바흐 축제에서 24명의 정치가들이 독일의 통합방안을 제시하였다.

각 영방 정부는 이러한 사태에 충격을 받았다. 메테르니히 역시 자신의 체제가 이러한 움직임으로 위협받을 수 있다는 판단을 하게 되었고 강력한 대응으로 문제를 해결하려고 하였다. 1832년 6월 28일 연방의회가 개최되었고 거기서는 1820년 5월 5일 빈 협약에서 체결되었던 군주제의 원칙에 따라 각 국 의회의 권한을 제한시킨다는 것이 거론되었다. 즉 연방의회는 빈 협약으로 각 국 의회의 청원권과 조세승인권을 제한시킨 것이다. 연방의회는 7월 5일 일련의 추가조치를 공포하였는데 그것은 다음과 같다.

첫째, 향후 정치단체를 결성하거나 민중집회를 개최할 경우 반드시 해당 정부의 승인을 받아야 한다.

둘째, 사람들은 공공장소에서 흑 · 적 · 황색의 옷이나 그것과 유관한 띠를 착용해서는 안 된다.

셋째, 독일의 각 정부는 혁명적 소요를 진압하기 위한 군사협조체제를 구축한다.

넷째, 대학에 대한 연방의 회의 감시를 부활시킨다.

다섯째, 바덴 지방의 신문법을 폐지한다.

이후 중앙 사문 회의가 프랑크푸르트에 설치되고 '선동자(Demagogue)' 색출이 시작되어 수백 명의 반체제 인사들이 체포, 구금되었다. 이에 따라 많은 지식인, 학생, 수공업자들은 국경을 넘어 프랑스, 스위스, 영국, 그리고 미국으로 망명하였다. 급진적 공화주의자들은 파리에서 '망명자 동맹'을 결성하고 그 일부는 다시 '의인 동맹(Bund des Gerechten)'을 조직하였다. 망명자 동맹의 요청으로 마르크스(K. Marx)가 '공산당 선언(Kommunistisches Manifest)'을 쓴 것도 바로 이 때였다. 의인 동맹으로 독일 노동자들은 독자적 조직을 구축하게 되었는데 이러한 동맹 창설에 주도적 역할을 담당하였던 계층은 수공업에 종사하던 노동자들이었다.

하노버에서는 국왕 에른스트 아우구스트(E.August)가 1837년 11월 1일 헌법 기능을 정지함에 따라 달만(F.Dahlmann), 게르비누스(G.G. Gervinus), 그림 형제(J.W.Grimm), 알브레히트(W.D.Albrecht), 베버(W.Weber), 그리고 에스발트(H.Eswald) 교수가 11월 18일 괴팅겐 대학에 모여 국왕의 조치를 강력히 비난하였다.[27] 이에 따라 이들은 대학에서 강제로 추방되었다. 소위 '괴팅겐의 7인 교수(Die Göttinger Sieben)사건' 으로 지칭되었던 이 사건의 파장은 독일전역으로 확산되었으며 그들에 대한 후원 운동이 전개되면서 독일 전체를 하나로 인식하는 여론도 형성되기 시작하였다.

이처럼 프랑스의 7월혁명은 주변국가 들에게도 영향을 주었고 그것은 자유주의 및 민족운동을 촉구하는 계기가 되었다.

27) 쿰베르란트는 1837년 왕위에 오르면서 헌법서약을 거부하였다.

12 1848년 혁명

2월혁명(1848. 2. 22)

1) 프랑스의 2월혁명

프랑스의 7월왕정은 부르봉 복고왕조에 비해 자유주의적이었다. 이에 따라 선거권이 확대되었으나 그것은 은행가, 대상공업자, 그리고 일부 부농에 한정된 것이었다.[1] 이러한 7월왕정에 대해 7월혁명의 실제적 세력이었던 공화주의자나 수공업자를 포함한 노동자들이 불만을 보였던 것은 당연한 일이었고 1830년대부터 본격적으로 진행되기 시작한 산업혁명은 '명사들의 7월왕정'에 대한 불만을 더욱 가중시키는 요인이 되었다.

영국에 비해 프랑스의 수공업체제는 상당히 늦게까지 유지되었다. 그러나 산업혁명이 본격화됨에 따라 대도시를 중심으로 공장의 집중화

1) 200 프랑의 직접세를 내는 사람들에게도 선거권을 부여하여 선거권자의 수는 90,000명에서 170,000명으로 늘어났지만 그것이 전체인구에서 차지하는 비율은 0.6%에 불과하였다.

현상이 나타났고 공장노동자들의 수도 급증하였다. 샤플리에법은 노동자들의 단결을 금지하였지만 노동자들은 자신들의 상호부조를 위하여 단결강화를 모색하였다. 그리고 이들은 이 무렵부터 확산되기 시작한 사회주의의 영향을 받아 강력한 정치세력으로 성장하고 있었다.

이러한 상황변화에도 불구하고 7월왕정은 기존의 정치적 관점을 포기하지 않았다. 나아가 이 왕정은 1834년에 제정한 반단체법을 통해 노동자 계층을 억압하는데 주저하지 않았다. 따라서 7월왕정은 '소수 주주들의 이익을 위한 주식회사와 같다'라는 평도 듣게 되었다. 그리고 7월왕정의 외교정책 또한 영국과 러시아를 추종하는 소극적인 것으로서, 해외시장 개척을 적극적으로 희망하였던 신흥산업자본가들을 크게 실망시켰다. 점차적으로 7월왕정에 대한 사회적 불만은 크게 확산되었으며, 그러한 불만은 선거권의 확대라는 공통분모를 찾게 되었다.

1846년과 1847년에 걸친 흉작은 공업부분에도 파급되어 전반적인 경제위기를 야기시켰으며, 대량실업과 도산이 속출하였다. 이러한 가운데 보수적인 기조내각의 사임과 선거권확대를 요구하는 정치적 연회(banquet)가 전국적으로 개최되었고, 1848년 2월 22일에는 파리에서 대대적인 연회가 개최되었다. 기조내각은 이를 금지하였으나 연회 대신 학생들과 노동자들을 중심으로 한 시위가 펼쳐졌고, 다음 날에는 소상점주와 수공업자 등 소시민 계층까지 합세하여 거리의 여러 곳에 수백 개의 바리게이트가 설치되었다. 기조의 저택이 습격을 받고 수비하던 군대의 발표로 사상자가 발생함에 따라 혁명적 분위기는 더욱 고조되었다. 2월 24일 시청이 점령되고 왕의 거처가 습격을 받게됨에 따라 평민왕이라 자처하던 루이 필립은 왕위로부터 물러났다.

7월왕정의 붕괴와 더불어 새로 조직된 임시정부는 부르주아지 출신의 온건파가 다수를 차지하였으나 노동자 계급을 대표하여 루이 블랑(L.Blanc)과 같은 사회주의자들도 참여하였다. 이후 노동자들의 요구로 노동권이 보장되고, 노동자들의 결사의 자유가 인정되었으며, 실업자구제를 위한 국립작업장도 설립되었다.[2] 그러나 이러한 급진적 세력의 진출과 급격한 개혁은 농민과 도시의 부르주아지를 놀라게 하였고, 그 결과는 신 헌법제정을 위해 4월 23일에 실시된 제헌의회선거에서 뚜렷하게 나타났다. 즉 유럽에서 최초로 실시된 성인 남자 보통선거에서 700명 정도의 온건한 공화파가 선출되었던 것이다.[3]

파리의 노동자들과 사회주의자들은 이러한 국민의 의사를 수용하려고 하지 않았다. 이들은 5월 15일 의사당에 침입하여 의회의 해산과 새로운 임시정부의 수립을 요구하였다. 그러나 이 폭동은 노동자와 급진세력에 대한 시민 계층의 두려움을 더욱 강화시키는 계기만 되었을 뿐이다. 따라서 정부는 그 동안 일거리 없이 소일하던 노동자들을 먹이고 수당까지 지불하던 국립작업장이 폭동의 온상지임을 깨닫고 그것을 폐쇄시키는 동시에 수혜자들에게 군대를 지원하거나 지방에서 일자리를 찾도록 명령하였다. 파리의 노동자들은 이에 반항하여 6월 23일부터 26일에 걸쳐 격렬한 폭동을 전개하였으나 카베나크(Cavaignac) 장군

2) 국립작업장은 1839년에 출간된 루이 블랑의 '노동조직론(L'Organisation du travil)'에 따라 설치되었다. 루이 블랑은 자신의 저서에서 자본주의의 자유경쟁에서 비롯되는 폐단과 점증되는 노동자 계층의 빈곤과 비참을 지적하고, 공업과 농업분야에서 실업 노동자들이 자신들의 전문기술을 살릴 수 있는 '사회작업장(ateliers sociaux)의 설치를 제안하였다. 국립작업장은 루이 블랑의 원안대로 운영되지는 않았지만 1일 2프랑을 주고 10만 명 이상의 실업자를 채용하여 하수도를 파게 하거나 공원에서 흙을 나르는 일들을 시켰다. 이러한 것은 일종의 구빈사업에 불과했기 때문에 국가예산의 낭비라는 비판도 받았다. 아울러 국립작업장의 운영경비를 부담했던 지방민들의 불만 역시 크게 고조되었다.

3) 제헌의회의 정원은 900명이었다.

이 이끄는 군대에 의해 진압되었다.[4)]

6월폭동 이후 파리에서는 계엄령이 선포되었다. 이후 새로운 공화제 헌법이 제정되었는데 거기서는 노동권만 삭제되었을 뿐 보통선거로 선출되는 단원제의회와 임기 4년의 대통령을 행정수반으로 규정한다는 것들은 이전처럼 명시되었다.[5)] 이 헌법에 따라 1848년 12월 10일 대통령선거가 실시되었는데 그 결과는 놀라운 것이었다. 투표결과 공화파의 세 입후보자는 50만 표도 획득하지 못하였고, 그 동안 파리를 군사적으로 지배한 카베나크장군 역시 150만 표를 얻는 것으로 만족해야만 하였다. 이에 반해 나폴레옹의 조카 보나파르트(Bonaparte)는 전체 유효투표의 과반수 이상인 550만 표를 획득하여 신생공화국의 대통령으로 등장하였다.[6)]

2월혁명의 특색은 자유주의혁명이면서도 거기에 노동자 및 사회주의자들이 적극적으로 참여하였다는 점에 있다. 그 결과 급진적이며 사회주의적인 정책들이 채택되었고 그것은 시민 계층과 보수적 농민 계층이 두려움을 가지게 하는 요인이 되었다. 그리고 계급투쟁의 양상을 띤 6월폭동은 노동자와 사회주의자들로부터 민심이 완전히 떠나게 하였다. 이러한 사태의 진전과 민심의 동향, 그리고 1840년 센트 헬레나(St.Helena)로부터 그 유해가 파리로 돌아온 나폴레옹의 후광이 능력과 정치적 신념이 별로 알려지지도 않았던 루이 나폴레옹을 대통령으로 당선시켰던 것이다.

4) 폭동이 진압된 후 사회주의 단체 및 신문들이 해산 또는 폐간 당하였다.
5) 11월에 공화국헌법이 제정되었다.
6) 이렇게 등장된 공화국을 제 2 공화국이라 한다.

2) 독일권에서의 혁명적 소요

2월혁명의 영향은 7월혁명의 그것보다 훨씬 컸다. 이 혁명의 영향으로 오스트리아에서는 3월혁명(Märzrevolution)이 발생하였고 그것은 메테르니히체제를 붕괴시키는 결정적인 계기가 되었다. 오스트리아에서 혁명이 발생함에 따라 제국 내 비독일계 민족, 특히 슬라브 민족은 제국의 정치체제를 변경시켜야 한다는 주장을 펼치기 시작하였다.[7] 특히 슬라브 민족들은 자신들의 권익을 증대시키기 위한 슬라브 민족 회의(Sobor)를 1848년 6월 1일 프라하(Praha)에서 개최하였다. 이 회의에 참석한 인물들은 연방체제의 도입을 통해 그들 민족의 법적 · 사회적 지위를 향상시키고자 하였다. 그러나 이 무렵부터 혁명세력에 대한 반혁명세력의 도전이 시작되었다. 오스트리아군은 프라하에서 발생한 오순절소요(Pfingstaufstand)를 진압하였고, 10월에는 빈소요(Wiener Aufstand)의 주도자들을 처단하여 반혁명세력의 우위를 대내외적으로 입증시켰다. 그리고 헝가리의 독립운동은 러시아의 군사적 개입으로 실패하였다.

---

7) 이 당시 팔라츠키(F.Palacký)를 비롯한 슬라브 정치가들은 오스트리아제국의 존재를 인정하는 친오스트리아슬라브주의(Austroslavism)를 지향하였다. 이와는 달리 코수트(L.Kossuth) 주도하의 헝가리 정치가들은 헝가리를 오스트리아제국으로부터 이탈시켜 독립 국가를 건설하려고 하였다.

3) 이탈리아에서의 혁명적 소요

이탈리아에서도 혁명적 소요가 발생하였다. 그러한 소요는 프랑스나 독일권보다 빠른 1월초부터 시작되었다.[8] 이탈리아에서의 혁명적 소요는 남부 지방, 즉 시칠리아에서 시작되었는데 그것은 외부로부터 유입된 왕조에 대한 저항에서 비롯되었다 하겠다.[9] 폭동을 주도한 인물들은 나폴리 왕국의 페르난도 2세로부터 헌법의 도입 및 세제상의 개혁도 약속 받았다.[10]

혁명의 여파는 중부 이탈리아까지 확산되었다. 이에 따라 피에몬테-사르데냐(Piedmont-Sardinia) 왕국에서도 소요가 발생하였고 그것은 이 왕국의 왕이었던 알베르트(C.Albert)로 하여금 헌법을 도입하게

---

8) 이 당시 이탈리아는 여러 국가들로 나눠져 있었다. 부르봉가문의 왕이 시칠리아 왕국을 지배하였고, 교황은 교황령을, 오스트리아제국은 롬바르디아와 베네치아 지방을 다스리고 있었다. 그 외에 토스카나 공국, 파르마, 모데나는 오스트리아제국의 영향을 받던 귀족들에 의해 통치되었고 사르데냐 섬은 이탈리아계 왕조인 사부아 왕조(the House of Savoie)가 다스렸다.
이러한 정치적 분립상태보다 더욱 심각한 것은 문화적, 경제적인 분열상이었다. 이 당시 이탈리아인들은 통일보다는 지방적 전통을 더욱 중요시 여겼기 때문에 북부의 도시인들은 남부의 시칠리아인 들에 대해 동족으로서의 애정이나 친밀감을 가지지 않았을 뿐만 아니라 경제적 유대관계에 대해서도 등한시하는 자세를 보였다.

9) 라 마사(G.La Massa), 필로(R.Pilo), 미로로(P.Miloro), 그리고 카리니(Carini) 등이 주도한 이 폭동은 1월 12일, 즉 페르난도 2세의 생일에 발생하였다. 그런데 이 폭동은 도시 및 지방의 노동자들로부터 지지를 받았을 뿐만 아니라 시민 계층과 귀족계층의 지지도 받았다. 그런데 당시 나폴리 왕국의 군대는 이러한 폭동을 진압할 능력을 갖추지 못하였다.

10) 시행될 헌법에서는 의회의 이원화와 신민의 기본권보장이 언급되었다. 아울러 왕의 권한에 대해서도 거론되었는데 그것은 이전의 권한에서 크게 위축되지 않았다. 신 헌법에 따라 왕은 행정권, 법률안 거부권, 그리고 군대통솔권을 가지게 되었다.

11) 소요가 발생한 직후 알베르트는 왕위를 포기하려고 하였다. 그러나 당시 내무장관이었던

하는 요인이 되었다.[11] 교황령에서도 개혁시도가 있었고 교황 피오 9세(Pius IX) 역시 그러한 움직임에 관심을 보여야만 했다.[12]

혁명 초기 이탈리아에서는 3가지 통합방안이 제시되었는데 그것은 첫째, 교황을 통합이탈리아의 원수로 하는 군주연합국체제, 둘째, 피에몬테-사르데냐의 왕인 알베르트를 통합이탈리아의 군주로 추대하는 것, 셋째, 기존의 질서체제 대신에 공화정체제를 통합이탈리아에 도입하는 것이었다.[13]

보렐리(G.Borelli)백작의 권유에 따라 헌법제정위원회를 구성하여 헌법을 제정하게 하였다. 1834년 3월 4일 헌법제정위원회는 '알베르트 헌법(Statuto Albertino)'을 제정하였다. 여기서는 왕 및 의회의 권한 등이 구체적으로 언급되었는데 그것들의 중요한 내용을 살펴보면 다음과 같다.

① 왕은 국가의 원수 겸 정부의 책임자역할을 담당한다.

② 왕은 헌법을 보호할 수 있는 권한을 가질 뿐만 아니라 그것에 대한 의회의 간섭, 즉 헌법내용의 개정 등도 통제할 수 있다.

③ 의회는 양원제(상원과 하원)로 운영한다. 의회는 정부에 대한 통제권을 가지며 정부구성에도 참여할 수 있다.

'알베르트 헌법'의 근간은 이탈리아에서 왕정체제가 붕괴된 1946년까지 유지되었다.

12) 1846년 마스타이-페레티(G.M.Mastai-Ferreti)는 교황 피오 9세로 선출되었다. 선출된 직후 피오 9세는 정치범들을 석방하였을 뿐만 아니라 행정구조개편을 위한 위원회의 구성도 허락하였다. 그러나 보수적 성직자들은 피오 9세의 이러한 개혁시도에 반발하였고 그것은 피오 9세가 구상하였던 입법기구의 설립도 불가능하게 하였다. 이후부터 피오 9세는 개혁에 대해 소극적인 자세를 보이다가 이탈리아에서 발생된 일련의 소요 후에 다시금 개혁의 필요성을 느끼게 되었다. 이에 따라 1848년 3월에 구성된 행정부에서 자유주의자들은 그들의 관점을 피력하게 되었고 그것은 교회령에서 개혁의 분위기를 파악하게 하였다.

13) 이 당시 통일에 대해 관심을 가졌던 이탈리아인들, 특히 시민계층의 대다수는 2번째 안에 동의하였다. 이들은 외국인 지배자들을 축출하고 통일을 성취할 경우 경제적 성장이 증대되리라는 확신을 가지고 있었다. 또한 이들은 분열된 상태하에서 상품의 이동, 상인의 여행 시 각 국가에서 요구하는 물품세나 통행 등의 제약으로 많은 불편을 겪고 있다는 사실을 잘 알고 있었다. 뿐만 아니라 이들은 나라마다 다른 화폐단위나 도량형의 기준 역시 경제활동의 위해요소로 작용하고 있다는 점을 직시하고 있었다. 아울러 나폴레옹 점령하에서 관리생활을 했던 시민들도 이전의 구체제적 특권사회로 복귀할 경우 자신들의 경력과 출세가 불가능하다는 사실을 인지하였기 때문에 구질서체제로의 복귀보다는 통일된 이탈리아 수립에 일조하려고 하였던 것이다.

이 당시 이탈리아는 내적 자유화 과정에서 국가 통일을 지향하는 단계에 놓여 있었다. 그러나 여기서 문제점이 제기되었는데 그것은 중앙의회, 중앙정부, 그리고 국가적 단위의 조세기구가 결여되었다는 점이다.

빈에서의 폭동이 3월 17일 밀라노(Milano)에도 알려졌다. 다음 날 오스트리아지배에 대한 반발 및 그것에 따른 폭동이 카사티(G.Casati) 주도로 발생하였는데 거기에는 하층민과 농민들도 대거 참여하였다. 밀라노 시민들은 바리게이트를 쌓고 창문에서, 지붕 위에서 돌을 던지고 끓는 물을 붓는 등 시가전을 펼치며 5일간 오스트리아군대에 대응하였다. 강력한 저항에 직면한 라데츠키(Radetzky)의 오스트리아군은 밀라노에서 일시적으로 철수해야만 했다.[14] 이렇게 오스트리아군이 철수하게 됨에 따라 밀라노는 자유를 얻게 되었고 그들이 견디어 냈던 3월 18일부터 22일까지를 '영광의 5일'로 기리게 되었다. 이후 밀라노에서는 임시정부가 구성되었는데 거기에는 중도파와 과격파(공화주의자)가 참여하였다. 4월에는 마치니(Mazzini)도 임시정부에 참여하였다. 이러한 상황에서 피에몬테-사르데냐의 알베르트가 오스트리아와의 해방전쟁에서 핵심인물로 부각되기 시작하였다. 실제적으로 밀라노에서 폭동이 발생한 직후 밀라노의 정치가들은 알베르트에게 도움을 요청하였는데 그것은 이들이 프랑스의 지원과 하층민과 농민들의 동원을 포기하였기 때문이다.[15]

이탈리아의 저명가 역사가인 피에리(P.Pieri)는 이탈리아인들이 혁

14) 82세의 라데츠키는 다른 폭동도시들로부터 후퇴하는 오스트리아군들을 모아 밀라노 폭동을 진압하려고 하였다.

15) 이 당시 밀라노의 정치가들은 프랑스의 지원을 받을 경우 영토적 보상을 해야 하고, 하층민과 농민들을 동원할 경우 혁명이 보다 과격해질 수 있다 라는 우려도 표명하였다.

명을 두려워하던 알베르트에게 혁명의 과제를 위임시켰다는 주장을 펼쳤는데 그것은 알베르트가 혁명을 부정적으로 보았을 뿐만 아니라 혁명의 과제 역시 제대로 파악하지 못한데서 비롯된 것 같다.

그럼에도 불구하고 알베르트 역시 통합구상을 가지고 있었는데 그것은 북이탈리아 왕국을 건설한 후 이탈리아 반도에서 주도권을 장악한다는 것이었다. 그러나 이탈리아인들은 이러한 알베르트 구상에 대해 동의하지 않았다.[16)]

1848년 7월 25일 라데츠키의 오스트리아군은 쿠스토자(Custozza)에서 이탈리아군을 격파하였고 그것은 빈 정부가 반혁명세력을 견제하는 계기가 되었다.[17)]

1848년 8월 6일 오스트리아는 밀라노를 다시 점령하였다. 이에 따라 피에몬테-사르데냐는 8월 9일 빈 정부와 휴전을 체결하게 되었다. 이후 교황령과 토스카나에서 과격현상이 발생하였다. 1848년 11월 15일 교회령의 수상 로시(P.Rossi)가 암살됨에 따라 교황은 로마를 떠나야 되었고 이 도시는 일시적으로 공화주의자였던 마치니에 의해 통치되었다.[18)]

---

16) 이 당시 영국은 오스트리아와 피에몬테-사르데냐 사이의 분쟁을 중재하려고 하였다. 영국은 중재안에서 피에몬테-사르데냐가 롬바르디아 지방, 오스트리아는 베네치아 지방의 회복으로 만족해야 한다는 언급을 하였다. 이에 대해 알베르트는 부정적인 시각을 보였는데 그것은 그가 만일 이러한 중재안을 수용할 경우 그 자신이 민족운동에서 배제될 뿐만 아니라 마치니에게 민족운동의 주도권이 넘겨지리라는 우려도 하였기 때문이다. 아울러 그는 프랑스가 제안한 동맹체제 구축에도 반대하였다.

17) 라데츠키는 1848년 6월 11일 비쎈차(Vicenza)전투에서 이탈리아군을 격파하여 베네치아의 거의 대다수를 회복하였다.

18) 밀라노가 오스트리아군에 의해 재점령됨에 따라 혁명의 주체세력은 로마로 이동하여 그들의 과제를 성취하려고 하였다.

이후 알베르트는 오스트리아와의 전투재개를 거부하였다. 그러나 그의 군대는 노바라(Novara)에서 대패를 당하였고 그것은 그의 퇴위를 강요하는 계기가 되었다.[19)]

오스트리아는 이탈리아 북부지역에 대한 지배권을 재확보하였다. 즉 빈 정부는 1849년 4월부터 토스카나와 교회령 북부지역에 대한 점유권을 다시 주장 할 수 있게 되었던 것이다.

이탈리아 반도에서 진행된 통합운동은 아무런 성과 없이 끝났다. 그러나 정치 활동에서 자유주의적인 요소들이 반영되었다는 것과 피에몬테-사르데냐를 중심으로 통합운동이 지속적으로 전개되었다는 것을 혁명의 성과로 제시할 수 있을 것이다.

4) 프로이센의 3월혁명

1848년 3월 13일 프로이센의 수도인 베를린에서도 혁명적 소요가 발생하였다. 국왕 프리드리히 빌헬름 4세(Friedrich Wilhelm IV)는 다가올 혁명적 위협에 두려움을 느꼈기 때문에 자발적으로 3월 18일 출판의 자유 및 헌법제정을 승인하였다. 아울러 그는 독일을 연방 국가로 개편하는데 프로이센이 주도적인 역할을 담당하겠다는 것도 공언하였다. 또한 그는 베를린으로부터 군대를 철수시키겠다는 약속을 하였다. 이에 따라 프리드리히 빌헬름 4세는 프로이센이 오스트리아와는 달리 혁명적 소요로부터 벗어날 수 있다는

---

19) 알베르트는 1852년 자신의 아들인 비토리오 에마누엘레 2세(Vittorio Emmanele II)에게 왕위를 넘겼다.

확신을 가지게 되었으나 민중에 대한 군의 우발적인 발포로 상황은 급반전되었다. 즉각 수공업자들과 공장 노동자들은 도시에 바리케이드를 설치하였고 격렬한 시가전도 펼쳐졌다.

이들은 시가전에서 희생된 사람들에게 국왕의 경의표시를 요구하였고 사태의 심각성을 인식한 국왕은 그러한 요구를 수렴하였을 뿐만 아니라 그 자신이 독일 제후 및 신민들과 더불어 독일 통합에 매진할 것도 약속하였다. 4월초 자유주의자들이 대거 참여한 신내각이 베를린에서 구성되었고 통합지방의회소집을 위한 작업도 병행되었다.[20]

그러나 혁명의 과격화를 우려한 입헌 · 자유주의자들은 민중 운동의 에너지를 차단시켜야 한다는 생각을 점차적으로 가지게 되었다.[21]

프로이센 국왕이 바리케이드 전사들 앞에서 독일 통일에 앞장서겠다는 약속을 하였음에도 불구하고 프로이센 또는 오스트리아의 주도로 독일이 통합되기는 어려웠다.

이에 따라 남부 독일의 지식인들은 하이델베르크(Heidelberg)에 모여 독일 국민의회(Nationalversammlung)의 소집필요성을 부각시켰고 그것에 따라 3월 31일 프랑크푸르트에서 국민 의회 소집을 위한 예비 의회(Vorparlament)가 개최되었다. 그러나 활동 직후부터 온건파와 급진파의 갈등은 표면화되었고 그것을 극복할 수 있는 방법도 제시되지 못하였다. 의회 내에서 자신들의 목적을 관철시킬 수 없다고 판단한 급진파는 슈트루베(Struve)와 헤커(Hecker)의 주도로 슈바르츠발트(Schwarzwald)에서 폭동을 일으켰는데 세습왕정 및 상비군 폐지와 민주적 연방체제의 도입이 그들의 주장이었다. 그러나 급진파의 폭동

---

20) 쾰른(Köln)출신의 캄프하우젠(L.Campfhausen)이 신내각의 수상으로 임명되었다.
21) 이들은 교양과 재산을 가진 시민 계층이었다.

은 연방군에 의해 진압되었고 온건파의 예비의회는 국민 의회의 소집을 결정하였다.

5) 프랑크푸르트 국민의회의 활동

1848년 5월 18일 프랑크푸르트의 성 파울 교회(S. Paulkirche)에서 국민의회가 개최되었다. 국민의회의 최대과제는 독일 연방을 하나의 통합국가로 변형시키는 것이었다. 그러나 역사적으로 형성된 개별 영방 국가들을 그대로 둔 채 강력한 중앙권력을 창출한다는 것은 쉬운 일이 아니었고 통합방안에 대한 의원들의 의견 역시 일치되지 않았다. 국민의회 의원들의 대대수는 법률적 지식을 갖춘 재판관, 검사, 행정관료 출신이었다. 이들 이외에 대학 교수, 저술가, 자영농, 상인들도 국민의회에 진출하였는데 그 수는 위에서 언급한 계층보다 훨씬 적었다.

국민의회는 의장으로 헤센(Hessen)의 대신이었던 가게른(H.v.Gagern)이 선출되었고 7월에는 오스트리아를 배려하여 합스부르크 가문 출신의 요한(Johann)대공을 제국 섭정(Reichverweser), 즉 제국의 임시 행정 대표로 선출하였다. 그리고 프로이센의 라이닌겐(Leiningen) 대공이 제국 내각의 실권자로 등장하였다. 이로써 연방 의회의 권한이 국민 의회에 위임되었지만 제국의 대표와 행정부는 효율적인 행정기구, 자체 군사력, 그리고 재원을 갖추지 못하였기 때문에 실제적으로 어떠한 권한도 행사하지 못하였다.

국민의회의 이러한 무력함은 슐레스비히-홀슈타인(Schleswig-

Holstein)문제에서 명백히 드러났다. 두 공국은 오랫동안 덴마크 국왕의 지배 하에 있었으며 그 중 홀슈타인은 독일 연방의 일원이었다. 혁명을 계기로 이 지방의 독일계 주민들이 덴마크의 지배에 이의를 제기하면서 무력 충돌이 발생하였다. 국민의회의 요청으로 파견된 프로이센군은 사태를 진압하였으나, 러시아 · 영국 · 프랑스의 압력으로 프로이센은 덴마크와 휴전 조약을 체결하였고 국민의회는 이 조약을 추후 비준하였다. 이로써 두 공국의 독일계 주민들은 국민의회로부터 배반당한 상황에 놓이게 되었고 대다수 독일인 역시 국민의회의 그러한 결정에 불만을 표시하였다.

슐레스비히-홀슈타인 문제로 위상이 격하된 국민의회는 헌법의 기본 구조 심의에 들어갔다. 아울러 향후 법치국가 운영에 필요한 국민의 기본권 제정에도 착수하였다. 개인의 기본권은 이미 이전부터 각 영방 헌법에서 보장된 시민적 제권리를 집약하고 봉건적 제구속을 폐기한 토대에서 비롯되었다. 여기서는 개인의 자유, 법적인 평등, 영업 · 경제 활동의 자유, 이동의 자유, 영주의 자의적 체포나 권력 남용금지, 출판 · 신앙 · 사상의 자유, 집회 · 결사의 권리 등이 망라되었다. 이 기본법은 뒤에 바이마르(Weimar) 공화국 헌법이나 독일 연방 공화국 기본법의 정신에도 계승되었다.

슐레스비히-홀슈타인 문제를 통해 독일인들은 열강의 동의 없이는 통합이 불가능하다는 사실을 확실히 깨닫게 되었다. 이후의 역사에서 확인되듯이 독일의 통일은 유럽 열강간의 힘의 공백기에서나 가능하였다. 국제적 상황과는 관계 없이 국민의회는 독일 국가의 기본 체제를 논의하기 시작하였는데 중요한 문제로는 국민, 연방체제, 그리고 헌법에 관한 것 등을 들 수 있다. 특히 통합방안에 대해서는 의견을 달리하는 파벌도 형성되었는데 소독일주의파(Kleindeutsch)와 대독일주의파(Grossdeutsch)가 바로 그것이었다.

소독일주의파는 프로이센 주도로 독일을 통합시켜야 한다는 견해를 제시하였다. 여기서 이들은 오스트리아의 역할을 인정하지 않으려고 하였다. 이에 반해 대독일주의파는 독일연방에 소속된 오스트리아 제국의 영역을 신독일에 포함시켜야 한다는 주장을 펼쳤다. 물론 오스트리아가 독일권에서 행사하였던 기득권 역시 보장되어야 한다는 것이 대독일주의파의 관점이었다.

시간이 지남에 따라 대독일주의를 지지하던 오스트리아 출신의 의원들은 점차적으로 대독일주의에 대해 부정적인 시각을 가지게 되었는데 그것은 그들이 지속적으로 주장하였던 오스트리아 제국의 전 영역이 신독일에 편입되어져야 한다는 견해가 수용되지 않았기 때문이다.[22]

1849년에 접어들면서 소독일주의자들은 의회 내에서 과반수 이상을 차지하게 되었다. 이들은 헌법에 확정된 세습 황제권을 프로이센 국왕인 프리드리히 빌헬름 4세에게 위임시켜야 한다는 생각을 가지게 되었고 그것을 국민의회에서 관철시킬 수 있었다. 이에 따라 오스트리아를 제외한 모든 영방 국가의 대표들은 1849년 3월 프로이센 왕에게 황제 대관을 봉정하기 위해 베를린으로 향했다.

프리드리히 빌헬름 4세는 황제의 관이 독일 제후들의 합의사안이 아니라는 이유로 그것의 수용을 거부하였다. 그러나 내심으로는 혁명의 선물을 받아들이는 것이 신의 은총을 받은 왕의 성스러운 권리와 명예를 더럽히는 것으로 간주하였기 때문에 그것의 수용을 거부하였던 것

22) 이것이 바로 오스트리아적 대독일주의의 핵심적 내용이라 하겠다.

이다.

프로이센 왕의 대관 거부로 프랑크푸르트 국민의회의 독일 국가 창설 계획은 좌절되었다. 만일 프로이센 왕이 수락했더라도 오스트리아가 이의를 제기하였을 것이다. 이후 독일의 각 영방 정부는 그들의 대표를 소환하였고 잔여 의원들은 활동장소를 슈투트가르트(Stuttgart)로 옮겼다. 그러나 잔여 의회는 프로이센의 압력으로 1849년 6월 8일 강제 해산되었다.

6) 영국의 선거법개혁과 차티스트 운동

유럽의 정치적 반동체제의 영향으로 반동정치를 펼쳤던 영국의 지주과두정도 1820년대 초부터 자유주의 정책을 펼치기 시작하였다. 이렇게 영국이 정책전환을 하게 된 중요한 이유로는 산업발전의 결과 크게 성장한 국내의 산업시민 계층이 자유주의 정책을 요구하였기 때문이다. 이 당시 산업 시민계층은 참정권의 확대를 주장하였다. 영국의 유산시민계층은 참정권을 요구하기에 앞서 14세기 이래 방치된 부패선거구(rotten borough)의 시정필요성을 제기하였다. 14세기 튜더 왕조 시기에 제정된 영국의 선거구는 그동안 많은 도시들이 생성된 것과 도시로 농촌인구가 대량 유입된 것을 배려하지 못하였다. 이에 선거구민이 거의 없어져 50명 미만의 유권자만이 남아 있는데도 불구하고 2명의 의원을 선출하는 경우가 있는가 하면 던위치(Dunwich)와 같은 선거구는 바다 속에 침수되었기 때문에 선상에서 투표를 행하는 상황도 초래되었다. 그러나 맨체스터(Manchester), 쉐

필드(Sheffield), 그리고 버밍엄(Birmingham)과 같은 신흥공업도시는 선거구를 갖지 못하였다. 이러한 부패선거구를 조정하기 위해 1831년 3월 휘그당의 그레이(Grey)내각은 제 1차 개정안을 의회에 제출하였으나 토리당의 반대로 좌절되었다. 그러나 휘그당은 7월혁명의 여세를 몰아 다시 의회에 개정안을 제출하였고 그것은 1832년 7월 상 · 하양원에서 통과되었다. 그 결과 111명의 의원을 배출하였던 46개 선거구의 선출권이 박탈되었고 기타 32개의 선거구 역시 의석 하나씩을 상실하였다. 그리고 여기서 생긴 총 143석의 의석은 재배정되었다. 그리하여 22개의 대도시들이 각각 2개씩, 21개의 소도시들이 각각 1개씩, 그리고 주(county)의 의석수는 거의 두 배로 늘어나게 되었다. 또 선거자격도 확대하여 연수 40실링(Shilling) 이상의 자유토지보유자(free holder)이외에 동산 소유자들에게도 선거자격을 주어 유권자수가 이전보다 3-5% 정도 증가하게 되었다.[23] 여기서 종래의 휘그당은 신흥자본가를 영입하여 자유당(Liberals)이 되었고, 토리당은 보수당(Conservatives)이 되었다.

영국의 토리당이 주도하였던 지주과두정은 지주계급의 이익을 대변하여 1815년 곡물법을 제정하였다. 이 법의 제정으로 러시아의 값싼 곡물유입이 제한되었고 그것은 곡물가격의 상승을 유발시켜 노동자들의 생활난을 가중시켰다. 또한 곡물가격의 상승은 임금수준의 상승 및 공산품의 가격인상을 초래하여 영국공업제품의 해외경쟁력을 약화시켰고 그것은 신흥산업가들에게 큰 타격을 가져다주었다. 이에 1838년 콥

23) 전체 인구의 4.2%에 해당되는 656,000명이 선거권을 부여받았다. 그리고 1년에 10파운드 이상의 집세를 내는 사람들에게도 선거권이 부여되었다.

던(Cobden), 브라이트(Bright) 등은 반곡물법동맹(Anti-Corn Law League)을 결성하여 곡물법 폐지법안을 의회에 제출하였으나 귀족 및 대지주 출신 의원들의 반대로 부결되었다. 그러나 1845년부터 시작된 아일랜드에서의 감자흉작으로 많은 농민들이 사망하게 됨에 따라 보수당 출신의 수상 필(Peel)은 1846년 5월 곡물법의 폐지를 관철시켰다.[24] 필은 이어 항해조례를 1849년에 폐지하였고, 1852년에는 영국의 교역체제를 자유무역체제로 전환시켰다. 그것은 영국이 타국의 경쟁을 불허하는 선진 공업국가라는 것과 최대의 해운국 및 식민지 보유국가였기 때문에 가능하였다.

제 1차 선거법개정운동 당시 지방에서 선동의 주체세력이었던 노동자 계층은 1832년의 선거법 개정안이 자신들의 의원선출권이나 영향력을 증대시키지 못하고 오히려 고용주들의 권력을 더욱 확고히 굳혀주었다는 사실을 깨닫게 됨에 따라 그것에 대해 강력한 항의를 펼치기 시작하였다.

우선 이들은 그들의 조직체를 구성하여 고용주들과 직접 담판하고자 하였다. 따라서 이들은 1833년 오웬(R.Owen)의 지도하에 '전국노동조합총연맹(Grand National Consolidated Trades Union)'을 결성하여 임금과 노동시간의 규제는 물론 노동자 자신의 작업장을 만들어 고용주들의 사업체들과 경쟁하여 고용주들을 사업으로부터 축출시키려고 하였다. 창설 1년 만에 조직 회원이 50만을 돌파함에 따라 정부는 강경한 탄압정책을 펼쳤고 그것은 조직을 와해시키는 결정적 요인이 되었다. 산업전선에서의 직접적 투쟁이 실패로 끝나게 됨에 따라 노동

24) 이러한 감자 흉작으로 1,000,000명 이상의 사람들이 목숨을 잃었다.

계급의 지도자들은 정치적 개혁운동을 모색하였다. 이들은 1838년 '인민헌장(People's Charter)' 을 작성하여 의회에 제출하였다. 이때 이들이 제시한 유명한 6개 조항은 첫째, 남자보통선거권(21세 이상) 둘째, 비밀투표제 셋째, 의원의 매년선거 넷째, 선거구의 균등화 다섯째, 하원의원봉급제도입 여섯째, 입후보들의 재산제한철폐 등이었다.

1839년 노동자들과 하층민들의 광범위한 지지를 받은 차티스트(Chartist)들은 런던회합에서 100만 명의 서명을 받은 청원서를 의회에 제출하였다. 그러나 의회는 그러한 청원서를 수용하지 않았다. 만일 이 운동이 성공을 거뒀다면 영국은 민주주의 국가로 변형되었을 것이다. 1842년 차티스트들은 제 2의 청원서를 제출하였지만 그 역시 의회로부터 거부되었다.

차티스트들은 1848년 다시 상기한 6개 조항을 내걸고 시위운동을 전개하였으나 정부는 17만 명에 달하는 특별경찰관을 풀어 시위를 탄압하였다. 그러나 이 운동이 가시적인 효과를 거두지 못하였음에도 불구하고 위정자들은 노동계급의 입장에 대하여 관심을 보이게 되었다.

13 이탈리아 및 독일의 통일

비스마르크(1870)

1) 이탈리아의 통일

이탈리아는 중세 이후 소국으로 분열되어 정치적 통일을 이루지 못하고 상호간 대립하고 있었다. 빈 회의(1815년) 이후 이탈리아는 교황령, 사르데냐 · 나폴리의 두 왕국과 여러 개의 소공국으로 나뉘어 있었고, 북이탈리아의 롬바르디아와 베네치아는 오스트리아의 지배를 받고 있었다. 그러나 1830년 프랑스에서 혁명이 발생한 후 제노바에서는 카르보나리당이 조직되어 자유주의 · 민족주의 운동이 활발히 전개되었고 그것은 이탈리아에서 민족주의 기운을 부각시키는 계기가 되었다. 이 당시 이탈리아에서 부각되었던 통일시도는 다음의 세 가지 노선으로 요약할 수 있을 것이다.

첫째는, 카르보나리 당원이었던 마치니의 통일노선으로서 그는 카르보나리당보다 규모가 큰 청년이탈리아당을 조직하여 이탈리아에 통일

공화국을 수립하고자 하였다. 마치니의 자유주의적 민족 운동은 7월혁명과 2월혁명 직후 큰 세력으로 부각되었지만 오스트리아의 신속한 개입으로 실패하였다.

둘째는, 지오베르티(V. Gioberti)의 노선으로서 여기서는 교황을 수장으로 하는 전 이탈리아 국가들의 연방체가 지향되었다. 지오베르티는 1843년에 출간된 자신의 저서인 '이탈리아인의 도덕적 문화적 우위'에서 이탈리아가 참다운 문화정상국이며 로마는 세계의 이념적 수도라는 견해를 제시하였다. 가톨릭교도들은 지오베르트의 노선을 지지하였는데 그것은 그의 노선이 로마 교황령의 문제해결에 가장 적합한 방안이라는 인식에서 비롯된 것 같다. 그러나 대다수의 이탈리아인들은 지오베르트의 관점에 동조하지 않았다.

세 번째의 통일방안은, 사보이왕조의 군주를 통일이탈리아의 국왕으로 하는 민족왕국 건립을 제창한 것인데 이 계획은 지식인들과 산업자본가들의 지지를 받았다. 이들은 피에몬테-사르데냐가 이탈리아에서 경제적으로 가장 앞선 나라라는 것과 오스트리아군을 축출할 수 있는 유일한 인물이 알베르트라는 사실도 잘 알고 있었기 때문이다.

1850년 알베르트의 아들 에마누엘레 2세(V. Emanuele Ⅱ)가 피에몬테-사르데냐 왕으로 즉위한 후 그는 부왕의 유지를 받들어 이탈리아 통일운동에 나섰다. 그는 1852년 유능한 카보우르(Cavour)를 수상으로 임명하여 내정개혁, 산업발전, 그리고 군비강화 등에 힘써, 통일의 기초를 마련하였다. 또한 에마누엘레 2세는 크리미아전쟁(Crimean War; 1854-1855) 때 러시아군과 싸우는 영국과 프랑스 연합군에게 1만 명의 군대를 파견하여 피에몬테-사르데냐의 국제적 지위를 높였을 뿐만 아니라 나폴레옹 3세(Napoleon Ⅲ)로부터는 피에몬테-사르데냐가 오스트리아와 전쟁을 할 경우 2만 명의 군대를 파견하여 지원하겠다는 약속도 받아 냈다.[1] 이에 오스트리아는 피에몬테-사르데냐가 프랑스와 맺은 공수동맹의 위험성을 직시하게 되었고 그것은 오스트리아로 하여금 1859년 4월 피에몬테-사르데냐에 대해 선전포고를 하게끔 하였다. 그러나 오스트리아군은 마젠타(Magenta)전투에서 사르데냐·프랑스 연합군에게 대패하였다. 6월 24일 솔페리노(Solferino)에서 일대 혈전이 펼쳐졌고 그것은 나폴레옹 3세의 대이탈리아관을 변경시키는 계기가 되었다. 즉 그는 이탈리아에서 전개되던 통일운동에 대해 커다란 의구심을 가지게 되었던 것이다. 더욱이 그는 프로이센와 오스트리아가 합세하여 프랑스를 공격하지 않을까 라는 우려 때문에 동맹국인 사르데냐와 상의도 없이 단독으로 1859년 7월 11일 베네치아의 빌라 프랑카(Villa Franca)에서 오스트리아의 프란츠 요제프(F. Joseph)와 강화조약을 체결하였다.

이 조약으로 사르데냐는 롬바르디아를 병합할 수 있었지만 베네치아는 계속하여 오스트리아의 지배하에 놓이게 되었다. 이러한 나폴레옹 3세의 배신행위는 오히려 파르마(Parma), 모데나(Modena), 투스카니(Tuscany), 로마냐(Romagna) 등 중부 이탈리아 소국들의 신민들을 격분시켜 이들로 하여금 자신들의 군주를 추방하고 사르데냐와의 병합을 시도하게 하였다. 이에 카보우르는 1860년 위의 지역들에서 국민투표를 실시하여 민중들의 열광적 환호 하에 이들 지역을 사르데냐에 병합시켰다.

이탈리아 반도의 중·북부가 통일됨에 따라 이탈리아반도의 통일을

---

1) 이러한 약속은 쁠롱비에르(Plombières)에서 개최된 비밀회의에서 이루어졌다.

목표로 삼은 열성적인 통일주의자들은 미수복지인 나폴리와 로마로 관심을 돌리게 되었고 이 때 등장한 인물이 마치니의 유력한 제자였던 가리발디(Garibaldi)였다.[2] 그는 1860년 5월 1천 명의 유명한 '적색셔츠단(Red Shirts)'을 이끌고 제노바를 출발하여 시칠리아에 상륙하였다.[3] 그는 수주 만에 이 섬을 장악하였고 다시 해방자를 맞은 나폴리로 건너가 나폴리 왕국을 정복하였다. 가리발디는 이곳에서 공화정체제를 수립하려고 하였으나 이탈리아가 왕정의 북부와 공화정의 남부로 분열되는 것을 우려하여 중부 이탈리아로부터 신속히 남하한 카보우르의 설득으로 남부 이탈리아 영토를 사르데냐 왕에게 바쳤다. 이리하여 이탈리아는 북부의 베네치아와 중부의 교황령을 제외한 전 영토가 통일되어 1861년 3월 17일 피에몬테-사르데냐의 에마누엘레 2세를 통일왕국의 국왕으로 하고, 1848년의 피에몬테 헌법을 기본헌법으로 채택하면서 정식으로 이탈리아왕국이 등장하게 되었다.[4] 미수복지 베네치아는 1866년 보 · 오 전쟁이 발발하였을 때 오스트리아와 전쟁을 치르면서 장악하였고 교황령은 1870년 보 · 불 전쟁이 발생하였을 때 로마의 프랑스 수비군이 철수한 틈을 타 장악하였다.[5] 이로써 이탈리아의 통일은 완성되었다.[6] 결국 이탈리아의 민족주의는 오스트리아의 방해와

---

2) 가리발디는 젊었을 때 청년 이탈리아당에 가입하여 독립운동에 적극적으로 참여하였다. 그러다가 그는 1834년에 체포되었고 사형선고도 받게 되었다. 그러나 그는 남아메리카로 도피하여 자유주의 운동이 그곳에서 확산되는 것을 지원하였다. 그러다가 그는 1848년 이탈리아로 돌아왔다. 이후부터 그는 예속된 모든 민족의 독립, 여성해방, 노동자의 결사권, 인종평등, 그리고 벌금형의 폐지 등을 지향하였다.

3) 이러한 행동은 프랑스계인 부르봉 가문이 시칠리아 왕국을 지배한다는 사실에 불만을 품고 프랑스의 지배로부터 시칠리아 섬을 해방시켜야 한다는 의지에서 비롯되었다 하겠다.

4) 통일 이탈리아 왕국의 수도는 피렌체였다.

5) 양 지역에서는 국민투표가 실시되었는데 절대 다수가 통합을 지지하였다.

6) 보 · 오 전쟁이 발발하기 전 프로이센은 이탈리아와 한시적 공수동맹체제를 체결하였다.

교황의 저항을 물리치고 승리하였는데 이러한 승리를 가능하게 하였던 것은 마치니의 이탈리아 민족혼 부활운동(*risorgimento*), 가리발디의 검, 그리고 카보우르의 명석한 두뇌였다.

2) 독일의 통일

오토(Otto)대제 이후 약 천 년간 국가의 명맥을 유지해 오던 신성로마제국은 1806년 10월 14일 예나-아우어슈테트(Jena-Auerstedt)전투에서 나폴레옹군에게 패배함으로써 멸망하였다. 이 제국의 영토는 나폴레옹의 보호국이 된 라인연방(Rheinbundstaaten), 호엔촐레른가의 프로이센, 그리고 합스부르크가의 오스트리아로 분할되었다. 나폴레옹 몰락 이후, 빈 회의의 결정에 따라 등장한 독일연방은 독일 민족의 염원과는 달리 35개의 대소국가와 4개의 자유시(Freistadt)로써 구성된 엉성한 정치체제였다. 전술한 바와 같이 이러한 빈 회의의 결정에 대해 독일의 대학생들은 부르셴샤프트를 결성하여 통일 운동을 전개하였으나 그것도 1819년 7월의 카를스바트 칙령으로 중단되었다. 독일대학생들의 통일운동이 이렇게 탄압을 받는 동안 독일의 경제인들 사이에서 통일을 위한 심상치 않은 움직임이 감지되기 시작하였다. 국내의 정치적 분열 상태에도 불구하고 라인연방에서 시작된 독일의 산업발전은 국내의 상공시민들을 고무시켰고 그것은 그들로 하여금 자본주의적 산업발전을 지속시키는데 필요한 통합시장의 형성도 요구하게 하였다. 이 당시 이들은 정치적 통일에 앞서 국내의 대소 국가와 도시간의 관세장벽을 철폐하여 경제적 통일을 선행시켜야 한다는 주장을 펼쳤고 그러한 것을 현실화시키려는 노력도 기울였다. 이에 따라 프로이센의 경제인들은 1834년 1월 1일 북부 독일의 여러 국가들과 관세동맹(Zollverein)을 체결하였다. 그리고 오스트리아를 제외한 전 독일국가가 참여한 관세동맹은 1844년에 결성되었고 그것은 정치적 통일에 앞서 경제적 통일을 이룩하게 하는 계기도 되었다.

이러한 상황에서 프랑스의 2월혁명의 영향을 받아 1848년 3월 베를린 및 독일 각지에서 발생한 혁명은 독일의 정치적 통일운동을 재개하게 하는 중요한 계기가 되었다. 이 당시 통일운동을 주도한 인물로는 달만(Dahlmann), 그림(Grimm)형제, 드로이젠(Droysen) 등을 들 수 있다.

1848년 5월 18일부터 독일의 정치가들은 프랑크푸르트에 모여 독일의 통일방안에 대해 논의하기 시작하였다. 그러나 회의초반부터 통일국가의 정치체제에 관한 논쟁과 대독일주의와 소독일주의 등의 통일주도 국가의 설정문제로 인해 의견적 대립이 발생하였다. 소독일주의 및 군주제에 의한 통일방안이 채택되었을 때 프로이센의 빌헬름 1세는 그러한 방안을 수용하지 않았고 그것은 자유주의적 통일운동의 실패를 의미하였다. 이후 독일의 통합방향은 현실정치가(Realpolitiker)의 수중으로 넘어가게 되었다.

이 당시 분립주의와 지방주의를 지향하던 오스트리아는 독일통일의 최대장애요인이었다. 특히 3월혁명 이후의 상황을 고려한다면 오스트리아의 방해공작이 어떻게 진행되리라는 것은 쉽게 예상할 수 있었다. 따라서 베를린의 현실 정치가들은 협상을 통한 통일보다는 전쟁으로 문제를 해결해야 한다는 생각을 가지게 되었던 것이다. 여기서 이들은 프로이센이 프랑스나 러시아의 지원을 받을 경우 그 대가가 너무 크리라는 것을 예상하였기 때문에 사르데냐와는 달리 독자적으로 과업을 수행해야 한다는 주장도 제기되었다.

1859년 호엔촐레른가의 새로운 지배자로 등극한 빌헬름 1세(Wilhelm I)는 아직 섭정지위에 있으면서 룬(Roon)과 몰트케(Moltke)를 각각 국방장관과 육군 참모총장에 임명하고 프로이센군의 증강을 지시하였다.[7] 이 계획은 의회 내 다수파인 자유주의자들의 반대로 거의 실시 불가능한 것으로 간주되었으나 빌헬름은 의회의 반대를 무시하고 자신의 의도를 관철시킬 수 있는 비스마르크(Bismarck)를 기용하여 통일작업을 계속 수행해 나갈 수 있었다.[8] 이 당시 비스마르크는 오스트리아 제국의 의도와 의회기능에 대한 자신의 입장을 솔직히 밝혔을 뿐만 아니라 당시의 중요한 문제들은 군비우선의 철혈(Eisen und Blut) 정책으로 해결해야 한다는 주장도 펼쳤다.[9]

비스마르크는 1864년 오스트리아와 합동으로 덴마크와 단기전쟁을 수행하여 덴마크의 소유령이면서 독일연방의 일원이었던 슐레스비히를 프로이센의 신탁통치하에 놓이게 하였다.

오스트리아 역시 홀슈타인에 대한 신탁통치권을 장악하였는데 그것은 프로이센과의 대립을 유발시키는 요인이 되었다.

이후 비스마르크는 오스트리아와의 전쟁이 불가피하다는 인식을 하게 되었고 그것은 그로 하여금 군사력을 강화시키는 정책을 펼치게 하였다. 아울러 그는 외교적 공작도 게을리 하지 않았다. 이에 따라 그는

---

7) 빌헬름 1세는 평상시의 군대규모를 19만 명으로 증강시키려고 했다.

8) 이 당시 국방장관이었던 룬은 빌헬름 1세에게 비스마르크의 등용을 제안하였다.

9) 비스마르크는 의회연설에서 '오늘의 문제는 말보다는 철과 피로 해결하여야 한다' 라는 것을 언급하였다.

1865년 10월 나폴레옹 3세를 비밀리 만나 형제전쟁이 발발할 경우 프랑스의 중립을 약속 받았고, 1866년 4월에는 이탈리아왕국과 한시적 군사동맹체제를 체결하여 오스트리아가 패배할 경우 이탈리아의 베네치아 합병도 인정한다는 약속을 하였다. 러시아와의 친선관계는 그가 1859년부터 약 3년간 페테르부르크에서 대사로 근무할 때 이미 구축한 상태였다.

1866년 6월 비스마르크는 의회의 맹렬한 반대에도 불구하고 프로이센군을 홀슈타인으로 출격시켜 보 · 오 전쟁을 일으켰다. 전쟁이 발발하자 오스트리아는 즉시 독일연방의회를 열어 프로이센의 침략행위를 규탄하고 대부분의 독일 영방을 자국 측에 가담시켰지만 프로이센군의 신속한 작전으로 3주일 만에 홀슈타인 령을 상실하게 되었다. 1866년 7월 3일 쾨니히그레츠(Königgratz)전투에서 오스트리아의 주력군은 프로이센의 후장총과 몰트케가 이용한 철도라는 획기적 이동수단으로 패배하였다.

이 전투가 끝난 후 비스마르크는 나폴레옹 3세의 개입을 차단시키기 위하여 1866년 8월 23일 오스트리아와 프라하(Praha)조약을 맺어 독일연방을 해체하고 오스트리아를 독일통일문제에서 배제시켰다.[10] 이후 마인(Main) 강 이북의 22개의 독일 국가들은 1867년 프로이센이 주도하는 북독일연방(Norddeutscher Bund)에 합병되었다. 그러나 남부 독일국가들은 외형상 독립을 유지할 수 있었다.

보 · 오전쟁에서 패배한 오스트리아 제국은 제국 내에서 자치권을 요

10) 비스마르크는 오스트리아로부터 영토적 보상을 받지 않았는데 그것은 향후 전개될 프랑스와의 전쟁을 고려하였기 때문이다.

구하던 마자르(Magyar)족과 제휴할 필요성을 인식하게 되었고 그것은 오스트리아 제국을 오스트리아-헝가리(Österreich-Ungarn)제국으로 변형시키는 요인이 되었다.

독일통일의 첫째 장애세력이었던 오스트리아를 제거한 후 비스마르크의 다음 목표는 남부독일에서 영향력을 행사하던 프랑스를 타도하는 것이었다. 보・불전쟁은 스페인 왕위계승문제에서 비롯되었다. 1868년 9월 폭동으로 부르봉 왕조의 이사벨라 2세(Isabella II)가 추방된 후 마드리드(Madrid)의 실세로 등장한 프림(Prim)은 빌헬름 1세의 친척이었던 레오폴드(Leopold)공을 스페인 왕으로 옹립하려고 하였다.[11] 이에 프로이센의 세력 확대에 두려움을 가졌던 나폴레옹 3세는 그것에 대해 이의를 제기하였다. 이후 양국사이의 대립은 첨예화되었고 그것은 결국 전쟁으로 이어졌다.[12] 일찍부터 개전을 예견하였던 비스마르크는 남부독일 국가들과 비밀리에 공수동맹(Schutz-und Trutzbündnis)을 체결하여 군사적 지원을 받았다. 또 러시아 황제 알렉산데르 2세를 꾀어 오스트리아로 하여금 중립을 지키게 하여 나폴레옹 3세와의 동맹관계를 무력하게 만든 치밀한 외교공작을 펼쳤고 군사적으로는 몰트케 장군으로 하여금 철저한 군비를 갖추게 하여 프랑스군을 병력, 장비,

11) 레오폴드는 호엔촐레른-지그마링겐(Hohenzollern-Sigmaringen)가문의 수장이었던 안톤(K.Anton)의 아들이었다.

12) 프랑스가 레오폴드의 왕위계승에 이의를 제기함으로써 레오폴드는 왕위계승을 포기하였다. 그러나 파리 정부는 다시 그러한 일이 발생되지 않게끔 문서적 보장을 받아내려고 하였다. 이에 따라 프랑스 대사는 빌헬름 1세가 머무르고 있던 엠스(Ems) 온천에 가서 호엔촐레른 가문이 향후 스페인 왕위계승에 관여하지 않겠다는 보증을 얻어내려고 하였다. 빌헬름 1세는 프랑스 대사의 무례한 행동을 비스마르크에게 알렸고 비스마르크는 이를 왜곡시켜 발표하였다. 즉 그는 프랑스 대사가 빌헬름 1세를 모욕하였기 때문에 빌헬름 1세 역시 그것에 걸맞게 대응했다는 내용으로 발표하였던 것이다.

그리고 훈련 등에서 압도하였다. 그리하여 개전 2개월 만에 나폴레옹 3세는 86,000명의 프랑스군과 함께 스당(Sedan)에서 항복하고 강화를 제의하였다. 그러나 비스마르크는 프랑스에 대한 철저한 타격을 가하기 위해 강화제의를 거부하였고 1871년 1월 29일에는 파리도 함락시켰다. 같은 해 5월 10일 비스마르크는 프랑스와 알자스-로렌(Alsace-Lorraine)의 할양 및 50억 프랑의 배상금지불을 서약한 조약을 체결하고 전쟁을 종결시켰다.

파리가 함락되기 10일 전인 1871년 1월 18일 남부 독일 및 북부 독일의 군주들은 베르사유(Versailles) 궁전에 모여 빌헬름 1세를 통일독일제국의 황제로 추대하고 독일제국의 성립을 선포하였다. 그러나 독일통일은 산업자본가와 융커(Junker)라는 보수적 토지귀족과의 타협과 비스마르크라는 냉철한 현실정치가에 의해 이루어졌기 때문에 자유주의를 희생시킨 국민적 통일이라는 한계점을 지니고 있었다.

독일제국은 4왕국, 18공국, 3자유시 등 25개의 국가와 2제국령(알사스-로렌)으로 구성된 연방국가였다. 이러한 연방체제는 이전의 독일연방처럼 여러 대소국가의 집합체도 아니었고 그렇다고 해서 완전한 중앙집권국가라고도 할 수 없는 정치체제였다. 왜냐하면 바이에른, 작센, 바덴 등의 국가는 이전의 칭호와 지위를 독점하고 상원에 해당되는 연방의회(Bundesrat)에서 압도적인 의석을 차지하였기 때문이다. 새로 제정된 제국헌법은 외형상 입헌정치의 형태를 취하였으나 내용적으로는 자유주의와 거리가 멀었다. 상원인 연방의회는 주로 각 국의 대표와 황제가 지명하는 60명의 의원으로 구성되었는데 입법권과 군사 · 외교상의 대권 등을 가져 그 권한은 막강하였다. 그러나 상원의원 중 17명은 황제가 직접 임명하기 때문에 상원의 권한은 실제적으로 황제권에 예속되었다. 하원인 제국의회(Reichstag)는 25세 이상의 성인 남자의 보통선거에 의해 선출된 의원들로써 구성되었지만 실질적인 권한은 없었고 수상의 자문기관에 불과하였다. 독일제국의 수상은 프로이센의 수상이 겸임하였다. 수상은 행정적 책임을 의회가 아닌 황제에게만 지게 하여 실질적으로 황제와 더불어 국정을 좌우해 나갔다.

14 제국주의와 제1차 세계대전

빌헬름 2세와 프란츠 요제프 1세(1910)

1) 서구 제국주의의 등장과 세계분할정책

제국주의(Imperialism)는 1880년대부터 본격적으로 사용되기 시작하였다. 제국주의란 용어는 새로운 것이지만 그것이 지향하는 내용은 전쟁이나 정복을 통한 팽창주의였기 때문에 그것에 대한 원류는 인류가 국가를 만들기 시작한 고대에서 찾을 수 있다. 제국주의는 로마제국처럼 한 민족이 주변의 다른 민족들을 하나의 거대한 초민족 국가에 편입시켜 지배하려는 의지에서 비롯된 것이라 하겠다. 따라서 제국주의는 어느 시대나 어느 지역에서나 일어날 수 있는 보편적 현상이라 하겠다.

그러나 19세기 말부터 등장한 신제국주의(Neoimperialism)는 그 이전의 제국주의와는 달랐다. 왜냐하면 그것은 단순한 약탈이나 정복을 위한 팽창주의의 단계를 넘었을 뿐만 아니라 하나의 이념으로도 정립되었기 때문이다. 신제국주의는 경제적 측면에서 이전의 제국주의와는 맥을 달리 하였다. 옛날부터 사람들은 물질획득의 중요한 방법으로 영토 확장을 시도하였다. 근대 초기에 에스파냐와 포르투갈(Portugal)이 금과 은을 얻기 위해 팽창정책을 펼쳤던 것도 결국 그러한 범주에 포함된다고 하겠다. 그러나 19세기에 접어들면서부터 팽창의 경제적 동기는 상당히 다른 내용을 가지게 되었는데 그것은 산업주의, 나아가 자본주의 경제체제와 직접적으로 관련되기 때문이다. 영국, 프랑스, 독일과 같이 산업혁명을 통해 대량 생산이 가능하게 된 유럽의 국가들은 자신들이 생산한 공업 제품 모두를 소비할 수 없다는 사실을 알게 되었다. 따라서 이들 국가들은 해외에서 그들의 잉여 생산품을 팔 수 있는 시장을 확보하려고 하였다. 점차적으로 식민지획득은 자본주의적인 산업경제체제를 유지하기 위한 노력과 직접적으로 연계되기 시작하였다.

이러한 제국주의의 경제적 측면을 지적한 인물이 바로 레닌(Lenin)이었다. 그는 1917년에 출간된 '자본주의의 최후단계로서의 제국주의'라는 글에서 축적되는 금융 자본의 돌파구를 마련하기 위해 금융가들이 정치가들을 조정하여 해외 팽창을 획책하려는 과정에서 제국주의가 나왔다는 주장을 펼쳤다.[1)]

---

1) 레닌은 제국주의를 자본주의적 부패의 전형적 증상이라 결론지었다. 이 당시 선진 공업 국가들은 계속적으로 증대되는 생산품을 국내시장에서 소화시킬 수 없었기 때문에 식민지시장을 개척하여 한시적으로 그러한 문제를 해결하고자 하였다. 이후부터 서유럽의 자본가들은 식민지 노동의 막대한 잉여가치를 착취할 수 있었기 때문에 국내의 노동력을 완전히 착취하지 않아도 충분한 이윤을 낼 수 있었다. 따라서 마르크스가 예언했던 바와는 달리, 자본가들은 국내노동자들의 급료를 생존선까지 끌어내리지 않아도 자신들의 팽창이 가능하였던 것이다. 이것이 소위 '빈곤의 해외수출' 이며, 자본가들은 그러한 방식으로 서유럽 프롤레타리아들의 생활수준을 향상시켰는데, 그것으로 인해 선진 국가에서는 진정한 프롤레타리아계급의식의 대두가 오랫동안 지연되었다는 것이다. 그러나 이러한 것은 새로운 해외 식민지를 계속 획득

비록 이러한 분석이 문제의 어느 한 부분을 지나치게 강조하는 누를 범하였지만 신제국주의의 경제적 동기를 설명하는데 있어 중요한 고려 대상이 된 것은 사실이다. 왜냐하면 신제국주의는 유럽의 강대국들이 그들 국가의 산업자본가들과 금융가들을 보호하기 위해 관세장벽을 설치하고, 식민지를 획득하려는 신중상주의정책의 일부분이 되었기 때문이다. 이 밖에도 제국주의적 팽창에는 국가적 위신을 증대시키려는 민족주의적, 애국적인 동기도 있었고 앞으로 있을 팽창을 고려하여 전략적 요충지를 확보하려는 군사적이고 정치적인 동기도 있었다.

제국주의 국가의 대표적인 예로는 산업 및 금융 부분에서 가장 먼저 활성화되었던 영국을 들 수 있다. 우수한 상품과 해군력을 갖춘 영국은 그들의 경제적 기반을 유지하는데 필요한 거대한 제국을 해외에 건설하려고 하였다. 그러한 해외 제국을 건설하기 위해 영국은 1899년 아프리카 남단에 위치하였던 두 개의 보어(Boer) 공화국인 트란스발(Transvaal)공화국과 오렌지(Orange)공화국을 빼앗아 남아프리카 연방(Union of South Africa)창설의 토대를 마련하였다.[2] 1875년에는 이집트의 재정적 어려움을 이용하여 수에즈 운하(Suez Canal) 주식의 $\frac{2}{3}$를 매수하여 이 운하에 대한 통제권을 확보하였고 다음해인 1876년에는 인도도 합병하였다.[3]

하여야 한다는 가정하에서 가능하였다. 그런데 제국주의가 팽창할 수 있는 영역은 제한되었기 때문에 그러한 상황이 계속 유지될 수는 없었다는 것이 레닌의 분석이었다. 이제 각 국가들은 제한된 식민지시장을 확보하기 위해 결사적 투쟁을 펼치는 자본주의체제의 마지막단계로 접어들게 되었고 거기서 제국주의적 전쟁형태를 취할 수밖에 없었는데 제 1차 세계대전의 발발이 그 일례라는 것이다.

2) 보어인들은 네덜란드 정착민들을 지칭한다.

3) 이 당시 영국은 수에즈운하가 개통될 경우 인도양과 아시아지역까지의 항로가 크게 단축될 수 있다는 예상을 하고 있었다.

프랑스는 튀니지(Tunisia), 알제리(Algerie), 모로코(Morocco)에 북 아프리카 제국을 건설하고, 마다가스카르(Madagascar), 세네갈(Senegal)의 이른바 열대 아프리카 제국을 건설하였다. 그리고 아시아에서는 인도차이나(Indochina) 반도를 차지하였다.

이들 국가들보다 늦게 제국주의 대열에 참여한 독일은 아프리카에서 카메룬(Cameroon; Kamerun), 토고(Togo) 같은 식민지를 획득하고, 베를린-바그다드(Berlin-Bagdad) 철도 부설 계획을 통해 중동지방으로 진출하려고 하였다.[4] 이들 강대국들보다 국력이 다소 떨어지는 이탈리아, 벨기에, 네덜란드 등도 제국주의 정책에 참여하였다.

이러한 열강의 제국주의 정책은 찬성과 반대의견을 불러 일으켰다. 찬성론 가운데서 가장 설득력이 강했던 것은 다윈(C. Darwin)의 이론을 인간과 사회문제에 적응시킨 사회진화론이었다. 이 주장에 따를 경우, 자연 세계에서 작용되는 생존경쟁의 개념이 인종들 사이에서도 발견된다는 것이다. 그리고 그러한 경쟁에서 유럽인들은 생존에 가장 적합한 인종이므로 다른 유색인종들을 지배할 권리를 가진다는 것이다.[5]

---

4) 1902년 독일은 콘스탄티노플에서 바그다드, 그리고 다시 그곳에서부터 페르시아 만의 바스라(Basra)까지 철도를 부설하려고 하였다.

5) 다윈은 이러한 논리를 자신의 책에서 다음과 같이 거론하였다.
"모든 어린 생명은 다 생존할 수 없는데 그것은 자연도태의 원칙에서 비롯된 것이다. 생존에 적합한 종은 생존경쟁에서 살아남게 되고 그렇지 못한 종은 멸종한다. 예를 들면 기린은 살아남기 위하여 목이 길게 발달되었으며, 카멜레온은 피부색을 바꾸는 생체조직을 개발하였다. 아주 조그마한 생체조직의 변화라도 생존경쟁에서 살아남은 종은 계속해서 발전시킨다. 수 세대에 걸쳐 그러한 변화가 지속될 경우 낡은 형태는 소멸되고 새로운 형질이 나타나서 새로운 종을 이룬다. 지구가 처음 생성될 때 있었던 종이 현존하는 경우는 거의 드물다. 현존하는 종은 원형으로부터 형질이 변화하여 현재 생존하는데 유리하도록 바뀐 것들이다. 인간 역시 이러한 자연의 법칙에 따라 오늘의 모습에 이르렀다."

예를 들면, 영국의 로즈(C. Rhodes)는 언젠가는 가장 우수한 앵글로-색슨족(Anglo-Saxon)만이 지구상에 살아남게 되리라는 생각을 하였을 뿐만 아니라 그것을 대외적으로 언급하는데도 주저하지 않았다.[6] 두 번째의 찬성론은 백인의무설로서, 개명한 인종인 서유럽인들이 미개한 유색인종들을 개화시킬 의무를 가진다는 후견론이었다. 세 번째의 찬성론으로는 유색인종에 대한 백인의 자위론을 지적할 수 있다. 이 주장에 따르면 백인들은 유색인종에 비해 우수하기는 하지만 번식률이 낮기 때문에 제국주의 정책을 통해 유색인들을 억제할 필요가 있다는 것이다.[7] 이러한 신념의 신봉자로는 로즈와 키플링(R.Kipling), 독일의 빌헬름 2세(Wilhelm II), 그리고 미국의 루스벨트(T.Roosevelt)[8]와 같은 제국주의자들을 들 수 있고 이들은 황인종의 인구증가에 대해 깊은 우려를 표명하였다.

제국주의에 반대하는 입장도 다양하였다. 그들 가운데는 바로 다윈의 이론을 달리 해석하는 개혁진화론자(Reform Darwinists)도 있었다. 이들은 생물계의 생존경쟁 원리를 인간에게 그대로 적용시킬 수 없다는 주장을 펼쳤는데 그것은 인간사회가 동물들과는 달리 생존경쟁의 개념을 초월할 능력을 가진다는 확신에서 비롯된 것 같다. 즉 인간은 밀림의 맹수들과는 달리 생존경쟁을 문화발전을 위한 고상한 대립으로 승화시킬 수 있다는 것이다. 개혁진화론자들은 어떤 인종이든 인류문명 발전에 기여하기 때문에 제국주의 정책으로 한 집단이 다른 집단을

6) 피어슨(C.H.Pearson)과 키드(B.Kidd) 등도 로즈의 관점에 동조하였다.

7) 이것을 흔히 황화론 또는 백인의 자멸론이라 한다.

8) 미국의 제 26대 대통령(1901-1909)이었다.

파괴시키는 것은 인간진보의 위해적 요소가 될 수밖에 없다는 입장을 제시하였다. 두 번째의 반대론은 무용론이었다. 이 주장에 따르면, 식민지는 그것을 유지하기 위해 드는 막대한 군사비, 투자액, 정책비용과 비교하여 경제적으로 별 이익이 없다는 것이다. 설사 제국주의적인 모험으로 이익을 얻는 사람들이 있더라도 그것은 소수의 특권계층에 국한된다는 주장이었다. 그리고 식민지무용론자들은 식민지들이 익은 과일이 나무에서 떨어지듯이 언젠가는 독립을 찾아 모국으로부터 떨어져 나갈 것이라는 관점도 피력하였다.

이들 외에도 자유주의자들은 강대국의 팽창 정책이 근대 서유럽의 이념인 자유, 평등, 박애의 정신에 위배된다는 근거에서 제국주의를 반대하였다. 그리고 프랑스의 국수주의자들은 해외팽창에 대해 국민의 관심과 국력이 쏠려 독일을 응징하기 위한 복수전의 준비가 지장 받지나 않을까라는 우려 때문에 제국주의를 반대하기도 하였다.

어떤 근거에서 제국주의를 옹호하고 반대했던 간에 서유럽인들의 이해관계는 전 세계에 걸쳐 있었고 그들의 우월성 역시 유지되었다. 이들은 우월한 과학기술에서 나오는 물자 및 무기를 가지고 전 세계의 다른 인종들을 지배하였다.

2) 제 1차 세계대전발발 이전의 국제정세

강대국들의 팽창주의 정책은 그들 간의 충돌을 불가피하게 하였고, 그것은 마침내 제 1차 세계대전(1914)이라는 비극적인 상황도 초래시켰다. 그리고 강대국들의 충돌은 수십 년간에 걸쳐 나타난 몇 가지 주요 단계를 거치면서 진행되었다. 1860, 1870년대에 이탈리아와 독일이 통일되어 강대국으로 출현함으로써 유럽의 세력 판도에 중대한 변화가 일어났다. 그리고 이후부터 약 20년간 비스마르크가 국제정치에서 주도적 역할을 담당하였기 때문에 이 시기를 '비스마르크 시대'라 한다.

앞서도 언급한 바와 같이 비스마르크는 전쟁을 외교수단으로 사용하는데 주저하지 않았던 현실 정치가였다. 그럼에도 불구하고 그는 독일 통합 이후 가능한 한 전쟁을 피하려고 하였는데 그것은 전쟁으로 신생 독일이 위협을 받을 수 있다는 우려에서 비롯된 것 같다.[9] 그러면서도 비스마르크는 독일에 대한 프랑스의 복수전(Revanchekrieg)을 두려워하였다. 따라서 그는 프랑스를 국제적으로 고립시키는 것을 독일외교정책의 가장 주요한 과제로 설정하였다. 이에 따라 그는 프랑스의 동맹국이 될 수 있는 러시아를 프랑스로부터 격리시키는데 가장 큰 관심을 보이게 되었다. 아울러 비스마르크는 가장 믿을 만한 동맹국을 얻기 위하여 1879년 10월 7일 오스트리아-헝가리 제국과 상호방위조약, 즉 2국동맹체제를 체결하였고 그 체제는 1차 세계대전이 끝날 때까지 지속되었다.

다음으로 그는 터키에 대한 프랑스와 영국의 간섭을 두려워하는 러시아를 끌어들여, 오스트리아-헝가리와 함께 1881년 3제동맹(Drei Kaiservertrag)을 체결하였다. 이것은 비밀조약으로서 어느 한 동맹국이 다른 제 4의 국가와 전쟁을 하게 될 경우 나머지 두 동맹국은 우호적인 중립을 지킨다는 내용을 담고 있었다. 이 조약이 실제로 의미할

---

9) 이 당시 비스마르크는 '현재 영역에 독일이 만족한다는 것(saturiert)'을 누누이 밝혔다.

수 있는 경우를 든다면, 독일이 프랑스와 전쟁을 할 경우 러시아가 중립을 지킨다는 것이다. 또한 비스마르크는 프랑스가 튀니지를 획득하려는 것에 이탈리아가 반대하고 있다는 사실에 주목하였다. 따라서 그는 이탈리아를 끌어들여 오스트리아-헝가리와 함께 1882년 5월 20일 3국동맹(Triple Alliance)을 결성하였다. 그러나 이 동맹은 와해될 가능성이 컸는데 그것은 이탈리아와 오스트리아-헝가리가 오스트리아-헝가리 제국 내에 살고 있던 이탈리아인 문제로 대립하고 있었기 때문이다.

한편 비스마르크가 앞서 결성하였던 3제 동맹도 붕괴될 위험이 컸다. 왜냐하면 러시아의 범슬라브주의와 오스트리아의 범게르만주의가 발칸반도에서 충돌하고 있었기 때문이다. 결국 러시아는 1887년 이 동맹체제로부터 탈퇴하였다. 여기서 비스마르크가 우려해온 러시아와 프랑스의 접근가능성이 제기되었고 비스마르크는 그것을 막기 위해 1887년 6월 18일 러시아와 재보장조약(Rückversicherungsvertrag)을 체결하였는데 거기서는 독일과 러시아 중 어느 한 나라가 제 3국과 전쟁을 할 경우 다른 나라는 중립을 지킨다는 내용이 들어 있었다. 이것을 실제 상황에 적용시킨다면, 러시아와 오스트리아-헝가리 사이에 전쟁이 일어날 경우 독일은 중립을 지킨다는 것이다.[10] 재보장조약은 독일과 오스트리아-헝가리의 상호방위조약을 정면으로 위배하는 것이었다. 따라서 이 조약은 독일의 우방인 오스트리아-헝가리가 알 수 없게끔 비밀 조약의 형태를 취할 수밖에 없었다.[11]

10) 여기서는 프랑스와 독일 사이에 전쟁이 발생할 경우 러시아가 중립을 지킨다는 것도 거론되었다.
11) 그러나 이 재보장조약은 1896년에 공개되었다.

그러나 1890년 3월 20일 비스마르크가 수상직에서 물러나면서 그의 복잡하고 위험한 동맹체제는 흔들리기 시작하였다. 젊고 모험적인 새로운 황제 빌헬름 2세(Wilhelm Ⅱ)가 독일의 외교정책을 좌우하게 되면서 비스마르크가 오래 전부터 우려했던 상황이 현실화되기 시작하였다. 빌헬름 2세는 러시아와의 재보장조약을 6월 18일 폐기하였다. 다시 말해 그는 러시아가 시효가 만료된 재보장조약의 연장을 희망하였음에도 불구하고 그것의 연장을 거부하였던 것이다. 이후 예상했던 대로 러시아와 프랑스는 가까워졌고, 마침내 두 나라 사이에 동맹체제가 구축되었는데 여기서는 동맹국의 어느 한 나라가 제 3국과 전쟁을 펼칠 경우 다른 나라는 동맹국을 위해 군사적인 지원을 한다는 것이 거론되었다. 다시 말해 프랑스가 독일과 전쟁을 하게 된다면 프랑스는 러시아로부터 지원을 받는다는 것이었다. 비스마르크가 없는 독일은 이제 국제적으로 불리한 상태에 놓이게 되었다.

오랫동안 경쟁상태 하에 있던 프랑스와 영국의 관계도 변하기 시작하였다. 두 나라는 아프리카 진출문제를 놓고 1898년 수단(Sudan)의 파쇼다(Fashoda)에서 충돌하였다.[12] 즉 영국의 종단계획과 프랑스의 횡단계획이 이 지역에서 충돌하였던 것이다. 그럼에도 불구하고 독일 및 국제적 고립에 대한 두려움 때문에 두 나라는 1904년 협상을 체결하였다. 이후 프랑스의 중재로 영국과 러시아는 접근하였고 거기서 3국협상(Triple Entante)이 체결되었던 것이다.

12) 1898년 영국의 키치너(H.Kitchener)장군은 프랑스의 마르샹(Marchand)대위가 나일 강 상류의 파쇼다에 프랑스기를 게양한 사실을 알게 되었고 그것은 양국 사이의 충돌을 유발시키는 계기가 되었다.

3) 제 1차 세계대전

이제 유럽의 강대국들은 3국동맹과 3국협상으로 갈라지게 되었다. 따라서 사소한 문제를 가지고 언제라도 전쟁이 일어날 위험성을 안게 되었던 것이다. 실제로 1905년부터 제 1차 세계대전이 일어난 1914년까지 위기적 상황과 국지전이 연속적으로 발생하였고 그러한 사건들 모두는 세계대전으로 이끌어 갈 가능성이 있는 것들이었다.

그 최초의 위기가 1905년의 제 1차 모로코 사건이었다. 이것은 빌헬름 2세가 프랑스의 모로코합병을 독일이 반대한다는 것을 표시하기 위해 탕히에(Tangier) 항구를 방문함으로써 발생한 사건이었다. 양 국사이의 대립에서 영국은 프랑스를 적극적으로 지지하였다. 두 번째의 큰 위기는 1911년에 발생한 제 2차 모로코 사건이었는데 그것은 프랑스가 모로코의 도시 페스(Fez)를 합병함에 따라 그것에 대한 항의표시로 독일이 아가디르(Agadir) 항구에 군함 판테르(Panther)호를 파견한 사건이었다. 또 같은 해에 일어난 트리폴리(Tripoli) 사건도 전면전의 위험성을 내포한 것이었다. 그것은 이탈리아가 북아프리카의 트리폴리를 점령하려는 문제를 둘러싸고 야기되었던 두 진영사이의 대립이었다.

그러나 제 1차 세계대전의 보다 더 직접적인 요인이 되었던 것은 발칸반도의 약소 민족들의 민족운동과 그것을 둘러싼 양 진영사이의 대립이었다. 독일과 러시아 사이의 중유럽에는 오스트리아-헝가리 제국이 있었고 거기에는 많은 민족들이 살고 있었다. 독일인들과 헝가리 인들은 지배 민족으로서 제국 내 14개 민족을 통치하고 있었다. 그러나 이 당시 제국 내 슬라브 민족들, 즉 체코, 폴란드, 루마니아, 슬로바키아, 크로아티아, 세르비아, 그리고 슬로베니아인들은 자치권을 요구하고 있었다. 그리고 이들의 민족 운동은 세르비아(Serbia)와 러시아의 지원을 받고 있었다. 이러한 슬라브인들의 민족 감정을 더욱 부추긴 것은 보스니아-헤르체고비나(Bosnia-Herzegovina) 사건이었다. 두 지역은 오랫동안 회교도 국가인 터키의 지배하에 있었으나 1878년의 베를린조약에서 오스트리아-헝가리 제국의 위임통치령이 된 곳이었다. 상황이 이러함에도 불구하고 세르비아는 슬라브인들이 살았던 이 두 지역을 합병시키려고 하였지만 오스트리아-헝가리 제국은 그것을 무시하고 보스니아와 헤르체고비나를 자국에 병합시켰다.[13)]

제 1차 세계대전의 도화선에 직접 불을 붙인 것은 사라예보(Sarajevo) 사건이었다. 보스니아-헤르체고비나 합병에 대한 슬라브 인들의 반발을 무마시키기 위해 오스트리아-헝가리 제국의 페르디난트(Ferdinand) 황태자 부처가 1914년 6월 28일 보스니아의 수도인 사라예보를 방문하였지만 세르비아의 과격단체인 '검은 손'의 일원이었던 프린치프(G.Princip)에 의해 암살을 당하였다. 이 사건을 계기로 빈 정부는 그 동안 그들 제국을 괴롭혀 온 슬라브 민족 운동을 응징하려고 하였다. 전쟁 직전 오스트리아-헝가리는 독일의 지원을 확인하였다.[14)] 이에 자신감을 얻은 오스트리아-헝가리는 7월 28일 세르비아 왕국에 대해 선전포고를 하였고 러시아 역시 세르비아를 지원한다는 성명을

13) 이 당시 세르비아인들은 보스니아-헤르체고비나를 합병하여 대세르비아제국을 건설하려고 하였다.

14) 여기서 독일은 '백지수표'로 불리는 무조건의 지원을 오스트리아-헝가리에게 약속하였다.

발표하였다.[15] 이후 강대국들은 각각의 동맹 조약에 따라 서로 선전포고를 하였다. 이로써 최초의 세계대전이 시작되었던 것이다.

전쟁이 발발하자 전쟁의 주도권을 쥔 것은 독일이었다. 독일군은 오래 전부터 준비하였던 '슈리펜 작전(Plan Schlieffens)'에 따라 신속하게 대응하였다. 슈리펜 장군이 오래 전에 수립한 이 작전계획에 따르면, 서쪽과 동쪽에서 양면전을 전개 할 경우 독일은 우선 서쪽의 프랑스를 격파한 다음 병력을 동쪽으로 이동하여 러시아를 격파한다는 것이었다. 그러나 독일의 작전계획은 갑자기 수정되었다. 서부전선에서 프랑스를 공격하게 될 병력의 일부가 동남쪽의 오스트리아 전선과 동쪽의 러시아 전선으로 돌려진 것이다. 그 때문에 서부전선의 주력은 약해졌고 독일군의 진격 역시 예상처럼 빠르지 못하였다. 결국 독일군은 마르느(Marne)전투에서 프랑스군에 의해 저지당하였다. 그 이후 서부전선은 두드러진 변동 없는 교착상태에 빠졌고 그것에 따라 독일군과 연합군은 막대한 희생만을 주고받는 참호전을 되풀이하였다.

반면 개전 초에 독일이 별로 중요시하지 않았던 동부전선에서는 의외로 호조를 보였다. 힌덴부르크(P.v.Hindenburg) 장군이 지휘하는 독일군은 타넨베르크(Tannenberg) 전투에서 러시아군을 크게 격파하였다.[16]

---

15) 선전포고에 앞서 오스트리아-헝가리의 외무장관 베르흐톨트(L.v.Berchtold)는 7월 23일 세르비아에 최후통첩을 보냈다. 거기서는 첫째, 세르비아 정부는 자국 내에서 전개되던 반오스트리아 활동을 탄압하고 그 활동을 조장하는 관리들을 색출하여 해임할 것 둘째, 오스트리아 관리들은 이러한 탄압작업을 지원할 수 있을 뿐만 아니라 황태자 암살음모에 관여한 자들도 색출할 수 있다는 것이 거론되었다.

16) 제 1차 세계대전이 발발한 후 빌헬름 2세는 힌덴부르크 장군을 동부지역 총사령관으로 임명하였다.

발칸반도에서도 독일군과 오스트리아-헝가리군은 승리하고 있었다. 이들은 불가리아군, 터키군과 함께 세르비아, 루마니아, 그리고 러시아의 연합군을 격파하고 있었다. 한편 바다에서 독일 해군은 덴마크 연안의 유틀란드 해전에서 영국 해군을 제압하였다. 여러 곳에서의 전세는 독일에게 유리하게 진행되는 것 같았다. 그러나 독일은 전투에서는 이기고 있었지만 전쟁에서는 지고 있었다. 왜냐하면 경제전과 선전전에서 연합국 측이 유리한 고지를 차지하였기 때문이다. 연합국은 인구 및 자원에서 중부유럽열강을 압도하고 있었다. 또한 이들 국가들은 영국의 해군력을 활용하여 중유럽 열강의 식량 및 군수 물자의 수입을 억제할 수 있었다. 따라서 독일과 오스트리아-헝가리는 전선에서 승리하고 있음에도 불구하고 내부적으로는 어려운 상황에 놓이게 되었다. 식량과 물자부족으로 전선의 병사들과 국민의 사기는 크게 떨어져 있었다. 게다가 영국과 프랑스는 독일과 오스트리아-헝가리의 군국주의에 대항하여 민주주의를 지키기 위해 싸운다는 명분을 내세울 수 있는 이점도 가지고 있었다. 그것에 대한 구체적인 증거로서 그들은 중립국 벨기에에 대한 독일의 침략을 크게 부각시켰던 것이다.

그러나 전세는 독일에게 다시 한 번 유리하게 전개되는 것 같았다. 그것은 1917년 봄 러시아에서 혁명이 일어나 러시아군의 전투 능력이 사실상 붕괴되었기 때문이다. 게다가 레닌의 공산당 정부가 1919년 3월에 체결된 브레스트-리토프스크(Brest-Litovsk) 조약에서 독일에게 항복하였기 때문에 독일군은 동부전선에 대한 부담으로부터 완전히 벗어날 수 있었다. 이후 독일군은 병력을 재정비하여 1918년 봄 서부전선에서 프랑스에 대한 최후의 대공세를 감행하였다. 그러나 연합군의 저항은 완강하였다. 게다가 러시아 대신 미국이 1917년 4월 연합국에 가담함으로써 전세는 독일에게 갑자기 불리하게 되었다.[17] 미국은 영국 및 프랑스에게 군수물자 구입을 위한 차관을 제공하였을 뿐만 아니라 직접 프랑스와 이탈리아 전선에 병력도 투입하였다.

중부유럽 국가들의 전열은 합스부르크 제국내의 민족 문제로 흩어지고 있었다. 오스트리아-헝가리에서는 슬라브 민족들의 반발이 지속적으로 발생하였고 그것은 합스부르크 제국을 붕괴시키는 결정적인 요인이 되었다. 1918년 가을 독일에서도 사회주의혁명이 일어나 독일은 더 이상 전쟁을 수행할 수 없게 되었다. 이에 따라 독일은 1918년 11월 11일 미국의 윌슨(W.Wilson) 대통령이 제시한 14개조 원칙(Fourteen Points)을 휴전 조건으로 받아들임으로써 연합군에게 항복하였다. 이리하여 4년간에 걸쳐 수천만 명의 사상자를 낸 제 1차 세계대전은 종식되었다.[18]

4) 파리강화회의와 베르사유 조약

전쟁이 끝난 후 유럽인들이 직면한 가장 중요한 문제는 또 다른 전쟁의 발발을 막을 항구적인 평화협정을 체결하는 일이었다. 다시 말해 승전국이나 패전국 모두에게 만족하거나 아니

---

17) 이 당시 미국의 윌슨 정부가 유럽전쟁에 참전하기로 결정한 요인으로는 첫째, 자신들의 참여로 참혹한 전쟁을 빨리 종결시킬 수 있다는 확신을 가졌다는 것 둘째, 전후의 평화협상에서 미국이 주도적인 역할을 담당할 경우 미국중심의 세계질서가 구현될 수 있다는 판단을 하였기 때문이다.

18) 4년간 지속된 세계대전에서 1,000만 명 이상의 군인이 죽고, 2,000만 명 이상의 군인이 부상을 당하였다. 파괴된 재산은 무려 1,500억 달러에 달하였고 1,800억 달러에 달하는 천문학적인 금액이 전비로 사용되었다.

면 적어도 큰 불만을 일으키지 않을 정도의 평화조약이 필요하였던 것이다. 이러한 평화적 토대를 제공한 인물이 바로 윌슨이었다. 자유주의자로서의 윌슨은 민족주의의 중요성을 알고 있었다. 그는 개인의 자유가 보장되어야만 국내적 평화가 유지될 수 있는 것과 마찬가지로 민족의 자유가 보장될 수 있어야 국제적 평화 역시 유지될 수 있다고 생각하였던 것이다. 즉 그는 19세기의 자유주의자들처럼 자유주의적 문제와 민족주의적 문제를 동일시하였던 것이다. 따라서 그는 영국이나 프랑스처럼 서유럽적인 자유 민주주의체제를 가진 민족 국가들로 국제사회가 구성되어야만 국제 평화가 온다고 믿었던 것이다.

윌슨이 제시한 14개조 원칙은 민족 자결주의의 원리와 집단 안전보장의 개념에서 비롯되었다.[19] 여기서는 우선 과거의 동맹시대의 비밀외교 대신에 공개외교가 이루어져야 한다는 주장이 펼쳐졌다. 그리고 항해의 자유, 관세장벽의 철폐, 무역조건의 평등화 같은 자유무역의 조건 등도 강조되었다. 또한 윌슨은 군비축소의 필요성을 역설하였다. 그리고 그는 식민지나 영토문제가 강대국의 이해관계가 아닌 당해 주민의 이해관계에 따라 처리되어야 한다는 입장도 명백히 밝혔다. 그 속에는 혁명의 와중에 있던 러시아가 스스로의 체제를 선택할 권리, 벨기에를 점령한 독일군의 철수, 알자스 · 로렌 지역을 프랑스로 반환, 민족 구분 선에 따른 이탈리아의 국경선확장, 합스부르크 제국 내의 여러 민족들이 자치권을 행사할 수 있는 권리, 발칸반도의 루마니아, 세르비아, 몬테네그로로부터 외국군의 철수, 터키의 주권과 영토의 보존, 폴란드의 독립 등이 포함되어 있었다. 끝으로 그는 강대국과 약소국의 구별 없

19) 14개조의 원칙은 윌슨이 1918년 1월 국회교서에서 천명하였다.

이 모든 국가에 평등하게 정치적 독립 및 영토보전을 보장 할 수 있는 국제기구, 즉 국제연맹(League of Nations)의 창설을 역설하였다.

그러나 전쟁이 끝나고 강대국의 대표들이 파리에 모여 협상하는 과정에서 윌슨이 제시한 원칙이 그대로 구현된 것은 아니었다.[20] 왜냐하면 각 국의 이해관계가 너무나 첨예하게 대립하였기 때문이다. 예를 들면, 독일에 대한 프랑스의 두려움을 무마하기 위해 연합국은 라인 강 서안의 라인란트를 비무장지대로 남겨 두었던 것이다. 이것은 만일 독일이 프랑스를 다시 공격할 경우 독일군의 공격을 어렵게 하기 위해서 취해진 조처였다. 그러나 이것은 독일의 주권을 침해하는 것이었기 때문에 독일인들의 분노를 유발시켰다.

이른바 '폴란드 회랑(Polish Corridor)' 도 독일인들의 반발을 사기에 충분한 것이었다. 폴란드는 독립을 얻게 되었지만 바다를 통해 외국과 교류할 수 있는 항구가 없었다. 따라서 신생국은 처음부터 경제적 자립의 어려움이 예상되었다. 따라서 연합국은 폴란드인들에게 바다로 통하는 길을 제공하기 위해 주로 독일인들이 살고 있던 단치히(Danzig) 항구를 국제 자유시로 선포하였다. 그리고 그 도시로 연결되는 도로를 폴란드 인들이 이용할 수 있게끔 허용하였다.[21]

독일에 대한 대대적인 군비축소의 강요도 독일인들의 불만을 일으킬 소지를 남겨 놓았다. 연합국은 독일이 다시는 침략 국가로 등장하지 못하게끔 상비군의 병력을 10만 명으로 감축하도록 결정하였다. 전투기,

---

20) 1919년 1월 18일부터 시작된 강화회의에는 모두 32개국이 참여하였다. 그러나 이 회의는 일부 강대국의 정치가들, 즉 윌슨, 영국 수상 조지(D.L. George), 그리고 프랑스 수상 클레망소(G.Clemenceau)의 주도로 진행되었다.

21) 도로는 영토 내에 있었기 때문에 항상 두 나라 사이의 분쟁의 소지가 남았다.

전함, 그리고 잠수함 같은 공격용 중무기의 보유도 금지시켰다. 그것은 강대국이었던 독일의 존립을 부정하는 조치였고 따라서 독일은 비밀리에 그러한 결정을 위반하려고 하였다.

독일에 대한 연합국의 배상금 부과도 분쟁의 소지가 되었다. 전쟁 중에 독일이 프랑스와 벨기에 등의 연합국에게 입힌 피해를 보상하기 위한 베르사유 조약은 막대한 배상금의 지불을 요구하였다.[22] 배상금의 정상적 지불이 시작되기 전에 독일 선박의 대다수가 연합국에게 양도되었다. 또한 일정한 양의 석탄을 10년간 프랑스, 벨기에, 이탈리아에 공급하도록 하였다. 간단히 말하면 연합국은 독일의 국력을 약화시켜 다시는 그들을 공격하지 못하게 하려 하였다. 그러한 결정들은 당연히 독일의 주권을 침해하고 국가적 위신을 손상시키는 것이었다. 따라서 독일인들의 상당수는 베르사유 조약을 국가적인 모욕으로 간주하였다. 특히 독일 극우파 세력의 반발이 강하였는데 그것은 유럽의 장래를 어둡게 하는 요인이 되었다.

22) 1921년에 요구된 배상금의 총액은 330억 달러였다.

15 러시아혁명

페테르부르크의 볼셰비키(1917. 11. 6)

1) 혁명 전의 상황

농노해방 이후 시작된 공업의 발전은 1890년대에 이르러 본격적인 산업화 단계로 접어들게 되었다.[1] 그 결과 시민계층이 형성되기 시작하였고 자유주의 역시 확산되었다. 아울러 마르크스주의를 비롯한 사회주의사상도 퍼지게 되어 러시아 사회는 19세기 말부터 큰 전환기를 맞이하게 되었다.[2] 그러나 러시아 황제들의 전제정치는 아무런 변화도 보이지 않았고, 오직 자유주의와 혁명운동에 대한 철저한 탄압만이 있었을 뿐이다. 그 결과 국민들의 불만은 점차 증대되었고, 일본과의 전쟁으로 인한 물가고는 그것을 더욱 부채질하였다.

1905년 1월 수도 페테르부르크에서 공장노동자들의 파업이 전개되

1) 알렉산드르 2세는 1861년 농노해방령을 발표하였다.
2) 1872년 마르크스의 자본론이 러시아로 번역되었다.

었고,[3] 1월 22일(피의 일요일: Krovavoye Voskveseny)에는 약 14만 명의 노동자들이 니콜라이 2세[4]에게 탄원서를 제출하려고 겨울궁전으로 행진하였다. 이들에게는 아직도 황제에 대한 믿음이 있었던 것이다.[5] 그러나 친위대는 무장도 하지 않은 군중들을 향하여 발포하였고 거기서 약 3,000명에 달하는 사상자가 발생하였다.

이 사건을 계기로 도시에서는 파업이 전개되었고 농민들 역시 폭동을 일으켰다.[6] 그리고 자유주의자들은 단결하여 의회정치 및 보통선거제 도입을 요구하였다. 상황이 이렇게 전개됨에 따라 니콜라이 2세도 할 수 없이 10월선언으로 언론 · 집회 · 결사의 자유를 승인하였고, 입법의회(Duma)의 개원도 약속하였다. 이후 혁명적 기운이 다소 완화되었고 그것은 니콜라이 2세로 하여금 1906년 5월 국가기본법을 제정하게 하였다. 국가기본법은 국회에서 헌법문제를 논의하는 것을 금지시켰을 뿐만 아니라 일련의 자유주의적인 입법개혁도 후퇴시켰다.[7]

3) 이 당시 대다수의 노동자들은 일주일에 79시간 이상 일을 하였지만 자신들의 생계를 제대로 꾸려 나갈 수 없었다.

4) 니콜라이 2세는 알렉산드르 3세(Alexander Ⅲ)의 급작스런 죽음으로 황제자리에 오르게 되었다. 그러나 이 인물은 커다란 제국을 통치할 정치적 감각 내지는 능력을 갖추지 못하였다.

5) "폐하, 우리 페테르부르크의 노동자들, 주민들과 그들의 가족, 힘없는 늙은이들은 정의와 보호를 구하려 폐하 밑에 왔습니다"로 시작되는 탄원서에서는 의회의 소집, 시민적 제 권리의 보장, 그리고 파업권의 인정 등이 거론되었다.

6) 비참한 상황에 놓여있었던 농민들은 영주들의 저택을 습격하고 그들의 토지를 약탈하는데 주저하지 않았다.

7) 간접선거방식으로 국회의원들을 선출하였다.

2) 개혁의 한계

같은 해 9월 1일 총리로 임명된 스톨리핀 (P.A.Stolyoin; 1862-1911)은 점진적 개혁으로 입헌정치를 구현하고 혁명도 저지시키려고 하였다. 따라서 그는 혁명파를 철저히 탄압하는 한편, 농업개혁을 단행하여 농민공동체인 미르(mir)를 폐지하고 토지소유농민, 즉 자영농을 창출하려고 하였다.[8] 이에 따라 권한은 축소되었으나 국회가 소집되었고 농업개혁의 추진으로 부농(Kulak)을 포함한 자영농민도 형성되었다. 아울러 농민들의 법적 지위도 시민들과 동등해졌다. 이에 따라 러시아에서도 입헌정치체제의 정착 가능성이 싹트기 시작하였으나 제 1차 세계대전의 발발로 그러한 것은 좌절되고 말았다.

제 1차 세계대전이 발발한 직후 러시아 정부는 단기전을 예상하였으나 타넨베르크 패전 이후 전세는 불리하여졌고 장기전의 양상을 띠게 되었다.[9] 이후 군수물자의 부족현상이 심화되었고 그것은 식량을 비롯

8) 러시아의 농민공동체는 여러 측면에서 농민들에게 유리하였던 제도였다. 이 농민공동체는 공유지 및 농기구 그리고 수리 시설 등을 공동으로 경영할 뿐만 아니라 지방관리들에 대한 농민세력의 결속을 보다 공고히 하는 매개체역할도 담당하였다. 아울러 이 공동체는 기근과 흉작을 대비한 일종의 사회보장제도의 기능도 가지고 있었다. 그러나 토지의 공동이용은 농민계층의 분해를 지연시켜 자영농 계층의 형성을 가로막는 장애물이기도 했다. 더욱이 지속된 기근과 수확량의 감소로 위협을 받던 러시아의 농촌경제는 토지소유 형태의 근본적인 변화를 요구하였다. 실제적으로 농지의 공동이용은 토지분할을 곤란하게 함으로써 농민들이 토지를 담보로 대출받기도 어려웠다. 따라서 농민들에게 공동체를 자유롭게 떠날 수 있는 권리를 부여해야 한다는 문제가 이미 오래 전부터 논의되었다. 그러나 19세기 말부터 농민공동체의 해체를 주장한 개혁가들조차 토지의 사유화는 수세기에 걸쳐 진행될 작업으로 간주했다.

9) 예비역이었던 힌덴부르크 장군이 이끄는 독일군이 호수가 많은 타넨베르크까지 진출한 러시아군을 포위하고 이틀 만에 이들 모두를 전멸시켰다.

한 생활필수품의 결핍으로 이어졌다. 이러한 상황하에서 니콜라이 2세는 전선으로 나갔고, 실제정치는 황후 알렉산드라(Alxandra)와 그녀의 신임을 받던 괴승 라스푸틴(G.Rasputin)의 의해 좌우되었다. 그 결과 군의 사기는 더욱 저하되었고 탈주병이 속출하는 한편 국내의 혼란 역시 날이 갈수록 심화되었다.[10] 1917년 3월 8일 페테르부르크에서는 공장노동자들의 파업과 폭동이 발생하였지만 군대는 그것을 진압하려고 하지 않았다. 전시가가 흥분에 휩싸인 가운데 노동자와 병사의 소비에트(Soviet: 평의회)가 조직되었고, 자유주의적인 르포프(E.E. Lvov; 1861-1925) 공을 수반으로 하는 임시정부가 수립되었다.[11] 전선에서 이러한 소식을 들은 니콜라이 2세는 3월 15일 제위를 동생 미하일(Mikhail)대공에게 넘기려 하였으나 대공은 이를 거절하였다. 이로써 로마노프왕조는 종말을 고하게 되었으며, 이를 지칭하여 3월혁명이라고 한다.

주로 입헌민주당(Kadet)의 추종자들로 구성된 임시정부는 국민과 여러 사회조직에 가해졌던 모든 제약을 철폐하고, 소수민족과 소수종교에 대한 불평등도 폐지하였다. 계급 · 신분 · 인종 · 종교적 차이를 무시하고 모든 시민들에게 동등한 권리가 부여되었고, 정치범에 대한 대사면도 실시되었다. 또한 임시정부는 황실과 수도원의 토지를 몰수하여 농민들에게 분배하는 등의 사회개혁을 논의할 제헌의회의 소집도 약속하였다. 그러나 자유러시아의 앞날에는 어려운 문제가 산적해 있었다. 심각한 물자부족과 경제난 속에서, 그리고 기강이 무너진 군대로

10) 의회를 해산시킨 라스푸틴은 지식인들의 개혁사상을 말살시키려고 하였다.
11) 소비에트는 감옥에서 석방된 급진파 인사들의 자문을 받았다.

전쟁을 수행해야만 하였고, 러시아의 민중 역시 자유를 이해하지 못하였고 통치의 경험도 없었다.

3) 레닌의 등장과 혁명사상

1917년 4월 16일 레닌은 망명지인 스위스로부터 독일군참모부가 마련한 밀봉열차로 이송되어 페테르부르크의 핀란드역에 도착하였다.[12] 이 당시 독일참모부는 반전을 강조하던 레닌을 귀국시킴으로써 러시아를 연합군의 진영으로부터 이탈시킬 수도 있다는 관점을 가지고 있었는데 그러한 것은 실제적으로 적중하였다.[13] 이 당시 레닌은 정당결성의 필요성을 강조하였는데 그것은 그가 정당이 대규모 유권자 동원에 필수 불가결한 수단으로 인식하였기 때문이다. 그러나 러시아의 상황은 그러한 것을 허용하지 않았다. 따라서 그는 1902년 3월에 출간한 '우리는 무엇을 할 것인가' 라는 저서에서 대안을 제시한 바 있었는데 그것은 잡다한 모든 요소들을 정당에 포함시키지 말고 철저히 엄선된 인물들로 당을 구성해야 한다는 것이었다. 즉 직업적 혁명가들로 구성된 공산당에서 당원들은 당의 계획에 절대적인

---

12) 지방 관리의 아들로 태어난 레닌은 1880년대 말부터 사회주의 운동에 적극적으로 참여하였다. 그는 제정러시아 말기의 많은 지식인들처럼 직업적 혁명가가 되었고 그것 때문에 외국으로 망명하여야만 하였다.

13) 빌헬름 2세의 독일정부는 제 1차 세계대전이 발발한 이후부터 레닌이 정권을 완전히 장악할 때까지 2,600만 제국마르크(Mark:오늘날의 평가금액으로는 약 1,000억 원 정도)에 상당하는 자금 및 물자를 그의 추종세력, 즉 볼셰비키에게 비밀리에 지원하였고 그것은 이들 세력이 러시아에서 권력을 장악하고 자신들의 사회주의 국가를 확립시키는데 결정적 기여를 하였다는 주장이 최근 제기되었다.

충성을 바쳐야 할 것이며, 잘 훈련된 군대와 마찬가지로 그들의 상관으로부터 하달되는 명령을 무조건 복종해야 한다는 것이었다. 이렇게 규율을 갖춘 엘리트들이 좀 더 대중적 조직체들 사이에 침투하여 그 속에서 리더십의 자리를 차지하고 그들 수중에 들어간 조직체들을 향후 공산당의 권력행사를 위한 목표의 전달벨트로 이용해야 한다는 것이다.

레닌의 귀국은 러시아 국민과 유럽, 나아가 전 세계에 예상하지 못하였던 큰 결과를 가져다주었다. 실제적으로 레닌은 현실감각과 판단력이 뛰어났으며, 과감성도 갖고 있었다. 따라서 그는 곧 볼셰비키를 지휘하게 되었고, 임시정부와의 투쟁도 선언하였다.[14] 한편 임시정부의 국방장관이었던 케렌스키(A.F. Kerensky)는 국민의 사기를 진작시키기 위해 6월 전선에서 대공세를 취하였으나 성공하지 못하였다. 그리고 그러한 시도는 식량난과 물가고를 가중시키는 요인이 되었다. 이를 이용하여 볼셰비키가 7월 16일 폭동을 일으켰으나 실패하였다. 이에 따라 레닌은 핀란드로 피신하였다.[15]

7월 21일 케렌스키는 새로운 내각의 수반이 되었다. 그러나 케렌스키 신내각은 전쟁수행을 위해 강력한 정부가 필요하다는 코르닐로프(Kornilov)장군의 쿠데타로 큰 타격을 입게 되었다. 비록 이 쿠데타가 8월 26일 실패로 끝났지만 케렌스키 정부의 입지는 크게 약화되었고, 볼셰비키는 처음으로 페테르부르크와 모스크바 소비에트의 주도권을 장악하게 되었다.

14) 레닌은 임시정부를 붕괴시키기 위하여 '4월 테제'도 발표하였는데 거기서는 임시정부의 해산, 소비에트 공화국의 건설, 사유재산의 몰수, 토지의 국유화, 그리고 군대-관료-경찰 제도의 폐지와 같은 급진적 요구들이 거론되었다.

15) 이 당시 임시정부는 전선에서 부대를 이동시켜 폭동을 진압하였다.

1917년 5월 미국으로부터 귀국하여 볼셰비키에 참여한 트로츠키(L.Trotsky)[16]는 레닌 다음의 지위를 차지하였을 뿐만 아니라 적위대(Red Guard)창설에도 핵심적 역할을 담당하였다.[17] 10월 하순 은밀히 귀국한 레닌은 트로츠키와 더불어 무장봉기를 계획하였다. 1917년 11월 4일 대규모의 시위 및 대중집회가 열렸고, 7일에는 무장봉기도 일어났다.[18]

4) 11월혁명과 소비에트정권의 수립

11월혁명(구력으로는 10월혁명)은 거의 유혈극 없이 진행되었다. 케렌스키는 미국대사관으로 피신하였고, 페테르부르크의 방위를 위해 구성된 군사혁명위원회가 정부를 인수하였다.[19] 동위원회는 곧 2차 소비에트대회를 소집하였다. 여기서 레닌을 의장으로 하고 트로츠키를 외무위원으로 하는 인민위원회(Council of People's Commissars)가 결성되었고 이 위원회는 즉시 사유재산의 폐지 및 토지무상몰수를 결의하였다. 아울러 은행의 국유화, 남·여 평등권보장, 교회와 국가의 분리, 그리고 계급적 특권폐지 등도 인민위원회에서 통과되었다.[20] 모스크바를 비롯하여 지방에 따라 혼란과 저항

16) 트로츠키는 유대계 러시아인으로서 문필에서 뛰어난 재능을 발휘하였다.
17) 페테르부르크 소비에트 집행부의장이었던 트로츠키는 노동자 계층이 부르주아 계층의 혁명이 성공할 수 있게끔 지원한 후 부르주아 정권을 타파시켜야 한다는 주장을 펼쳤다.
18) 이미 1917년 10월 10일 볼셰비키 중앙위원회는 10대 2의 표결로 무장봉기를 결정하였다.
19) 트로츠키가 이 군사혁명평의회를 지휘하였다.
20) 이 내각에는 루이코프(Rykov)가 내무인민위원, 스탈린(Stalin)이 민족인민위원으로 참여하였다.

이 있었으나 혁명의 성공은 거의 확실시되었다.

새로운 공산정권은 곧 독일군과 휴전교섭에 들어갔는데 그것은 사회주의 국가가 뿌리를 내리기 위해서는 시간과 휴식이 필요하다는 레닌의 판단에서 비롯되었다. 레닌은 영토의 병합과 배상이 없는 평화를 주장하였으나 독일의 영토요구로 협상은 난항을 겪었다. 결국 레닌의 양보로 체결된 브레스트-리토프스키조약(1918. 3)에서 러시아는 우크라이나, 발트연안지대, 핀란드를 독일에게 양도하였다. 이는 러시아 인구의 $\frac{1}{3}$, 철강생산의 80%, 석탄생산의 90%의 상실을 의미하는 것이었다.[21] 이보다 앞서 레닌은 제헌의회의 소집을 허용하였는데 그것은 레닌을 비롯한 그의 추종세력이 볼셰비키에 대한 국민의 지지도를 파악하고자 하였기 때문이다. 이에 따라 러시아인들은 역사상 처음으로 완전히 자유로운 보통선거에 참여하였다. 선거의 결과 볼셰비키는 투표의 $\frac{1}{4}$밖에 얻지 못하고, 사회혁명당을 비롯한 다른 사회주의정당들이 62%의 득표율을 보였다.[22]

그러나 볼셰비키는 이러한 선거결과에 승복하지 않으려고 하였다. 제헌의회에 권력을 위임하는 것 자체를 시민 계층과 다시 타협하는 것으로 인식하였던 볼셰비키는 1918년 1월 18일 제헌의회를 해산하고 볼셰비키이외의 모든 정당 활동을 중단시켰다. 같은 날 볼셰비키의 지도자들은 전러시아 소비에트회의를 개최하였다. 여기서 이들은 신헌법을

21) 이에 대해 레닌은 유럽대륙이 곧 사회주의화될 것이기 때문에 궁극적으로는 아무런 손실도 아니라는 주장을 펼쳤다.

22) 이 당시 러시아 민족주의에 충실하였던 사회주의 정당들은 농민 계층의 절대적인 지지를 받고 있었다. 이에 반해 볼셰비키는 대도시, 공업지역, 그리고 군대의 지지로 만족해야만 하였다.

제정하고 '러시아소비에트연합사회주의'를 공식적으로 출범시켰다. 당 이름도 러시아공산당으로 고치고 수도도 모스크바로 옮겼다. 1918년 6월 14일 중도적 사회혁명주의자들과 멘셰비키가 소비에트로부터 추방되었다. 이에 중도적 사회혁명주의자들은 1918년 7월 6일 폭동을 일으켰지만 실패하고 말았다.

16 제2차 세계대전과 전후 세계

얄타회담(1945. 2. 4)

1) 전체주의 국가들의 대두

파리평화조약이 체결된 후 다시 세계대전의 발생가능성을 감지할 수 있었는데 그것은 파리평화회의에서 강대국들의 적대감을 해소시킬 수 있는 제도적 장치가 구체적으로 마련되지 못하였기 때문이다.

열강의 대립적구도는 일본이 펼친 정책에서 본격화되기 시작하였다. 이 당시 일본은 군국주의의 영향을 받아 대동아 공영권이라는 식민제국을 건설하려고 하였다. 영국의 라이튼(V. A. Lytton) 보고서가 1931년 만주사변을 일본의 침략행위로 간주함에 따라 일본은 1933년 3월 국제연맹에서 탈퇴하여 독자적인 노선을 추구하기 시작하였다. 이탈리아 역시 1935년 10월 에티오피아를 침략하였을 뿐만 아니라 1939년 4월에는 알바니아도 침공하였다.[1)]

패전국이었던 독일, 특히 독일인들은 패전을 인정하지 않으려 하였는데 그것은 연합국의 군대를 자국 내에서 본 적이 없었기 때문이다. 따라서 이들은 내부의 적인 자유주의자, 사회주의자, 그리고 유대인들과 같은 반전세력 때문에 독일이 패했다는 생각을 하게 되었던 것이다. 이후부터 많은 독일인들은 굴욕적인 베르사유 조약의 폐기를 통해 빼앗긴 영토 및 제한된 주권을 회복시켜야 한다는 생각을 가지게 되었으며 그것은 전쟁으로 가능하다는 판단도 하게 하였다.

실제적으로 독일 군부는 1920년대부터 전쟁준비를 하고 있었다. 베르사유 조약에서 독일의 병력수가 10만 명으로 제한되었기 때문에 사병의 간부화가 추진되었고 소련 영토에서 공격용 무기의 제작 및 조종 훈련의 전문가들이 양성되었다. 이러한 상황 하에서 히틀러(Hitler)가 1933년 1월 30일 정권을 장악하였다.[2] 히틀러의 베를린 정부는 국제연맹에서 군비의 평등권을 요구하였지만 그러한 주장은 수용되지 않았다. 이에 베를린 정부는 10월 국제연맹탈퇴를 공식적으로 선언하였고 1935년 3월에는 군비확장에 대해서도 언급하였다.[3]

1936년 7월 베를린 정부는 스페인 내란에서 프랑코(Franco) 장군을 지지하였다.[4] 1938년 3월 13일 독일 정부는 오스트리아를 합병하고 체

---

1) 이탈리아의 에티오피아 침략이 국제연맹에서 비난을 받게 됨에 따라 로마 정부는 1937년 국제연맹에서 탈퇴하였다.

2) 히틀러와 그의 추종자들이 지향한 나치즘(Nazism)은 극단적 민족주의와 반지성주의에 입각한 전체주의적 독재체제였다. 이 체제는 이탈리아의 파시즘(Facism)에 비해 더욱 독재적이었고 인종주의(racism)에 입각한 유대인 박해와 대량학살 등 광신적 성격이 강하였다.

3) 이에 프랑스는 5월 소련과 상호원조조약을 체결하였다.

4) 1936년의 선거에서 소수표를 얻은 파시시트적인 팔랑제(Falange)당은 군부 · 왕당파 · 교회 등의 우익세력과 결합하여 사회주의자, 공산주의자, 그리고 무정부주의자들이 지지하던 정부를 제거하려고 하였다. 그러다가 7월 18일 프랑코 장군이 지휘하는 쿠데타가 발생하였다.

코슬로바키아(Czechoslovakia)의 독일인 거주지역인 주데텐란트(Sudetenland)도 독일에 편입시키려 하였다.[5] 이에 소련 및 프랑스와 군사동맹체제를 구축하고 있던 체코슬로바키아는 즉시 대응하려고 하였고 그것은 전면전의 위기를 불러 일으켰다. 상황이 이렇게 전개됨에 따라 영국 수상 체임벌린(Chamberlain)은 주데텐란트 문제를 논의하기 위한 회담의 필요성을 역설하였고 그것에 따라 1938년 9월 29일 뮌헨(München) 회담이 개최되었다. 독일, 프랑스, 이탈리아, 그리고 영국이 참여한 이 회담에서 영국과 프랑스는 평화를 유지시키기 위해 독일의 주데텐란트의 합병을 인정하였다. 아울러 여기서는 슬로바키아의 자치도 허락되었다. 그러나 독일은 뮌헨회담의 약속을 어기고 1939년 3월 체코슬로바키아를 합병하였다.[6]

이 당시 영국과 프랑스는 독일에 대해 왜 유화적인 입장을 취하였을까? 그것은 양국 정부가 전쟁에 대해 공포증을 가졌다는 것과 파시즘이 공산주의 팽창의 방벽이 될 수 있다는 확신에서 비롯된 것 같다. 특히 프랑스는 1789년 이후 지속된 좌파와 우파의 갈등으로 국론이 분열되었기 때문에 프랑스의 우익 정치가들은 적국인 독일보다 국내의 좌파들을 더욱 두려워하고 있었다.

소련 역시 베르사유체제에 대해 불만을 가졌기 때문에 1939년 8월 23일 히틀러와 독 · 소 불가침 조약을 체결하였다. 여기서는 독일이 폴란드를 공격할 때 소련이 중립을 지켜주는 대가로 폴란드 영토의 절반

---

5) 이 당시 주데테란트에는 3,250,000명의 독일인이 살고 있었는데 이들의 대다수는 독일과의 합병을 원하고 있었다.

6) 이 당시 체코슬로바키아의 대통령이었던 하카(E.Hácha)는 독일 정부의 강요로 독일과의 합병에 서명하였다.

을 주겠다는 것이 거론되었고 그것으로 독일은 1차 세계대전에서 경험하였던 양면 전쟁의 위험에서 벗어 날 수 있었다.

2) 제 2차 세계대전

1939년 9월 1일 약 1백만의 독일군이 선전포고도 없이 폴란드를 침공함으로써 2차 세계대전은 시작되었다. 전격전(Blitzkrieg)으로 전세는 5일 만에 판가름 났고, 1개월도 못 되어 폴란드군은 궤멸되었다.[7]

1919년 1월 18일에 체결된 베르사유 조약에 따라 독일은 프로이센의 서부 지방을 폴란드 통로로 폴란드에 이양하였다. 그런데 이 통로지대 주민의 90%가 폴란드인인 반면 단치히 자유항 주민의 대다수는 독일인들이었다. 따라서 1939년 3월 히틀러는 폴란드에게 단치히 할양과 독일과 동프로이센를 연결하는 통로지대를 독일군에 넘겨줄 것을 요구하였다.[8]

이에 영국의 체임벌린은 프랑스와 합의하여 폴란드를 끝까지 지원하겠다는 의사를 명백히 밝혔으나 독일은 이러한 경고성 발언을 무시하였다.[9] 폴란드를 장악한 독일은 핀란드의 일부를 합병하고 발트 3국인 에스토니아(Estonia), 라트비아(Latvia), 그리고 리투아니아(Lithuania)

---

7) 폴란드 육군은 독일 기갑사단에 의하여 유린되었고 항공기 역시 독일공군에 의해 파괴되었다.

8) 이에 앞서 히틀러는 폴란드와 체결한 1934년의 불가침조약을 파기하였다.

9) 영국은 1939년 4월 폴란드와 상호원조조약을 체결하였다. 프랑스는 이보다 훨씬 이전인 1921년 폴란드와 동맹체제를 구축하였다.

도 점령하였다.[10]

동부전선에서 승리한 독일은 병력을 서부전선으로 이동하여 1940년 4월 덴마크와 노르웨이를 침공하였다.[11] 다음 달에는 네덜란드, 벨기에, 룩셈부르크를 공격하였다.[12] 그리고 독일군은 5월 중순 프랑스의 방어선인 마지노선(Maginot Line)을 돌파하였다. 그 결과 플랑드르에 있던 영국과 프랑스의 주력부대는 독일군에 의해 포위당하는 상황에 놓이게 되었고 그것은 300,000명에 달하는 양국군이 덩게르크(Dunkirk)로부터 철수하게 하는 요인도 되었다. 이후 독일군은 파리로 진격하였고 무솔리니(Mussolini)의 이탈리아도 독일동맹의 일원으로 제 2차 세계대전에 정식으로 참여하였다.[13] 6월 14일 독일은 파리를 함락시켰고 6월 22일 프랑스 정부는 독일에 항복하였다.

이제 프랑스의 $\frac{2}{3}$는 독일군의 점령 하에 놓이게 되었고 나머지는 제 1차 세계대전의 영웅이었던 페탱(Pétain) 원수를 수반으로 한 비시(Vichy)괴뢰정부가 통치하였다. 한편 런던으로 망명한 드골(Charlles de Gaulle, 1890-1972)은 자유프랑스 망명정부를 구성하여 프랑스 내

10) 히틀러는 발트 3국에 군사기지를 설치하였다.

11) 이 당시 덴마크와 노르웨이는 중립국이었다.

12) 2주일도 안 되어 벨기에를 정복한 독일군은 5일 만에 네덜란드로부터 항복을 받아내었다.

13) 무솔리니는 초등학교 교사경험을 가진 사회주의자였다. 그는 1912년 소요를 선동한 죄로 투옥되었지만 그 덕택으로 사회주의 계열의 신문편집인이 될 수 있었다. 제 1차 세계대전이 발발하자 그는 이탈리아의 참전을 요구하였고 그것은 사회주의자들로부터 축출을 당하하는 요인이 되었다. 제 1차 세계대전에 이탈리아가 개입함에 따라 무솔리니는 자원입대를 하였다. 그러나 그는 사격연습을 하다가 부상을 당하여 실전에는 참여하지 못하였다. 이러한 경력에도 불구하고 무솔리니는 전후 이탈리아가 필요로 하는 정치적 자질을 가지고 있었다. 그의 뛰어난 웅변술은 사람들을 감동시켰을 뿐만 아니라 결단성 있는 인물로도 간주되었다. 실제적으로 무솔리니는 좌절하고 낙담에 빠진 사람들에게 희망을 주었고, 자유민주정부가 이루지 못한 정책을 실현시킬 수 있는 인물로도 평가되기 시작하였다.

에서 전개되던 레지스탕스 운동을 지원하였다.

이후 독일과 이탈리아의 공격목표는 영국이었다. 독일은 우세한 공군력으로 영국 본토에 대한 공격을 펼쳤으나 처칠(Churchill)정부 및 영국민의 분투로 가시적인 성과를 거두지는 못하였다.[14)]

이러한 상황에서 독일은 장기전의 필요성을 인식하게 되었고 그것은 원료가 풍부한 소련을 공격하게 하는 요인이 되었다. 이에 따라 독일은 루마니아, 불가리아, 헝가리를 동맹국에 끌어들였고 유고슬라비아와 그리스를 점령하였다. 1941년 6월 22일 독일은 소련을 공격하여 목재, 석탄, 광물, 소맥, 석유 등을 확보하려고 하였다. 이 당시 독일 군부는 단기전으로 소련을 굴복시킬 수 있다는 확신을 가지고 있었다. 독일군은 9월 레닌그라드와 모스크바 근처까지 진군하였고 10월에는 우크라이나(Ukraine)를 점령하였다. 그러나 독일군은 광대한 영토를 가진 소련에게 치명적인 타격을 주지 못하면서 겨울을 맞이하게 되었다. 이후 소련전선은 혹한과 저항으로 교착상태에 빠지게 되었다.

독일의 동맹국인 일본이 1941년 12월 8일 하와이(Hawaii)의 진주만(Pearl Harbor)을 공격함으로써 독일은 미국과도 전쟁을 하게 되었다. 일본함재기의 공격으로 미국의 태평양함대는 거의 전부 파괴되었고 그것은 지금까지 영국에게 군함 50척을 빌려주고 무기대여법(Lend Lease Bill)에 따라 연합군에게 군수물자를 지원하는 등 소극적인 자세에서 벗어나지 않았던 미국의 태도를 변경시키는 요인이 되었다. 진주만사건으로 미국은 정식 참전국이 되었고 그것은 전쟁지역을 전 세계로 확산시키는 요인이 되었을 뿐만 아니라 전쟁의 상황도 연합군에게

14) 1940년 9월 독일, 이탈리아, 그리고 일본은 3국동맹을 체결하였다.

유리하게 전개되는 계기가 되었다.

1942년 말 미국의 아이젠하워(Eisenhower) 장군이 북아프리카에 상륙하여 영국의 몽고메리(Montgomery) 장군과 함께 '사막의 여우'라 불리던 롬멜(Rommel)의 전차부대를 1943년 5월 궤멸시켰다. 1943년 7월 시칠리아를 점령한 미국과 영국의 연합군은 이탈리아로 진격하여 9월 이탈리아의 항복을 받아냈다.

동부전선에서 소련군은 1942년 8월부터 독일군을 몰아내는 반격전을 펼치기 시작하였고, 1944년 6월 6일 연합군은 전세를 완전히 역전시키기 위해 노르망디(Normandy) 상륙작전을 펼쳤다.[15] 서부 전선에 교두보를 마련한 연합군은 동쪽으로 진격하여 작전 2달 만에 파리를 탈환하였다. 1945년 4월 아이젠하워의 미국군은 베를린 서쪽의 엘베(Elbe)강에 도달하였으나 베를린으로 진격하지는 않았다.[16] 그것은 미국이 베를린 점령의 공과를 소련에 넘겨주려는 의도를 가졌기 때문이다. 아울러 미국은 소련을 패전국인 독일처리문제와 일본과의 전쟁에 끌어들이려는 계산도 하고 있었다. 소련군이 베를린을 점령한 후 5월 8일 독일의 항복이 뒤따랐다.

이것으로 제 2차 세계대전이 끝나지 않았는데 그것은 연합군과 일본과의 전쟁이 종료되지 않았기 때문이다. 이 당시 일본의 주요상대국이었던 미국은 일본으로부터 항복을 받아내기 위해서는 1년 반 정도의 전쟁기간과 100만 명 이상의 희생이 더 요구되리라는 예상을 하고 있었다. 그러나 1945년 미국에서 원자탄이 제조되어 히로시마(1945.8.6)와

---

15) 무려 4,000척에 달하는 선박이 이 작전에 동원되었다.

16) 1945년 4월 하순 토르가우(Torgau)의 엘베 강 다리에서 미국과 소련의 전투부대가 처음으로 접촉하였다.

나가사키(1945.8.9)에 투하됨으로써 일본은 예상보다 빨리 항복하였다. 이로써 인류 역사상 가장 참혹하였던 제 2차 세계대전은 막을 내렸다.

3) 전후 평화회담과 국제연합

대전 중 강화된 국제협력은 전후 국제연합이라는 새로운 평화기구를 등장하게 하였다. 영토 무병합 · 민족자결 · 해상의 자유 · 안전보장 · 무력행사의 포기 및 군비축소 등 대서양 헌장(Atlantic Charter)에서 제시된 미국의 루스벨트 대통령과 영국의 처칠 수상의 구상이 이 기구의 기초가 되었고 1944년 8월, 워싱턴 교외의 덤바튼 오오크스(Dumbarton Oakes)의 연합국회담을 거쳐 1945년 6월 샌프란시스코에서 개최된 연합제국회의에서 조인되었다. 1945년 10월 24일 국제평화 및 안전을 책임질 국제연합의 활동이 공식적으로 시작되었는데 거기에는 총회(General Assembly), 안전보장이사회(Security Council) 및 경제사회이사회(Economic and Social Council)를 중추기관으로 하고 기타 국제사법재판소(International Court of Justice), 신탁통치이사회(Trusteeship Council), 사무국(Secretariat)을 가지는 한편, 국제연합교육과학문화연구(UNESCO), 국제연합아동기금(UNICEF), 세계보건기구(WHO), 국제노동기구(ILO) 등의 중요한 전문보조기관(Specialized Agencies)을 설치하였다. 그러나 국제연맹이 가맹국들에게 평등한 권리를 인정한데 반해 국제연합은 미 · 영 · 소 · 불 · 중 5대 강국을 안전보장이사회의 상임이사국으로 인정하였고 이 이사회가 총회 이상의 권한을 가지도록 하였다. 특히 상임이사국들은 발언권이 강하였을 뿐만 아니라 거부권도 가졌다. 더욱이 국제연합이 침략자의 제재에서 무력 사용을 규정한 것은 국제연맹에 비해 보다 구체적인 평화유지 방법을 제시한 것으로 볼 수 있을 것이다.[17)]

1946년 미 · 영 · 불 · 소의 외무장관회의의 결렬로 연합국은 1947년 2월에 가서야 파리 평화회의를 개최할 수 있었고 거기서 독일 이외의 국가들, 즉 이탈리아, 불가리아, 루마니아, 헝가리, 그리고 핀란드와 평화조약을 체결하였다. 그 결과 이탈리아는 식민지를 상실하였고 독일의 점령지역들은 전시 이전의 상태로 회복되었다.[18)] 따라서 파리평화회의는 일단 그 목적을 달성하였지만 최대 난관인 독일문제는 처리하지 못하였다.

1945년 10월 뉘른베르크(Nürnberg)의 재판으로 나치스의 원흉들은 처형되었으나 배상문제를 둘러싼 미국과 소련과의 시각 차이는 현저하였다.

연합국통제위원회(Allied Control Council)에 속한 미국, 영국, 프랑스, 그리고 소련은 공동점령하의 각 점령지에서 군정을 실시하였다. 프랑스는 전승국이 아니면서도 영국의 배려로 이 위원회에 참여하게 되었는데 그것은 미국이 유럽에서 철수할 경우 그 공백을 프랑스가 채워줄 것이라는 기대를 하였기 때문이다.

4개 점령지는 4개의 독자적인 정치적 단위로 발전하였는데, 프랑스

---

17) 51개국 회원국으로 출반한 국제연합은 1974년에는 138개국, 1975년에는 143개국, 그리고 1999년에는 태평양의 작은 섬 나라 키리바시(Kiribati), 나우루(Nauru), 통가(Tonga) 등이 가입하여 모두 188개국의 회원국을 거느리게 되었다.

18) 독일 측에 가담한 나머지 국가들도 전쟁배상금지불에 동의하였다. 아울러 이들 국가들은 영토적 축소도 감소하여야만 했다.

점령지는 독일을 약화시키려는 의도로 중앙집권적인 정부수립에 반대하였고, 소련 점령지는 경제의 공산화를 추구하였다.[19] 또한 미국 점령지에서는 자본주의체제가 강화되었고, 영국 점령지의 경우, 노동당 정부의 영향을 받아 사회민주주의(Social Democracy) 정책이 펼쳐졌다.

소련은 독일로부터 배상금을 받아 내려고 하였으나 영국과 미국은 반대하였다. 그 이유는 독일경제를 불구로 만들 경우 유럽 전역에 경제적, 사회적 불안이 팽배하여 그것에 따른 공산혁명의 발발 가능성도 있다고 보았기 때문이다.

1946년 9월 미 국무장관 번즈(Byrnes)는 독일경제의 회생과 자유민주주의에 입각한 연방 정부의 수립을 독일인들에게 제의하였다.

4) 냉전체제

1947년 3월 12일 미국과 소련의 긴장관계는 투르만 독트린(Truman Doctrin)을 낳았다. 1946년 가을 알바니아, 유고슬라비아, 그리고 불가리아의 공산정권으로부터 지원을 받은 그리스의 공산주의자들이 반란을 일으켰고 터키에 대한 소련의 압박이 강화됨에 따라 미국은 공산주의의 확대를 저지시켜야 한다는 인식을 하게 되었고 거기서 투르만 독트린을 발표하였던 것이다.[20] 이에 따라 미국은 1947년 그리스를 지원하여 공산반란을 진압하였고 터키에게는 대

19) 대전에서 가장 심각한 피해를 받은 소련은 그들의 점령지역내의 산업시설을 분해하여 자국으로 이송하였다.

20) 이 당시 소련은 터키로부터 다다넬즈 해협의 통행권이나 주변 영토를 빼앗으려고 하였다.

규모의 원조를 실시하였다. 또한 미국은 소련의 중동침투를 막기 위해 중동에서의 영국 역할을 대신해야 한다는 판단도 하였는데 그것은 전후의 국내재건사업에 막대한 재원을 투입하여야 했던 영국의 소극적인 외교정책에서 비롯된 것 같다.

미국 국무장관 마셜(Marshall)은 1947년 6월 5일 유럽경제원조계획을 제안하였다. 그는 유럽부흥계획(European Recovery Plan)으로 유럽의 경제적 자립이 성공한다면 공산주의의 팽창도 저지시킬 수 있다는 관점을 가지고 있었던 것이다. 따라서 마셜계획은 반공정책의 일환에서 비롯되었다고 볼 수도 있을 것이다. 1948년부터 본격적으로 추진된 마셜계획에 따라 4년간 모두 125억 달러가 유럽 국가들에게 제공되었다. 여기서 마셜계획은 서부유럽의 생산시설을 합리화시켜 생산력을 증대시키고 화폐가치를 안정시키다는 등의 목표를 지향하였다. 그 결과 '라인강의 기적' 과 같은 전후 서부 유럽의 경제적 회생에 필요한 토대가 마련되었다.[21]

투르만 독트린에 대응하기 위해 소련은 1947년 9월 세계 여러 곳에서 미국의 제국주의를 저지한다는 목적으로 공산당 정보국, 즉 코민포름(Cominform)을 발족시켰다.[22] 그리고 소련은 마셜계획에 대응하기 위하여 1949년 상호경제원조회의(Comecon)도 창설하였다.

이제 투르만 독트린과 코민포름의 형성으로 유럽대륙은 두 진영으로

21) 영국, 프랑스, 이탈리아, 베네룩스 3국, 에이레, 덴마크, 노르웨이, 아이슬란드, 스웨덴, 포르투갈, 스위스, 오스트리아, 그리스, 터키 등 모두 16개국이 참여한 마셜계획은 무역의 자유화를 통해 경제적 교류를 촉진시켜 미국의 연방제도와 유사한 방식으로 서유럽 국가들을 통합시키려고 하였다.

22) 여기에는 동유럽의 위성 국가들과 소련에 호의적이었던 프랑스와 이탈리아의 공산당이 참여하였다.

분열되었다.

1948년 6월 런던협정(London Accords)에 따라 서독지역에 연방국가의 수립이 가시화됨에 따라 스탈린은 베를린 봉쇄를 감행하여 서독과 베를린간의 지상수송로를 차단시켰다. 이에 미국을 비롯한 연합국들은 공중수송(Luftbrücke)으로 서베를린의 필요 물자들을 수송하였고 그것은 소련으로 하여금 베를린 봉쇄를 해제하게 하는 요인이 되었다. 1949년 베를린 봉쇄가 서방측의 승리로 끝났지만 그것은 소련에 대한 서방세계의 두려움을 확대시켰다.

따라서 유럽의 10개국은 미국, 캐나다와 함께 1949년 4월 북대서양조약기구(NATO)를 창설하였는데 여기서는 나토의 회원국이 다른 국가로부터 공격을 받을 경우 집단안정보장체제를 가동시켜 무력대응에 나선다는 것이 강조되었다. 소련 역시 나토에 대항하기 위해 1955년 바르샤바조약기구(WTO:동유럽상호방위군사동맹조약)를 설립하였다.

1949년 9월 서독에서 선거를 통한 새 정부가 수립됨에 따라 스탈린 역시 소련의 점령지인 동독에 공산주의 정부를 수립하였다. 이후 유럽에서는 이념적, 정치적, 경제적, 군사적인 대립체제가 구축되어 갔다.

한편 아시아에서는 중국본토가 1949년부터 마오쩌둥의 공산당지배를 받게 되었고 북한이 1950년 6월 25일 남침을 감행하여 한국전쟁이 발생하였다. 공산주의의 노골적인 침략근성이 드러난 한국전쟁으로 자유진영의 결속은 더욱 가속화되었다. 그리고 미국은 이를 계기로 국방력을 강화시켰을 뿐만 아니라 공산세계에 대한 자신들의 정책도 근본적으로 수정하였다.

■ 참고문헌

개설

김진웅, 서양사의 이해, 학지사, 1994.
민석홍, 서양사 개론, 삼양사, 1997.
배영수 편, 서양사 강의, 한울, 1992
손영호, 테마로 읽는 세계사 산책, 학지사, 2008.
손세호 역, E.M.번즈, 서양문명의 역사, 소나무, 2001.
이주영, 서양의 역사, 대한교과서주식회사, 1994.
임희완, 서양사의 이해, 박영사, 1997
주경철, 문화로 읽는 세계사, 사계절, 2005.
차하순, 서양사 총론, 탐구당, 2001.

J.Bowle, *Geschichte Europas*(1985).
E.M.Burns, *Western Civilization*, 2 vols., 8th ed.(1973).
K.Fuchs · H.Raab, *Wörterbuch Geschichte*(2000)
J.P.Mckay · B.D.Hill · J.Buckler, *A History of Western Society*, 5th ed.(1995).
K-J.Matz, *Europa Chronik. Daten europäischer Geschichte von der Antike bis zur Gegenwart*(1999).
C.Tilly, *Die Europäischen Revolutionen*(1999)

고대 및 중세

김진경, 서양고대사강의, 한울, 1996.
김진경 역, V. 에렌버그, 그리스 국가, 민음사, 1991.
김경현 역, A. 앤드류스, 고대 그리스사, 이론과 실천, 1991.
최경란 역, P.레베크, 그리스문명의 탄생, 시공사, 1995.
허승일, 로마사입문, 서울대출판부, 1993.
허승일, 로마공화정연구, 서울대출판부, 1995.
허승일, 인물로 보는 서양고대사, 길, 2006.
나종일 역, C. 스티븐스, 봉건제란 무엇인가, 탐구당, 1978.
진원숙, 이슬람의 탄생, 살림, 2008.
박은규 · 이연규, 14세기 유럽사, 탐구당, 1987.

G.Alfoeldy, *The Social History of Rome*(1985).
R.Barber, *The Knight and Chivalry*(1982).
H.Bengtson, *History of Greece*(1988).
M.Bloch, *Feudal Society*(1961).
J.K.Davies, *Democracy and Classical Greece*(1978).
P.Garnsey and R.Saller, *The Roman Empire*(1987).
A.H.M.Jones, *The Later Roman Empire 284-602*(1973).
R.T.Ridley, *The History of Rome*(1989)
M.Rostovtzeff, *Greece*(1963).

근대 및 현대

김장수, 서양근대사, 선학사, 2004.
민석홍, 서양근대사 연구, 일조각, 1975.
진원숙, 서양근대사, 혜안, 2000.
임희완, 영국혁명과 종교적 급진사상, 새누리, 1993.
김현일 역, 절대주의의 역사, 소나무, 1993.

홍치모 역, 로버트 포스터, 근세 서구혁명의 분석, 청사, 1985.
민석홍 역, 프랑스혁명사론, 까치, 1988.
최갑수 역, A. 소불, 프랑스 대혁명사 2권, 두레, 1984.
최갑수 역, M. 보벨, 왕정의 몰락과 프랑스혁명, 일월서각, 1987.
김응종 역, F. 퓌레, 프랑스혁명사, 일월 서각, 1990.
고봉만 역, 프레데릭 블뤼슈, 프랑스혁명, 한길사, 1999.
길현모 역, G. 브라운, 19세기 유럽사, 탐구당, 1980.
이재석 역, E. 켈너, 민족과 민족주의, 예하출판사, 1988.
김인중 역, 조르주 뒤보, 1848년: 프랑스 2월혁명, 탐구당, 1993.
노명식, 프랑스 제3공화정 연구, 탐구당, 1976.
박순식 역, H.M. 라이트, 제국주의란 무엇인가, 까치, 1983.
김학준, 러시아혁명사, 문학과 지성사, 1979.
이인호 역, D. 가이어, 러시아혁명, 민음사, 1990.
김용자 역, 앙리 미셸, 제 2차 세계대전, 탐구당, 1986.
이주영 외, 서양현대사-제 2차 세계대전에서 현재까지-, 삼지원, 1994.
노명식 · 이광주, 20세기 현대사, 청람, 1981.

M.Agulhon, *1848*(1973).
J.Atkinson, *Martin Luther and the Birth of Protestantism*(1968).
B.Bailyn, *The Ideological Origins of the American Revolution* (1967).
M.Beloff, *The Age of Absolutism*(1967).
C.Black, *Rebirth: A History of Europe Since the World War* II(1992).
J.Burckhardt, *The Civilization of the Renaissance in Italy*(1951).
O.Chadwick, *The Reformation*(1976).
G.Craig, *Europe since 1815*(1974).
G.Craig, *Germany 1866-1945*(1980).
W.Dayle, *Origins of the French Revolution*(1988).
A.Fraser, *Cromwell, the Lord Protector*(1973).
L.Gall, Bismarck. *Der wei ß e Revoutionär*(1983).
T.Hamerow, *Restoration, Revolution, Reaction 1815-1871*(1960).

W.Hardtwig, *Revolution in Deutschland und Europa 1848/49*(1999).
E.J.Hobsbawm, *The Age of Revolution 1789-1848*(1962).
R.Koch, *Deutsche Geschichte 1815-1848. Restauration oder Vormärz*(1990)
J.Joll, *The Origins of The First World War*(1992).
W.L.Lange, *The Diplomacy of Imperialism*(1951).
D.Langewiesche, *Europa zwischen Restauration und Revolution 1815-1849*(1993).
W.Laqueur, *Europe in Our Time: A History 1945-1992*(1992).
A.J.May, *The Age of Metternich 1814-1848*(1963).
J.Mittelstrass, *Neuzeit und Aufklärung*(1970).
T.Nipperdey, *Deutsche Geschichte 1800-1866*(1983).
R.Pipes, *Russia under the Old Regime*(1974).
H.Rogger, *Russia in the Age of Modernization and Revolution 1881-1917*(1983).
H.Scott, *Enlightened Absolutism*(1990).
J.Sheehan, *German History 1770-1866*(1989).
W.Siemann, *Vom Staatenbund zum Nationalstaat*(1995).
B.H.Sumner, *Peter the Great and the Emergence of Russia*(1962).
R.Sunny and A.Adams, *The Russian Revolution and Bolshevik Victory*(1990).
C.Tilly, *Die europäischen Revoutionen*(1993).
D.C.F.Turner, *Origins of The First World War*(1980).
H.Wehler, *The German Empire 1871-1918*(1985).

국내문헌은 시대순으로, 외국문헌은 알파벳순으로 배열하였다.

■ 찾아보기

ㅅ

ㅊ

ㅋ

ㅌ

ㅍ

ㅎ